闽南文化札记

香火

谢文哲 著

北京联合出版公司

序

安溪以茶闻名，人们天天品着安溪乌龙茶、铁观音，但真正去过福建泉州安溪的人可能远不及喝安溪茶者，我自己到安溪也只有两三次而已。

在我认识的朋友中，可能有不少安溪人或者祖籍是安溪者，但像谢文哲先生这样热爱安溪茶、认真推销安溪的人其实也不多，我自己跟他的交流也还很不够，彼此当面谈话可能还没有我读他的作品的时间多。

因此，当文哲先生以其新作《香火：闽南文化札记》问序于我，我是很犹豫的。不过，有感于他对茶、对安溪、对朋友的盛情，我还是答应了，但有个先决条件，那就是我总得好好把他的大作仔细拜读过吧。

偏偏文哲先生的《香火：闽南文化札记》内容丰富，书分"风从八方来""为什么是安溪人""与神明共处"等三辑，共收录了他费心撰述的二十一篇文章，并附录他公子一篇《华南虎与铁观音》的美文，全书三百多页，不是我一口气读得完的。所以近三个月来，《香火：闽南文化札记》书稿一直放在我的行李箱里，先后跟着我到过越南胡志明市、金门（三次）、厦门（二次）、漳州（二次）、马来西亚和越南河内等地，不停地放入取出，取出放入，走到哪里，读到哪里，心想再不赶紧读完，说不定接下来还得再跟着我去韩国，再去胡志明市、马来西亚，乃至广州、福州……那我就太对不起作者了。

终于，我下定决心，在中秋节第二天与岳母、内人同游云林虎尾"安溪寮"社区之后，努力完成《香火：闽南文化札记》的阅读工作，并提笔写下我拜读后的若干感想。

首先，我得先说文哲先生找我写序，应该不是突发奇想的，理由之一可能是因为我与柯荣三博士也合写过一本同样名为《闽南文化札记》的书。谢著中有篇《族源和村建：一个少数民族村的传说与社会》引述到我们《闽南文化札记》中《台湾所见的五种"过番"题材歌仔册》关于"南安本"、"安溪本"《过番歌》的讨论。我们《闽南文化札记》中另有一篇《从福建到台湾的董公信仰及其传说之演变》，则是我们2007年一起到安溪县科榜村考察《清溪科榜翁氏族谱》（可与台湾嘉义县义竹乡翁氏族谱对接）与当地董公信仰的研究心得，不过由于与《族源和村建：一个少数民族村的传说与社会》以官桥镇善坛村畲族钟氏为例不同，与钟氏家族供奉的神明（妈祖）也不一样，所以文哲先生并未提及。但是，我们这两篇文章其实都与安溪人及其神明的向外辐射有关。

其次，由于我生在台湾，又因多年推动世界闽南文化研究，勤跑东南亚，也曾举办过几次关于闽南文化、民间信仰的国际学术研讨会，文哲先生心里会觉得我容易读懂他的书。事实上也是如此，我因长住过台北，所以看他撰文介绍台北市滨江街的"林安泰古厝"（《有安泰富无安泰厝》）、新北市三峡区的"清水祖师庙"（《东方艺术的殿堂》），或是描写他到大稻埕考察分香自安溪碧灵宫的"法主公庙"（《法主灵光昭闽台》）、到景美参拜供奉安溪人保护神保仪尊王的集应庙、到猫空品味正宗的木栅铁观音（《景美集应庙与木栅铁观音》），都倍觉亲切。不过，我倒是看他写到"为纪念根脉来自安溪，而经营之商号曰荣泰"，才知道林志能将这座大厝命名为"安泰厝"的来历；也是通过他的叙述，才能把英国人类学家王斯福（Stephan Feuchtwang）所著《帝国的隐喻》和台北景美、福建安溪大坪乡的"集应庙"紧密地联系起来。

据我所知，文哲先生博览群书，而且勤于进行田野调查，所以他的这部《香火：闽南文化札记》引述了大量与安溪相关的史料、方志、族谱、碑刻，以及各种"未刊稿"和现场访谈的口述资料。我曾下工夫研究过附录在《清源金氏族谱》（明嘉靖年间初编、万历年间增纂）的中篇传奇小说《丽史》，故事女主角正是清溪沃里人，其遭遇与蒲寿庚及其婿作乱泉州有关；另曾注意到明成化至嘉靖年间福建建安（今建瓯市）人雷燮的稀见小说《奇见异闻笔坡丛脞》，其中有一篇《按察使祠志》述及福建按察使张瑛，明永乐中任刑部员外郎，正统时擢建宁知府，曾平定邓茂七之乱。现在拜读谢著，始知公元13世纪，蒲开宗、蒲寿庚父子及其蒲氏家族在海上"香料之路"创造了中国与阿拉伯国家之间的商业传奇（《蒲厝街风云》）；同时得悉安溪名儒李光地的六世祖李森，也曾在"天顺年间，沙县邓茂七军攻入泉州、安溪"时，带领敢死队抵抗，俘虏百余人并招抚余众（《消逝的渡船》），令我受益匪浅。

文哲先生学问渊博，他的著作能提供给读者的知识量确实很大。我近几年主办过保生大帝、观音、月老、虎爷暨动物神祇，以及科举制度在台湾、科举制度在金门等多场学术研讨会，仔细拜读《香火：闽南文化札记》之后，我又从《山中无老虎》《慈悲的殿堂》《金门燕南书院暨太文岩寺》各篇，吸收到更多关于保生大帝与虎爷信仰、观音信仰与庙学合一现象的宝贵知识。

整体而言，《香火：闽南文化札记》是作者以安溪为核心，认真梳理安溪史地材料，并且怀着作为一个安溪人的骄傲，以辽阔视野去检视安溪人带着茶叶高明技术、携着家乡神明香火到台湾、赴南洋打天下的奋斗过程。事实上,《香火:闽南文化札记》无论跟着我到金门、厦门、漳州或者马来西亚、越南,我每次一摊开书稿,几乎都能看到书中与当地有关的篇章或只字片语,证明安溪的人与神的确无所不在。

今年我与内人在她云林县虎尾镇娘家欢度中秋,隔天一早与岳父、岳母喝了安溪铁观音之后,同游云林虎尾"安溪寮"社区,重新回到文哲先生探访过的"云林县安溪里",并且在安溪里村口"一块镌刻着'吾爱安溪'四大字的石头"旁合影留念,想象当年也曾在这块石头旁与虎尾安溪里里长合影的文哲先生的心情。这块"吾爱安溪"的简单石碑,在他看来,石头上的文字却是:

刚健有力,又充满温情,表达了世代安溪人自强不息、勤劳拼搏、善良美丽、热爱家乡的情怀。

我想这一段话,其实也正是文哲先生这位深爱安溪的安溪人及其写作《香火:闽南文化札记》的苦心所在。

匆匆忙忙,谨以此短文,祝贺本书的问世,并向读者诸君大力推荐。

陈益源
台湾成功大学中文系特聘教授
兼国际亚细亚民俗学会副会长
2017年10月6日

自　序

我常思近十多年来的写作，尽管勤奋刻苦，至今尚未有使人满意的作品，其中的道理，一方面是先天不足，早先没有经过系统的学术训练，思维涣散，一方面是由于史料的贫乏，这所谓史料的贫乏，不是所见的材料不够繁多、广博，而是都在"库存"资料里"剪裁"，也就难以出新，更遑论理论上的洞见。

谁都知道社会文化的研究，应注重民间调查，注重民间记录的收集。研究者的重大责任，便是深入到历史现场，接触社会，认识社会，进行社会调查，把"死材料"与"活社会"两者结合起来，才能将社会文化研究推向前进。这其中，包含了研究者要在心智和情感上回到历史现场的深刻意涵。

事实上，在实地调查中，我也会经常处于神游冥想的状态，不过这种文化体验，与枯坐书斋的浮想联翩，二者有着质的区别。踏勘史迹，采访耆老，既能搜集到极为丰富的地方文献，又可听到大量鲜活的传说和故事，我仿佛置身于古人曾经生活过的历史场景之中，更加接近历史实际和古人情感的状态。这种意境，是未曾做过类似工作的人难以理解的。

所以，我在情感、心智和理性上都尽量回到历史现场去。当然，这种"抵达现场"的方式，与学者单纯的调查研究又有不同：我把自己融入文化现场当中，去"参与""实践""推动"的同时，又在"体验""观察""思考"，由此收获的"地方性知识"不敢说独到，起码就其渠道和方式上来说，是别出心裁的；就其理解和思考上来说，是更接近"事实真相"。

比如，我参与乡村社区里"人的活动"，翻建宗祠，编纂族谱，祭祀祖先；参与乡村社区里"神明的活动"，亲为首人，醮酬神庆，刈火巡香。在此之中，重新审视闽南地方社会的各种活动和组织方式，思考乡村传统社区的人生观、价值观等带有历史哲学色彩的问题。虽然难免阙失，谈不上思想创造之贡献，却因有连接过去与现在，沟通已知与未知，可引发一些兼具历史感与现场感的学术思考。

在人、社会、文化这样的层次关系中，将人放在什么样的位置，是个大问题。有的学者把人放在最底下，有的学者反过来，把人放在最上面。我想，人是社会的组成，文化的载体，这是最本质、最根本的一点。文化价值不能离开特定的人，一种文化只适合于创造并欣赏这种文化的人。人在社会、文化中，而不是"底下"和"上面"，即使在所谓的文化物上，我们看到的其实不是物性，而是人性。

我们不能忘记文化的另一种意义的载体，即"地理载体"——大地无所不载。倘若说这些年的最大收获，那就是深入历史现场后，对土地"泛滥无边"的热爱。无论是物还是人，都要落实在地上，都要在特定的地方存在，这是人和社会立身的前提，也是一切研究的出发点，是任何时候都不能忽略的。

频繁地回到现场，老实说，是闽南那些不能全部用物质外形表现的民间信仰，牵引着我的探索之趣。无论是过去还是现在，人世中总有一片广大的领域，非科学所能用武，这就为制度性宗教和基于中国本土文化之上的民间信仰的产生和存在提供了一定的社会空间。民间信仰（也有学者称之为民间宗教）和制度性宗教同是作为文化的产物，不可直接将其蔑视为"封建的遗留",而看不到民间信仰的历史久远性和文化积淀的深厚性。事实上,它已是闽南民众日常生活的一大部分,其对于乡土社会和谐秩序的构建,也不能简单视之。

这种比较明显的具有地理特征的文化现象,我们姑且称之为精神文化,它有发源地,有传播过程,有景观特点,在人的思维、习俗里面,还包含宇宙观、地理观,极大地影响人与人、人与环境的关系。毋庸讳言,产生特定意识形态下的主观偏见,将会造成相当大的负面影响。相反的,应视为闽南文化整体的核心,这是我们进入闽南社会的"指路牌"。

诚如我在《为什么是安溪人》中指出的,村庙、祖祠是闽南人一生最重要的"课堂"和"戏台"。闽南人打小都会被祖母祖父带到这里,接受村史教育。关于祖先、村庄、村神的那些传奇故事,很早就会在闽南人心中扎下根,所以闽南人长大后,即使人行千里也不会忘记故土。多年后,重返"课堂",复又参与"文化的复制"与"文化的生产",感受精妙,承担责任,既是文化关怀,又是文化自觉。

1996年"江村调查"六十周年之际,费孝通先生曾在文章中说,生命和乡土结合在一起,就不怕时间的冲洗了。这些年频繁"回到现场",我的体会也很深,想说的是,乡土予我们的滋养,一生受用不尽,生命化作乡土的肥料,期待育出更优秀的子孙。

在具体的自然和人文场景之中,可以更深刻地理解过去如何"创造"并被我们"记忆",也同样理解现在何以被将来"讲述"和"研究",这样的"转换"又加深我们对历史文化的理解。回到现场,重新审视具体地域中"地方性知识"与"区域文化"被创造与传播的机制,就会发现,许多所谓"地方性研究",有重新解释中国社会历史的可能。

目 录

序（陈益源）／1
自 序／1

风从八方来／1
山中无老虎／21
蒲厝街风云／36
乌龙茶东渡记／52
消逝的渡船／67
安溪人打下南洋一片天／92

为什么是安溪人／103
族源和村建：一个少数民族村的传说与社会／120
林燕愈与岩茶"江湖"／135

探访云林县安溪里 / 148

有安泰富无安泰厝 / 151

会馆与崇拜：家邦之光 / 156

宗族、祠堂、谱牒及其他 / 174

与神明共处 / 210

神童漫说古无双 / 225

七月的狂欢 / 249

景美集应庙与木栅铁观音 / 259

东方艺术的殿堂 / 267

法主灵光昭闽台 / 275

金门燕南书院暨太文岩寺 / 284

慈悲的殿堂 / 290

华南虎与铁观音（谢承劼）/ 308

后记 / 314

出版后记 / 316

风从八方来

"安溪僻在温陵之西，周围广袤三百一十七里，官知固守，民乐安居。……疆域之内，地理之至到舆陆所经：东至南安县界二十五里（以高田山为界），西至龙溪县界一百六十里（以银场为界），南至南安县界一十里（以笔架山为界），北至永春县界五十五里（以吉漈岭为界），东南至南安县界二十五里（以大宇桥为界），东北至南安县界二十五里（以眉田山为界），西南至同安县界六十里（以东岭为界），西北至漳平县界一百五十里（以龟铜地为界）。"

这是明嘉靖年间编修的《安溪县志》[1]对安溪地理方位、疆域范围和接壤县界及里程的描述，描述中还特别加注县界的险固山岭、桥梁要冲和冶炼矿场等。嘉靖志在"确立"八方县界的同时，对安溪县与泉州、福州、南京和京师四地的距离，也作了说明，"东至泉州府一百五里，至省城五百一十五里，至南京三千三百六十里，至京师七千三百六十里"。上至中央，下至县治，凡执政者均以土地疆域为第一职守，故志书主纂者林有年在书中称，"先王建邦国，必制其封域，正其疆界，使司民者各专所守，而不至于虞芮之争、汶阳之侵也"。官兹土者，守其疆域。在疆域观念上，至少从明代开始，安溪已完成对自己疆域的认知和边界的确立。

---

[1] 嘉靖壬子版《安溪县志》卷一《地舆类·疆域》。

到了清康乾年间,与安溪接壤的四境八方,界线更为清楚具体,"其地在泉州之西。东抵南安界于高田,西至漳之龙溪界于银场,南至南安界于笔架山,北抵永春界于吉漈岭,东南至南安界于大宇桥,东北至南安界于眉山,西南至同安界于东岭,西北至漳之漳平界于龟铜。"①"安溪在泉州之西,东至南安县高田村界二十五里,西至同安县大路尾村界六十里,南至南安县翁洋村界二十里,北至漳平县竹垵村界一百七十里,东南至南安县大宇村界二十五里,西南至南安县黄田村界二十里,东北至永春州洪山村界一百三十五里,西北至龙溪县渔樵村界一百四十五里。"②彼时,安溪疆域的"拥有者"未必有明确的主权意识,但对于其政权实体所"覆盖"的范围已经了然于胸,唯其如此才能"平其政而修其教"。今天我们讲责任时常常说"守土尽责",这"责",其实就是"正其畿疆,察其沟封,考其险夷"。

三张古"县境全图"

安溪修志,肇于宋代,历元、明、清三朝,至民国初期,共成书七部,但其间仅存明嘉靖、清康熙、清乾隆三志,余皆散佚。改革开放后,明清三志先后重印刊行,正是这些重要的"地情书",使今天我们得以知晓千年安溪自然社会之变迁。古语曰:"志有经必有图,表胜览也。"嘉靖志刊有县境全图、城图、县署图、学宫图四张,康熙志刊有总境、县郭、县治、儒学四图,乾隆志刊有县境全图、城图、县署图、学宫图四张。这些舆图来自不同历史阶段,出自不同制图师之手,远非安溪"地情"的客观的全部记录,后二志所刊舆图与嘉靖志大致相符,

---

① 康熙癸丑版《安溪县志》,邑令谢宸荃主修。
② 乾隆丁丑版《安溪县志》卷一《疆域志》,厦门大学出版社,1988年。

不过乾隆志更为精确，具有很高的历史地理研究价值。通过解读地图背后的观念和动机，我们可以窥视制图师所处时代的风尚和精神。

明代已有比较严格的地图造送制度。据《明史·职官志》《大明会典》记载，洪武二十六年起全国形成三年一报的制度，如果地方上的疆域制度没有新的改动，为了循例呈送，一般将旧图照抄一份。从文献记载看，地图绘制与管理至少有两个部门，即兵部与户部，兵部职方以天下地形图为主，与地方有关的地理文献归户部管理，在地方当由各省府州县直接为之，我们把这类地图称之为地方舆图。安溪在造送地图的同时，其手中自然"备份"有这些地图资料，这些地方舆图的编绘，固然来自好游之士或故老之谈论，更来自于地方政府组织人力物力进行实地勘测，其真实反映安溪当时的地理环境，是研究当时安溪人的疆域观念和地理感知的重要依据。

在乾隆志的"县境全图"上，北、南、东北、东南、西北、西南六个方位的边界线清楚，四乡十八里①星罗棋布于山川之间。舆图之中，凡重要的山峦、河流及发源（梯仔岭发源、覆鼎山发源）、隘岭（白叶坂、东岭）、县郭等，也都清楚标注，由县城中心向四周"呈放"。在没有飞机、人造卫星，没有遥感数据的年代，古代中国有以下三种比较典型的绘图形式：以山川为基准的地图、以行进路线（水路、道路、海洋航线等）为基准的地图和以客观比例为基准的地图。安溪嘉靖志、康熙志、乾隆志均采用第一种绘图形式，即以山川为基准进行作图：首先把县城画在中央，再把辖区内的山川、扼要按照相对于县城的大致方位绘制出来，最后把各个村镇填到相应的山上、河边。这种"地图"，不仅反映了世界，也属于这个世界，将地方政权放置在正中心，并且相信风水的"形势"是尘世存在的核心。为帮助邑民"读图"，乾隆

---

① 四乡：归善、积德、金田、修仁；十八里：在坊里、永安里、光德里、长泰里、依仁里、新溪里、新康里、崇善里、兴一里、兴二里、来苏里、感化里、还一里、还二里、龙涓里、崇信里、感德里、常乐里。

志又专门作《形势》①一文进行阐述。写作者对疆域内的山川、里社、界线、隘岭、圩市成竹在胸，纵横捭阖，备极详尽，这篇千字文，文辞简洁有力，是乾隆版安溪"县境全图"最有力的"图注"。

由于缺乏定位技术，又没有经纬度这样的坐标系统，像乾隆志中这种依靠观念"想象"出来的地图，虽然基本没有什么实用价值，却能够显示安溪古人对自己疆域的那种独特的空间经验，是理解古人关于"本部疆域"及其观念的最重要的资料。从内部看，它是一个紧密的系统，山川、里社、扼要、隘堑、土堡等要素，团团相拥，绵延不断，莫不体现制图者的疆域理念；从外部看，边界清晰，辽阔广袤，留有无尽的探寻空间："本部疆域"以外的世界是如何精彩？这个世界与"本部疆域"有过怎样的经济、政治、军事、文化的"交往"？那些来自四境八方的文化对"本部疆域"又产生过怎样影响？

康熙十二年，泉州知府王者都应邀为邑令谢宸荃主修的《安溪县志》作序，序中他一语道出安溪疆域的地理特征，以及民众所表现出的"人文个性"："夫安溪，岩邑也。壤接汀、漳之交，箐密蒙丛，民朴而野，有唐魏之俭陋。乃近者民不安生分，好评讼，喜淫巫。"王知府将安溪人"民朴而野"的个性归结于其所居处的丘陵山区，明显带有"环境决定论"思想烙印。王者都接着反思，"此岂习俗然欤？抑有以致之耶？"在他看来，文明的诞生，来自于地理环境的"造就"，也来自于外部"活体"的"冲击"，安溪人"朴而野"的个性，除了与复岭重冈、"箐密蒙丛"的生活环境有关，显然还有外部力量"以致之"，而这种外部力量也正是王知府所深深焦虑的。民众不安生分，"好评讼，喜淫巫"，不是娘胎里带来的，而是在后天社会生活中形成的。那么，这种外部力量又是什么呢？

---

① 乾隆版《安溪县志》卷三，厦门大学出版社，1988年，第91—93页。

两类值得重视的建筑

对此,嘉靖、康熙、乾隆三志虽没有具体言明,但都有一些记述值得引起我们的重视,它们分别载入嘉靖志《屯堡》《隘垫》篇,康熙志《弭患》篇和乾隆志《寇警》篇,这里仅举数例以证之。宋建炎年间,杨勍率农民武装进入安溪,被还集里乡民打败;元至正十四年(1354),安溪李大、南安吕光甫联合率众起义,攻打长泰等县,围攻泉州,进攻仙游,后李大遭长汀罗良镇压失败;明嘉靖二十六年(1547),农民首领陈日晖率众在覆鼎、大小尖山、白叶坂等地安营扎寨,时常派兵袭击安溪、南安、永春、龙溪、长泰、同安诸县,劫富济贫,官兵难以抵抗。是年冬,义军进攻安溪后,直捣同安城外。参政关鹏、分巡佥事余爌率兵镇压,义军撤回安溪。余爌率部紧追,进迫白叶坂,义军与之相持近一个月,后被镇压;康熙十七年(1678)三月,蔡寅率数千人包围安溪县城,困守28天,后提督率兵从南安翁公格进援,蔡寅失利撤走转投郑经;康熙四十九年(1710),漳平陈五显聚众占据还一里泰湖岩。兴泉道佟沛年、守备余健,邑令辛文麟带兵焚毁其占据洞穴,陈五显就抚后被杀害。上述兵事,或起于安溪,或起于邻县,但都突破边界,入侵区域中心,使当时数个州县的王者们焦虑重重,煞费苦心,疲于应对。

志书编纂者没有说明爆发这些兵事的原因,我想,原因不外乎两个,一是为了"子女玉帛",一是为了价值观,所谓"有道伐无道"。但无论目的是什么,都离不开特定的环境特定的人。永春毗邻安溪,旧隶于泉,清雍正十二年,改建直隶州,领德化、大田二县。知州杜昌丁在《建州题名碑记》[①]中说,永春属温陵时,"山陬小邑,止一令一尉,民尚淳朴,有桃源之风。但错处泉、漳,渐好斗刁。又泉、漳属邑皆

---

① 清乾隆二十二年版《永春州志》卷二《建置沿革》,厦门大学出版社,1994年,第12页。

繁剧，永介其间，亦颇难治"，此种情形之下，永春才"请升为州"，直隶福建布政使司。杜知州将永春山民个性的转变，归结于泉、漳外部力量的影响，但"既改州"整顿后，情况并未改观，"规模隘陋，仍如山邑之旧"，可见，人与地理环境的关系确是个非常复杂的事情。环境"造就"人，人是另一种"环境"，这个"环境"被看作一种社会的"母体""母质"，在这种环境长成并被塑造的人，会因地方"升为州"而改变"斗刁"的秉性吗？

明中叶以后，由于汀、漳、泉农民义军兵事不断，加之海上来的倭寇侵扰，为防御"盗贼"和倭寇袭击，安溪在边界险要山头、交通要道垒筑几十个隘堑。嘉靖二十六年陈日晖兵事之后，知县汪瑀马上依山设险，"垒石为址，畚土为墙"，用一年多时间筑成白叶坂堡。白叶坂堡周长140余丈（近400米），堡内建"窝铺"一百余间，作为泉州卫官军200名驻军的兵营。① 白叶坂堡之外还有：东岭隘，明正德十年（1515）建于依仁里（今龙门桂瑶）东岭南麓，与同安连界，为南面屏障，易守难攻；大深隘，正德十年建于感德里（今福前），通漳平县境；鳌岭隘，正德十年建于崇信里军寨山下，通龙溪；典林隘，正德十一年建于崇信里（西坪），通长泰；眉田隘，正德十三年建于龙涓里（溢溪仙景），通漳州；磨枪隘，正德十三年建于新康里，通长泰；东溪隘，嘉靖元年（1522）建于崇善里（东溪），通永春达埔；桃舟隘，嘉靖二年建于感德、常乐二里之间，西通长泰，北接永春；燕尾隘，嘉靖二年建于长泰里（罗内），通南安、泉州。这些隘堑，通常有石砌和土垒两种，大小不一，与各乡里的"堤防""土堡""圩寨"，及县城城垣，形成一个坚固的守卫体系，保护着县邑和乡民的安全。

隘堑、土堡、圩寨是工事建筑，也是一种文化。还有一种驿道文化也颇值得重视。驿道的功能是传递公文和供官吏往来，与前者一样，

---

① 三山都御史陈达：《筑白叶坂城堡记》。见清乾隆《安溪县志》卷十一《艺文上》。

都是人的创造物。如果说，在县邑边界置堡建隘是为了军事守御，那么在通往边界、异域的道路上修建驿站，则是为了文明信息的传递。明清时代，从京都通往各省会互通的路线，名为"官马大道"，省会通县城及邻县县城互通的路线称为"官马支路"，县境内各乡里之间还有小路互通。安溪县境广袤，边界漫长，宋绍兴年间，在"官马支路"上建有蓝溪驿、龙门驿、大洋驿（在官桥镇境内）3个驿站，后又在魁斗建双济驿，在罗内建罗渡驿，供邮差及过境官吏休息，形成安溪通往南安、同安和永春的3条"官马支路"。永春往厦门，须从仙夹过南安蓬华，到安溪县城中转，蓬壶、达埔一带则取道乌石到安溪湖头中转。① 大田、德化往泉州和厦门，则须取道永春再中转，一站站"接力"。古道穿山越岭，沿途有村庄圩市聚落，有的则数十里无人烟，自古以来，都有人修建路亭（雨亭），供行人憩息，避风躲雨。虽然历经时易世变，安溪通往外界的古驿道一些路段，至今仍留存着大量历史遗迹，而且历史风貌保存完好。古民居、古桥梁、古商铺，以及沿途弯弯的古道、翠绿的山岭、悠悠的溪涧等优美的自然风光，共同组成了一幅自然风光和历史文化遗迹相融合的壮美画卷，置身其中，视觉受到冲击，心灵引起震撼。从安溪虎邱、西坪、大坪出发，经同安到厦门、经长泰到漳州往广东潮汕，驿道沿途村镇所见遗留至今的商业店铺、民居建筑、宫庙佛龛，我们还能强烈感受到昔日茶瓷古道的繁盛。

明清开始至20世纪50年代以前，安溪人将本地加工好的上等乌龙茶用锡膜包装好，放入竹篓，采用人工挑担的方式，把茶叶从大坪运到同安茶栈仓储，然后再发往各地。返程时，挑工们再从同安挑回日常所需的生活用品。挑工们往返古道，都是一二十人结队出行，古道山高路远，崎岖难行，加之土匪众多，危险重重。大坪到同安全程

---

① 《永春县志》卷十三《交通志》，语文出版社，1990年，第413页。

30公里，挑夫们从大坪古街出发至彭林桥时，都要在供奉李府王爷、后房公祖、大德禅师及商府元帅等神明的"玉云宫"里烧香祭拜，祈祷一路平安后，再集体出发。来往古道的茶商以西坪尧阳籍为最多，尧阳茶商便集资捐钱，从澳岭脚起，铺砌石阶路至澳岭头，并在古道上建设多处雨亭，提供茶水和点心。雨亭里面供奉着"四周佛"。俗话说"四周佛等客"，意思是挑夫、商贾到此休息歇脚，拿起点心吃前，要先祭拜四周佛，以保平安顺利。从同安返回大坪的途中，则要跨过一条田洋溪（溪岸），有一回发大水，大坪挑夫们便"请来"家乡集应庙保仪尊王"排除水患"，相传保仪尊王明示用柳枝插地并填上溪沙筑成堤坝，大坪、同安两地民众依据神示果真修好堤坝，至今完好无损。此后，大坪保仪尊王受到世代同安人的崇奉，建庙虔诚供奉。古道上，流传着许多乡间小调，深情哀伤，其中一首"土地岭过到溪岸，想起溪岸尊王堤；全身上下心力定，日暗终到同安城"，说的就是溪岸与保仪尊王的故事。清代以后，随着大坪人移民台湾，保仪尊王亦通过这条古道播迁至台湾等地，分炉分香无数。

从同安汀溪镇前格村，到半岭，再到杉际内，也隐藏着一条古道，还有山林里安静的村落半岭，往来的客商多在此休憩。汀溪镇与安溪龙门镇交界，毗邻南安市，距同安城区20公里。古驿道全长2.5公里，南起前格村五里林，北至半岭村，穿越古道再翻过同安和安溪交界的东岭，可到达安溪桂瑶。这条古道承担着同安、泉州之间的地方货物往来，输给内陆粮油、盐、海产和日用杂货，运出木材、竹器、茶叶等，并一路南下至城关的五显第一溪桥，再辗转赴泉州刺桐港及后来的漳州月港。古道两旁是高大葱郁的林木，地上陈腐阔叶堆积，轻轻踩上就是千年。古道上有一座土地庙，一处茶寮遗址，还有挑夫们挑担歇脚木棍杵下的痕迹。漫漫古道，仆仆风尘，经年累月，这里曾上演过多少文明传递的故事？

奔向异域的路上

在永恒的生存中，没有哪一种需要比生存空间的拓展更为基本，更为必需，国家有机体的生长，地区和个人的发展都有赖于生存空间的获取。千百年来，无论安溪，或是接壤地区、县份均有内在的需求，渴望进一步拓展空间以此获得发展的"更大动力"。战乱年代，生存空间的"扩张"要靠战争侵略来实现；和平年代，改善地缘关系，打通边界线，奔向异域的路上，则是通往彼此文明的坦途。民国十七年（1928），安溪至同安公路修建而成。1958年冬，漳平至泉州铁路，从漳平大深延伸进安溪县境，1990年经安溪县城过南安到达泉州、肖厝港。至1990年，8条县际道路全部开通：从县城至南安大宇，全程30公里；至华安，全程95公里；至同安，全程50公里；至永春达埔，全程35公里；至南安诗山，全程30公里；至永春横口，全程100公里；至漳平，全程125公里；至长泰，全程90公里。[①] 道路作为一种物质形态的存在，与聚落一样都是人类与其所在环境互动最为直接的产物。聚落创造了道路，反过来道路也创造了聚落，它连接不同的聚落，承载着人与物在空间上的移动与流通。嘉靖、康熙、乾隆三志虽有关于县邑（聚落）之间的里程的记述，但只有当连接这些县际之间的道路畅通了，聚落之间才真正实现空间上的移动与流通。

作为基础设施，铁路和省道、县际公路本身是一种技术的产物，但展开的又不仅仅是技术自身，而是关乎人的物质和情感的世界。道路将我们原有的格局打破，却在无形中使更广的世界连接着我们。倘若故乡是给你我生命的地方，那他乡往往才是实现生命价值的地方。为方便乡民往来，清文渊阁大学士兼吏部尚书、安溪人李光地，请假在籍时，曾出钱修通漳平至安溪的大道。李光地的祖上，湖头李氏六

---

① 《安溪县志》卷十二《交通》，新华出版社，1994年，第356页。

世祖李森，经营盐铁，富甲闽中，曾募集勇士协助官军平定闽赣寇乱，因功任漳州九龙镇巡检，后调安溪源口巡检，其除出资疏通泉州往南安至湖头的航道外，还在明正统六年（1441），捐建建口（今剑斗）桥，方便永春乡民往来安溪。至天顺四年（1460），又陆续捐建龙津、凤池等25座桥，捐建莆田江口桥，为闽南水运事业做出重大贡献。翻山越岭，淌水过河，铁路、公路、水路，县际之间，山水之间，曾有过多少文明的交往，留下多少文明的篇章？

唐末，一代名贤詹敦仁从仙游植德山迁入安溪，率民开垦小溪场，向清源节度使留从效请置清溪县，亲为首任县令，一年后推荐王直道接任，自己则隐居在崇信里佛耳山下，建清隐堂，耕读传家。因追慕其德惠高风，时邻邑多有儒者赶往清隐堂拜见詹敦仁。史载，甚或有卢姓名文统者率全家迁入还集里定居，是为安溪卢氏始祖。同安往来安溪的驿道上，安溪的大地上，也曾留下宋大儒朱熹的足迹。他担任同安主簿时，多次到安溪公干，标题"清溪八景"，亲手种下十八棵榕树，留下《过安溪道中，泉石奇甚，绝类建剑间山水佳处，因吟》《留安溪三日按事未竟》《题凤池庵》三首诗，"点化"安溪的蒙昧，"启迪"茶乡的文明。李光地时代，他的家乡感化里（今湖头）已经非常繁荣，加上出了这么一位品质、学问、政绩俱佳的"一代之完人"（雍正皇帝语），福建甚或有多少名士、子弟会慕名而来？为的是在榕村先生（李光地字晋卿，号厚庵，别号榕村）跟前聆听教诲，得其蕴奥，脱离迷津。由"官马大道"到"官马支路"，再转乡里之间的羊肠小道，安溪大地当年一定闪现着朱轼、杨名时、陆陇其、赵申乔、张伯行、陈鹏年、方苞、梅文鼎等名士的身影。漳浦人蔡世远，清初福建著名的朱子学家，他是李光地的学生，漳浦到同安，同安到安溪，奔向异域的路上。贤良祠里，成云洞中，那是蔡世远对师者的追随，对知识的虔诚，对文明的膜拜。

"漫向龙津思菊水，却从凤髻望峨眉"①，翻阅嘉靖、康熙、乾隆三志你会发现，大量的记序颂书、歌诗赋铭，其作者是来自周边州县的官员、士子，他们或公务视察按事，或寻师访友问道，或钟情安溪山水，以文叙事，以文传道，言辞之间，溢满对大地"文章"、人类文明的热爱。"自古圣贤豪杰，皆山川磅礴之气而生，唯地灵，斯人杰也。安溪虽云僻壤，山环水绕，络绎奔赴，结成县治，不啻为一都会矣。"感此人文盛景，乾隆二十二年，邑令庄成特地领衔主修《安溪县志》，并作《风土志》卷，感恩"生其地者之厚幸欤"。安溪有座清水寺，闻名遐迩，既是大德高僧清水祖师的弘法道场，又是一座闽南文化的富矿。明万历戊戌（1598）冬十月，安溪詹仰庇，晋江庄国祯、林云程、黄凤翔、林乔相，南安欧阳模，同游清水寺，吟咏赋诗，留下"六老同游"崖刻，写就闽南文化史上的一段佳话。

　　用当下时髦的话说，请进来，也要走出去。其实，"请进来"与"走出去"本就在同时"发生"。半生在佛耳山隐居的詹敦仁，依然关注"外面的世界"，不止"奔向异域的路上"，对异域文明的好奇和探寻，阻止不了安溪人的脚步。游玩德化九仙山，他挥笔写下"太白歌中昔未闻，佛天高处却逢君。姓名不落人间世，何事今朝不望云"②的诗句，赞美九仙山的遗世美景。大规模的文化传播是社会性的，但最终要落实到个人层面。特别要提到历代文士团体对文化传播的贡献，"群公逸兴相招引，云自无心任去留"，③赋予闽南山水以想象、文化和价值。

　　安邑山川神奇，生于斯长于斯的安溪人是幸运的，异乡人也许没有这种缘分，但他们选择另一种方式与这片土地融为一体。1939年到

---

① 宋兴化府丞文大才：《至安溪感秋雨偶成一首呈汪潜源大尹》。见清乾隆《安溪县志》卷十二《艺文下》。
② 詹敦仁：《题九仙山》。见清康熙《安溪县志》卷十一《风俗人物》。
③ 安溪詹仰庇游九仙：漫道神仙不可求，且来宝地一探幽。洞从混沌何年辟，人共逍遥出世游。翠壁摩空迟日月，苍松磐石老春秋。群公逸兴相招引，云自无心任去留。见清乾隆二十二年版《永春州志》卷六《山川》。

1955年间，安溪城东先后发掘七座唐墓，出土"上柱国刺史武吕乾封二年中"12字纪年砖。由此可知死者姓名、官爵及年代。唐初，泉州治在今福州，武吕应为武则天家族中的武职人员，他们从遥远的中原一路奔波，最后选择安溪笔架山下作为终老之地。与民族英雄岳飞同誉，卒赠太保，封吴王，谥武穆的抗金名将刘锜（1095—1162），及郡夫人方氏、于氏去世后，也辗转埋葬在安溪参内园潭村俗称"龙虾出海"的风水宝地，长眠于安溪青山绿水之间。湖头镇湖二村妙峰山南麓有一座墓塔，相传墓主为南明邵宗朱聿键，朱聿键于福州事发后，伪装潜入安溪，遁入空门，圆寂于妙峰寺。万般皆虚幻，唯生死事大，中国人特别注重一生所来与归去，安溪这一方水土之灵禀神奇，又岂是一篇短文所能涵及？

文化的"分区"与"区分"

文化地理学家在研究文化现象时，总是先从研究其文化"分区"开始，去探讨其与他文化的"区分"。由于文化现象表现的特征不同，文化区一般分为形式文化区、机能文化区和乡土文化区三种类型。[①]

形式文化区可以看作具有某种共同文化特质的人所居住的地域，如地图上可以划出德语文化区、汉语文化区；闽南文化区、潮汕文化区；小麦文化区、水稻文化区，等等。这是地理学家用来研究文化空间差异的重要手段。但是，很多文化分布现象是相互交错的，上述闽南文化区与潮汕文化区就是如此。形式文化区最大的特点是它有明显的核心区与不明显的边界。核心区亦多是该文化特征的起源地，随着时间的推移，该特征向外扩散并占据了一定范围空间，此空间在文化学上

---

① 王恩涌：《王恩涌文化地理随笔》，商务印书馆，2010年。

就称为该文化的文化圈。

机能文化区指为实现其在政治上、经济上和社会上的作用而组织起来的文化区，如，一个独立国家、一个城市、一个县份、一个贸易区……都属于机能文化区。机能文化区的特点是它有一个机能中心与明确无误的边界线。由于机能文化区是实现政治、经济或社会的某种机能，负担此任务需要一种组织机构，其机能中心就是其组织机构的所在地，如一个县份安溪，其机能中心就是县政府所在地，为了管理上的方便与效率，其机能中心以下还有次一级的中心，如乡镇政府所在地。就县份这个机能文化区而言，其边界线就是县界线，一个县级政权所管辖的地域范围是明确无误的，县界线不勘定清楚，经常会发生纠纷，甚至是群众械斗事件。安溪虎邱镇与漳州长泰县；安溪丰田乡丰田村、国营福前农场（现都属福田乡）与龙岩市漳平县芦芝乡大深村；安溪桃舟乡达新村、棠棣村，剑斗镇月星村与漳平县国营小溪伐木场、象湖乡上下德安村，均有过水源或山林纠纷，直至省政府多次出面调处，双方签定协议书才得以解决。

乡土文化区也称感知文化区，它是指某地区的居民在思想上接受某种共同的文化观念。人的思想基础既有历史的原因，还有自然、经济、政治、社会等其他方面的原因，因此乡土文化区的特点与形式文化区和机能文化区不同。它既非机能文化区那样具有明确的机能中心，又无形式文化区显而易见的均质的文化特征。

安溪勘界工作始于1996年9月，历经4年多完成。经勘查，与毗邻南安、永春、同安、长泰、华安、漳平6个县（市、区），接壤界线总长424.86公里，涉及16个乡镇：与永春县交界有桃舟、感德、剑斗、白濑、湖头、金谷；与南安市交界有金谷、魁斗、参内、城厢、龙门；与厦门同安区交界有大坪、龙门；与漳州长泰县交界有大坪、虎邱、龙涓；与华安县交界有龙涓、祥华、福田；与龙岩市漳平市交界有福田、桃舟。两县边界线中，与永春的界线最长，有101.6公里；南安次之，有92.1公里；华安第三，有77.3公里。所勘定界线，经双方签订协议后，还共同埋设双面界桩，并报经省、市联合检查组验收。[①]

在行政区域上，县邑边界线是明确的，在文化地理学上，县邑边界线又是模糊的，用文化地理学家的文化"分区"理论来探讨安溪文化与周边文化的"区分"与"联系"，实在是饶有趣味的事。安溪文化涵括在闽南文化之中，与之接壤的六县份，除漳平县外，都属于闽南文化区。安溪作为真正意义上的机能文化区，目前本土人口118万，随着安溪人播迁世界各地，目前在台安溪籍人口278万，在东南亚等国100多万，安溪本土是安溪文化的起源地，随着安溪人的向外繁衍，安溪文化又占据了"本部疆域"以外的一定范围空间，所以，安溪文化已形成其文化圈，有形式文化区的特点。此外，安溪与周边县份虽有明确无误的边界线，但因为同属于闽南文化区，文化特征基本相同，又具有乡土文化区的特点与形式。已经勘定清楚的424.86公里的边界线上，凡有聚落的村镇，千百年来，两地民众双向感知和接受某种共同的文化观念，有着共同的生产方式和生活习俗，语言相通，信仰相通，世代往来。

旧志载，安溪与永春的县界方位及里程为："北至永春县界五十五里""北抵永春界于吉漈岭""东北至永春州洪山村界一百三十五里"，现在已知两县界线总长101.6公里，金谷镇深洋村是起点，止点为桃舟乡南坑村，其间双方共埋下8根双面界桩。《永春州志》则载："（永春州）西南至泉州府安溪县界五十里。"[②]同被划分为泉州地区"山区县"方阵，安溪与永春"地理关系"密切。从安溪县城驱车往边陲桃舟乡，一进入剑斗镇境内，一会属安溪县界（剑斗镇、桃舟乡），一会属永春县界（横口乡、一都乡），村庄互相"咬"在一起，天空是共有的，道路是共有的，溪流是共有的，来自各自机能文化区的政治影响，在

---

① 《安溪县志》（1991—2007）卷九《民政·军事》，中华书局，2015年，第330页。
② 清乾隆二十二年版《永春州志》卷三《疆域》，厦门大学出版社，第17页。

边陲并没有超过"近邻"对彼此产生的文化影响,表现出显而易见的乡土文化区特征。这个地理区域,森林茂密,又同处晋江西溪源头,水量充沛,农耕时代,两地乡民大多从事"放排"职业,将林木、毛竹通过溪流"捎排",运抵晋江出海口输出。安溪境内遍植茶叶之后,毗邻安溪剑斗镇、桃舟乡的永春县横口乡和一都乡,也跟着种茶制茶,发展茶叶经济——行为的背后有环境、文化因素的痕迹。而共同的经济生产活动,又决定着这个地域范围内的群体,必然产生相同或相近的思想意识来适应自然和社会环境。

消失的边界线

闽南诸县中,南安置县最早,南朝梁天监年间(502—519)从晋安郡析出南安郡,隋开皇九年(589)改南安郡为南安县,县治在今丰州镇,管辖现在的莆田、泉州、厦门、漳州四地市,管辖区域十分广阔。唐以后,莆田、厦门、漳州及泉州大部分区域,陆续从南安县析出。开元六年(718),析南安东南部置晋江县;贞元十九年(803),又析西南四乡置大同场,即今同安县;长庆二年(822),析西北二乡置桃林场,即今永春县;咸通五年(864),析西二乡置小溪场,即今安溪县;乾符三年(876),析武德乡置武德场,即今长泰县。[①]

毗邻六县中,安溪与南安的"文化渊源"最深,不仅因为安溪本是从南安疆域析出,而且指两县边界线漫长,构成密切的文化双向关系。[②] 前面谈到,隋唐时期,南安的行政区域比现在的"闽南"还要大,闽南文化最先在此发源,南安(丰州)是闽南文化的"原始源地"。

---

① 《南安县志·大事记》,江西人民出版社,1993年,第8页。
② 2001年9月18日,安溪、南安两县签订协议,确立两县边界总长92.1公里,仅次于永春,起点为安溪县龙门镇龙美村,止点为金谷镇深洋村。

随着莆田、厦门、漳州及泉州大部分县邑的陆续析分，闽南文化又诞生了后续源地、创新源地，但南安作为闽南文化的原始源地是毋庸置疑的。安溪（小溪场）本是闽南文化"原始源地"的一部分，属西部边缘地带，正式置县以后，成为规划出来的新文化源地即安溪文化源地，这个文化源地又有自身的核心和边缘，许多事情都表现出错综复杂的核心／边缘结构，与"原始源地"互相交错，互相叠合，互相转化。

嘉靖志"县境全图"中，现属南安县邑的"高田山""眉田山""高盖山"都"划入"安溪县界。高田山、眉田山、高盖山属天柱山—朝天山—英仔山山脉，纵贯南安蓬华、眉山、诗山、金淘、梅山西部、仑苍东部，是晋江上游东溪与西溪的分水岭，跨永春、安溪（长泰里）、南安三县。眉田山（又分大眉山、小眉山）界南安与安溪，山上属南安眉山乡，山下属安溪参内乡。眉山境内山峦众多，凌云山、朝天山、四峰山、大寨山高耸起伏，地形大致自西向东倾斜，东西17公里，南北宽约3.5公里，构成山区屋脊，形似人头"眉毛"，故称眉山。眉山有高田村，取义崇山峻岭之中辟有田亩，故名高田，为叶姓世居之地。高田云山寺建于宋代，庙宇祀奉威武英烈惠泽尊王叶森，当地凌云叶裔尊为祖先。凌云叶氏从仙游古濑林田迁入，而安溪参内叶氏，则是高田叶积明正德五年（1510）从凌云山迁居山脚下的安溪岭边（今参内乡参山村），繁衍至今已有数千人，分为七支派系，分布于参内参山、洋乌内、罗内、镇东等村。高田叶氏播迁安溪，实际上时间更早，元至正五年（1345），高田叶魁龙第五子叶元亨，到安溪任县尉，任期满后，叶元亨与长子德懋、次子德官先落户湖头，后又与长子迁居兴二里洋内（今金谷镇洋内村），次子留居湖头清溪宫，分别为金谷、湖头叶氏始祖。金谷、湖头和参内三地叶氏亦与高田叶氏一样，尊叶森为祖先，并分别建云山寺和龙山寺，世代供奉惠泽尊王。[①] 安溪城厢镇砖文村

---

① 《安溪姓氏志·叶姓》，方志出版社，2006年。

有座文兴堂，其供奉的神明有春天大王、顺正大王和太保舍人，其中顺正大王、太保舍人是从眉山乡大眉村兴明堂分香的，而眉山白土东凌堂则从安溪文兴堂分炉春天大王香火，但三地并非移民关系随带香火，可见文明传播路径、方式的复杂性。[①]

人地关系是双向的，人人关系更是双向的，其双向关系又是通过文化这个介质来完成的。安溪文化在接受其他文化辐射影响的同时，必然也要"反作用"于其他文化。今天所谓某某国家或地区的文化，其实是一个复杂的文化混合体，包含来自四面八方的文化要素，只有本地"纯"文化的地区已经很少了。金谷镇与南安蓬华乡、诗山镇接壤，诗山凤山寺始建于后晋天福年间（936—943），初为祠，祀奉孝子郭忠福。宋绍兴年间朝廷敕封郭忠福为广泽候、赐庙额"威镇"，庆元间加封为威武英烈广泽尊王。[②] 郭忠福是安溪金谷镇人，父亲郭明亮、母亲林素娘的墓陵（俗称圣王公墓），五代始造于金谷芸美村，宋帝敕为"太王太妃陵"，民间盛传是一处天合而成、"万代封候"的"风水宝穴"。广泽尊王的信仰随着南安人、安溪人的足迹，遍布台湾地区和新加坡、马来西亚、印尼、菲律宾、泰国等地，因安溪太王太妃陵是广泽尊王的发祥地、灵力之源，故各地信众们在朝拜凤山寺的同时，会来到郭圣王诞生祖居金谷祭拜封茔、祈福共祥。广泽尊王及太王太妃陵信仰的形成，体现文化传播的双向特性，其核心／边缘结构互相交错、互相叠合，在空间上是弥合的。

进入21世纪，安溪官方文件及资料经常性引述，安溪文化已形成"茶文化""清水祖师文化""侨台文化"和"李光地文化"等四大品牌。这固然是安溪向外宣传的需要，也确实说明其与安溪的重要关联。按照文化地理学"分区"理论，安溪"李光地文化"应属于乡土文化区，作为一名地方文化名人，虽然其生前职位显赫，但客观讲，"李光地文化"

---

① 参见本书《神童漫说古无双》。
② 《南安县志》"大事记"，江西人民出版社，1993年，第8页。

还只是安溪人（湖头人）在思想上共同接受的文化观念，至少就目前而言，离开安溪这个地域，李光地的文化影响力还十分有限。安溪"茶文化""清水祖师文化""侨台文化"三者则属形式文化区，有明显的核心区与不明显的边界。安溪是该文化特征的起源地，随着时间的推进，该特征向外传播扩散并占据了一定范围空间，形成该文化的文化圈。毗邻安溪的六县份，都已接受上述文化的辐射影响，甚至，安溪这些文化的"行迹"更远，早已突破大陆陆地的边界线，向辽阔的海洋扩散。

以"清水祖师文化"为例。永春县岵山镇是清水祖师的出生地，[①]成年后清水祖师来到安溪，以蓬莱清水岩为道场，弘法修行，造桥修路，行医济民，广做善行义举，圆寂后四次受宋廷敕封，在历朝历代官方及民间的推动下，清水祖师的"大爱"精神逐渐与安溪地方文化融合成一种善文化体系，在闽南及海内外广为传播，清水岩的分炉分庙遍及全球。在闽南，安溪作为清水祖师文化的发源地，乡乡镇镇都建有寺庙，家家户户都供奉清水祖师。在永春，岵山镇铺上村宋代就建南山庵供奉清水祖师。从南山庵到永春县境最东的外山乡、最西的一都乡、最南的仙夹镇、最北的介福乡，都建有供奉清水祖师的寺庙。南安也是供奉清水祖师寺庙较多的县市，资料已知有30座。英都镇与安溪一山（笔架山）之隔，是清初名臣洪承畴的故乡。该镇良山村的龙山北麓有一座佛院名"云从古室"，古室始建于五代，南宋端平年间（1234—1236），英都人于此修建龙山书院。到了元代，有个屡试不第的儒生寄寓于此，青灯苦读，适院侧龙兴寺废，便迎清水祖师供奉于书院。是夜，儒生梦见祖师对他说："宜树人育才为先。"儒生听了，从此无意功名，在此设馆授徒。学子有成，尊其为"云从先生"。明建文元年（1399），美林镇梧山村乡民组队到安溪进香取火，翌年建普济堂奉祀清水祖师。[②]翔云镇与安

[①] 陈普足，永春人。儿时牧羊，持斋颂经。元丰六年旱，安溪刘氏请普足祷雨，随应。遂筑室蓬莱山清水岩，居之。见清乾隆二十二年版《永春州志》卷三十二《仙释》，厦门大学出版社，1994年。

[②]《清水岩志·省内分炉》，中国文化出版社，2011年，第212—213页。

溪城厢镇、龙门镇接壤，翔云镇黄田村与城厢镇古山村相邻，村庙龙泉岩主祀清水祖师和法主公。

同安原属泉州，与安溪地缘相邻，是安溪人下南洋谋生的必经之路，海丝茶瓷古道，立庙奉祀清水祖师的比比皆是。① 据同安香山岩记载，宋徽宗时代，同安马巷一带乡民就到安溪蓬莱迎回清水祖师香火敬奉。与安溪龙门镇交界的同安汀溪镇，则有进宝殿、宝应殿、田螺宫、集福堂、永丰宫等五座供奉清水祖师的庙宇，可见两地神缘信仰相通。目前，已知厦门市境内有清水岩分炉80座，其中市区8座，同安区51座，翔安区21座。②

清水祖师在漳州境内分炉已知有25座，大部分寺庙建于明（万历、嘉靖）清时期。与安溪龙涓乡接壤的华安县仙都镇大地村，建有玄天阁；与虎邱镇、龙涓乡、大坪乡接壤的长泰县，境内有16座。漳浦县赤湖镇后湖村赤水清水岩，尚存南宋淳熙二年（1175）"昭应菩萨记"碑刻一方。据载，南宋隆兴元年（1163），当地陈、蔡、林等姓到安溪清水岩奉回香火供奉，这比祖师首次荣受宋廷敕封还早一年。南宋淳熙二年建成赤水清水岩，这比祖师第二次受宋廷敕封还早九年，因此碑文记署：昭应菩萨记。③ 安溪清水岩相关碑文记载，祖师四次荣受宋廷敕封，事先有三次分别委派漳州府属下官员方品、周鼎以、何葆到安溪复实。这三人亲究祖师功绩并上报朝廷，对清水祖师文化在漳州境内，乃至更广区域的传播是有助推作用的。

至明末，清水祖师文化已"炉火遍于闽中"。有清一代，"历任郡守司牧，祈祷雨祥，靡不辄应，庙食于今八百年矣。自上游延、建、汀、邵，以及下游福、兴、漳、泉，晋殿而分香火者，不胜纪数"。

---

① 安溪人外出谋生多取道同安，同安的"池府大王"等信仰文化也为安溪人引入安溪，衍传各地。参见本书《与神明共处》。
② 《清水岩志·省内分炉》，中国文化出版社，2011年，第226页。
③ 同上。第234页。

清末学者杨浚在其《四神志略》中,将清水祖师与妈祖圣母、广泽尊王、保生大帝(出生地安溪感德镇石门村)同列为福建四位"主神"。四位"主神"中,三位直接或间接与安溪有关,充分说明他们是地理环境与人的诸多条件形成最佳结合的结果。信仰的力量绵延不绝,生生不息,直至今天,清水祖师文化依然在继续向外传播。2016年正月,供奉武安尊王(张巡)的眉山霞美庙,组织进香队伍到参内乡洋乌内洋乌宫进香,恭请清水祖师"金香圣火"一炉,回乡绕境巡安,安溪清水祖师文化区的影响力之巨,由此可见一斑。

地理学是历史的眼睛,历史的光。行文至此,笔者已经感到,安溪与县境四面八方的人地关系、人人关系,及各种文化现象的空间分布,可以延展探讨的话题,已是无穷无尽,而其双向的相互关系,既有物质的关系也有非物质的关系,既有历史的联系也有现实的联系,随着区域经济一体化步伐的加快,安溪与周边县邑的未来关系更为可期。人地一体,人与环境的和谐,以及人类群体行为的科学发展,本就是一个终极的追求。行政有区划,像一双"无形的手"在描画,文明无边界,心之所向,足之所至,文化像一双"无形的脚"漫游在大地之上。人从来不是由路指引的,而路则是人走出来的。知道自己脚步应该迈向何方,这是一个多少了解文明常识的人的理性选择。

山中无老虎

虎啸山谷,道义可崇

今年(2016年)国庆节期间,旅日著名作家、出版家、日本华侨华人文学艺术界联合会会长唐亚明携妻女,与日本著名动物画家夏目义一,约定前来安溪采风。他们是为创作一个儿童绘本故事"华南虎与铁观音"而来,故所有行程我均安排在安溪高山茶园、深山密林中穿梭。一行人翻山越岭,走村串巷,探寻虎踪,访问耆老,一段尘封已久的往事,再次清晰浮现。也许像制作铁观音茶一样,需要足够时间的发酵,秋冬暖阳中,华南虎它穿越时空凛然而来,戛然而止,不需要任何艺术加工,就深深吸引住孩子们的目光。

中国以拥有老虎而骄傲,中国人素有老虎的情结。在古代,人们谈论大事时,常以老虎为喻,《易经》曰:"云从龙,风从虎,圣人作而万物睹。"这里将龙与云,虎与风,圣人与万物,互借声势,以表示壮大,最后是要说"圣人"很了不起。在中国人的感觉中,虎是威猛之兽,风是震动之气,虎啸则谷生风。这头威猛之兽,还被视为一种德行的象征。《易经》又说,"虎视眈眈,其欲逐逐"。解经的人称，这是形容老虎威而不猛，不恶而严，虎的品性塑造人的精神，恰似"强者之德"。《易经》还说，"大人虎变，君子豹变，小人革面"。这里，凶残的老虎竟然与"小人"对照有差，盖因其纹形彪炳，美丽壮观，与小人经常"翻脸不认人"，嘴脸猥琐，形成鲜明对比——老虎的形象总要高出许多，故为人所爱戴。在民间，关于虎的谚语、故事更多，俗语"女人似老虎"，将"虎视眈眈，其欲逐逐"和"大人虎变"的精髓进行糅合，形象传递出男人对于女人"既爱又恨"的复杂情感。凡此种种，中国文化方阵中特别需要虎，韩愈说："虎啸于谷之义可崇。"常言道，山中无老虎，猴子称霸王。但如今，山中的老虎的的确确是没有了！

华南虎主要生活在中国中南部森林山地，是我国独有亚种，所以称为"中国虎"也许更加合适。华南虎作为独立亚种的概念源于1905年，是德国动物分类学家贺泽麦（Max Hilzheimer）依据5个产自汉口（今武汉）的虎头骨标本定名的。19世纪初，美国史密森自然历史博物馆的博物学家卡德威尔（Caldwell），在厦门周边一带猎获了一种比东北虎体形小、毛色更深的华南虎标本，并定名为"厦门虎"。几十年过去，华南虎目前几乎在野外灭绝，仅在各地动物园、繁殖基地里人工饲养着100余只，1996年被国际自然保护联盟列为极度濒危的十大物种之一。

此番中国之行，唐亚明、夏目义一从东京直飞福州，准备先到福州动物园去看人工饲养在这里的华南虎，可惜的是，受台风"鲇鱼"影响，福州动物园关闭，无法亲睹老虎的"尊容"。在安溪期间，听我介绍龙岩市有个华南虎繁育基地后，他们又专门从安溪感德出发，驱车去了龙岩市梅花山。厚厚的钢丝网内，老虎并不理会远道而来的"客人"，兀自蹲卧着闭目养神。但当看到那美丽而安静的华南虎，全身橙黄色皮毛，间布黑色横纹，日本画家夏目义一说："疲劳一扫而空，精神特别振奋。"与二十年前我去观看的心情一样。

目前，全国共有包括福州动物园在内的16家动物园饲养华南虎，此外，还有苏州培育基地、粤北驯养繁殖研究中心、福建龙岩梅花山繁育基地等三家华南虎保护繁育基地，人工饲养华南虎数量并不多，而野生华南虎的数量则更稀少。2000—2001年，国家林业局和WWF（世界自然基金会）花了两年时间在全国进行野生华南虎及其栖息地的调查，搜索过程中没有看见一只野生虎的身影。这次调查之后，国外一些学者甚至认为野生华南虎已经灭绝。而国内学者还没有放弃最后希望。2007年冬，华南濒危动物研究所开展了"粤北野生华南虎野外调查"项目，但最终并未发现野生华南虎存在的痕迹。2008年，沸沸扬扬的陕西"周老虎事件"发生后，国家林业局派驻的专家调查组也表示，佛坪镇并没有发现野生华南虎的存在。

如今，野生华南虎存在的可能性已经微乎其微。因为物种的繁衍需要自然种群的存在，自然种群还必须维持一定的个体数目、保持基因达到足够的杂合水平，种群才不会因为近亲繁殖而发生近交衰退。由于原华南虎栖息的地区已经多年不见虎踪，发现华南虎种群的可能性更加微乎其微。因此更多的专家认为，华南虎的自然种群已经灭绝。

是什么原因，使得曾经雄踞山林、威风凛凛的华南虎，沦落到现在只能在动物园里、在繁育基地中接受人为的"保护"？而曾经闻虎色变的人类，大概已经忘记那段"虎视眈眈""人虎共斗"的岁月。虎踞山林，山不深，林不密，则虎不生，而无虎，则谷风不起；无虎，则中国人只能空谈虎威，空作虎画——这是不是一种中国文化的损失？山林无虎的年代，但人们依旧在谈虎，画虎，写虎——闽南人甚至将生活中种种不靠谱的人的种种行径称之为"画虎兰"，无虎强说虎，子虚乌有，凭空捏造，这确实是虎文化莫大的讽刺。我们想到苏东坡祭奠欧阳修时的比喻，苏东坡说："譬如深山大泽，龙亡而虎逝，则变怪杂出，舞鳅鳝而号狐狸。"社会没有圣贤则小人杂出，而没有虎只有狐狸，甚至狐狸也少见的山，只能算是"小人"之山。

穹林茂木，虎豹猿猱

"灵著庙，在县南三里。旧传，唐中和四年（884），有父老姓安名宁，善搏虎，邑人祠之。伪闽时，长官廖俨重建。后人思长官之功，并塑其像于庙，每岁孟春，迎神于市，晨昏荐献，及夏，歌鼓送神以归。嘉定六年，邑令陈宓以虎暴祷于神，杀三虎，请于朝，赐今额。陈宓自为记。"① 这段发生在唐代安溪有关安宁捕虎的记载，也是目前所知福建最早有确切时间的虎的记录。同时代福建的相关记录（总共6条）还有唐会昌年间（841—846）闽北浦城县的虎迹、闽东长溪县（今霞浦县）禅师为虎除哽的故事等。这些记载说明唐五代时期，华南虎分别出现在闽南、闽北和闽东等区域。这些记录说明福建当时虎比较常见，表明虎的种群数量还比较丰富，人们开始进入到虎的生活领地，人虎之间经常发生冲突，虎患问题已相当严重。

福建境内丘陵起伏，山峦连绵，兼跨北亚热带和南亚热带植物区，林木种类繁多，森林覆盖率在全国各省名列前茅。由于自然条件优越、生态环境良好，自第四纪以来哺乳动物的种类就十分繁盛，其动物地理区划属于东洋界东南亚区系，该地自有史以来就是中国境内华南虎亚种数量最多、活动最频繁的主要分布地区之一，也是现在华南虎最有可能的生存地区之一。唐亚明、夏目义一这次参观，和我20年前曾到过的梅花山华南虎保护基地，纵贯上杭县、龙岩市和连城县三地，至今仍被称为"华南虎的故乡"和"最理想的栖息地"，2003年尚有3个家族7只华南虎在此生存繁衍。

根据学界的考古研究鉴定，福建地区有据可考的最早华南虎分布记录是旧石器时代，以大量单个虎犬齿、前臼齿、裂齿化石为主要依据。其时间主要是第四纪的晚更新世，年代测定为126000至10000年前，

---

① 明嘉靖《安溪县志·规制类·庙祠》，国际华文出版社，2002年。

主要分布在三明市、宁化县、清流县、明溪县、将乐县和石狮市等6个县市的8个地点。新石器时代虎的分布以虎骨的出土为主要依据，主要分布在平潭县、闽侯县和霞浦县等古人类遗址中，虎骨仍然是以虎齿为主。虎化石和虎骨的出土以史前时期为主，历史时期几无，是因为随着人类对虎的利用价值的发现，虎骨研碎入药导致虎骨不可能被保存下来，因此人类历史时期虎的分布只能以文献记载作为主要依据。当然，这些记载并非华南虎自然分布真实状态的直接反映，在人所未及的领域并不一定没有虎的分布。

福建虎的记录最早始于唐代，这与该地区的社会发展进程有关，虽然自原始社会起就有人类在此活动，但该地区曾长期"地广人稀"，至唐末五代才开始真正开发，其文献历史发展比较晚，这也是唐以前虎记录阙如的主要原因。南开大学专门从事历史动物变迁、环境史研究的曹志红博士统计，福建虎的记录共计308条，唐、五代、两宋至元代的虎记录数量较少，合计36条，占全部虎记录的11.65%；明、清、民国3个时期的虎记录数量较多，其中明代83条，清代155条，民国35条。[①]安溪于五代后周显德二年（955）置县，至民国初年共修志7部，但仅存明嘉靖、清康熙、清乾隆3个版本。这些版本中，关于虎的记录，扣除重复记载后共计13条，其中唐代1条，宋代1条，明代5条，清代6条，充分证明安溪自历史时期起就是华南虎的典型栖息地之一。

宋代，全国经济重心南移，福建偏处东南，北方躲避战乱的人们不断迁入，使得福建进一步开发。唐、五代直到南宋，300多年间，福建一直保持较高的人口增长率，由原来的"地广人稀"演变为"地狭人稠"。据历代统计数字记载：北宋初年福建人口是唐后期的6倍多，南宋初年的人口又比北宋末年增长31%，在两宋交替的60年中，

---

① 曹志红：《人类活动影响下福建华南虎种群的历史分布》，载于2012年《西北大学学报》（自然科学版）。

福建剧增 33 万户,"生齿之繁"是前代所未曾有过的。由于山地丘陵的特殊地貌,人口剧增使得福建人均占有耕地更加有限,致使此时田价也大幅度上涨。时安溪县令陈宓在其《复斋先生文集》卷四《安溪劝农文》中称"七闽寸土直钱多,次是泉山价格高",说明人口剧增,地价上涨,在泉州地区,连山岭都成为稀缺资源。

为了缓解人多地少这个矛盾,安溪一部分人开始向山林进军,开垦梯田,扩大耕地面积。另一位安溪县令黄锐在《题大眉山小眉山》诗中写道"一岭复一岭,一巅复一巅。步丘皆力稼,掌地也成田",形象地反映当时闽南(南安县)开垦梯田的情状。山地梯田的成片开发,虽然提高了土地的利用率,但也极大侵入老虎的生活领域,增大人虎相遇概率,人虎冲突和虎患时有发生。嘉定六年(1213),安溪县令陈宓到供奉安宁的庙里,"以虎暴祷于神,杀三虎",之后又将此事"请于朝""赐令额"。灵著庙始建于唐中和年间,至南宋宁宗时代 300 多年间,一直香火不断,也从侧面说明安溪的人虎冲突不断,民间对打虎英雄的崇奉,意在祈愿神明佑护乡民安全。

至明清时期,随着人类开发的持续深入,"田尽而山,地尽而山",山区遭到纵深强度开垦,人与虎的生活领域近乎完全重合,严重干扰了包括虎在内的动物群生存环境,从而引发频繁的虎对人畜的攻击性事件,这也是明清时期虎的文献记录特别丰富的主要原因。明嘉靖《安溪县志》"土产"记载:"虎,一名'山君',言山兽虎为之君,行以爪拆地观奇耦,及作威则毛张爪露,啸则林振风生。安溪山木深邃,虎患为多。"[①] 虎入"土产",说明人们已开始关注虎,虎伤人事件的发生则表明虎较多进入人们的生活领域,人与虎的联系开始有越来越多的领域重合。"正德十六年春,猛虎群出,伤畜类数多,民难往来。县令龚颖募壮士猎之。四月朔,一虎吼于永安大寨山,有福清梁文浩

---

① 明嘉靖《安溪县志·地舆类·土产》,国际华文出版社,2002 年,第 70 页。

者先锋戮之,人壮其勇。越三日,有虎出下沿渡溪洲,众戮之如初。二十七日,又一虎过溪几至上沿渡,众又戮之如永安。教谕邹鲁作《戮虎赋》。"① 不到半年,安溪频繁发生群虎伤人事件,且已逼近城郭,可见虎患进一步加剧。

到了清代,乾隆版《安溪县志》中改由"物产"记载,"虎,胆小,怕竹篦,人执伞开合不敢近,锣鸣则遁。骨能追风定痛,胫尤妙"。②与明嘉靖时期相比,人对于虎的认知更进一步,不仅研究各种防卫措施,还研究出虎骨入药的疗方。"顺治中,虎患日告,远近里民,屡遭啖害,苦不聊生。邑令韩晓率乡丁于永安里教场尾村,一日而搏杀三虎,民无损伤"。③人虎矛盾又进一步加剧,严重影响人们的生产生活。"康熙二十年(1681),(德化)在坊、新化等里白昼老虎四出,一连数月,被吞噬百余人"。④"康熙中,虎害尤剧。始而鼠伏深山茂林,噬樵夫牧叟,继则咆哮村落埠市,庠生刘皇遒死焉。至附郭之地,常沿渡、南门外居民男妇,白日悉遭所啖。甚有突入人家,噬害妇女。如崇信里芒州王姓、长泰里参内黄家,遭毒尤惨。中夜越入邑城,损伤豚畜,邑民不敢夜行。计数年之内,十八里男妇老少,死于虎者不下千余人,幸关、阎二邑令相继示谕民间,多方设阱,老虎折损过半,于今稍戢"。⑤文献记录体例由明代的"灾祥"发展到清代的"虎患",说明当人类的纵深开发垦殖达到顶峰时,人虎领域已经重合,人虎矛盾关系不可调和。而当老虎一再对人类的生存构成威胁时,人类便开始作出全面行动,这一切也为虎的未来命运埋下了深深的伏笔。

---

① 明嘉靖《安溪县志·杂志类·灾祥》。
② 清乾隆《安溪县志·物产》。
③ 清乾隆《安溪县志·虎患》。
④ 《德化县志·大事记》,新华出版社,1992年,第10页。
⑤ 清乾隆《安溪县志·虎患》。

勇往前撄，尤物血红

民国时期，军阀割据，内战频繁，人民为避战乱纷纷涌入山区谋生。而近代商品经济的发展，各国对福建地区木材业、造船业、陶瓷业的掠夺，也导致山区和沿海的开发过度。此种情形之下，虎的生存环境遭到严重破坏，虎对人的攻击性事件频繁发生。"民国二十五年（1936），虎患，（安溪）全县被咬死60人；民国三十四年七月，潘桃（今潘田桃舟一带）虎祸猖獗，咬死50多人。"[1]

新中国成立初期，虎患并没有得到缓解，1950年至1953年春，（安溪）十三区石龙乡（今桃舟棪、达新一带）虎患严重，被虎咬死48人。1951年至1953年4月，十二区剑斗、仙荣、御屏、长举乡虎患，先后被虎咬死30多人。[2]1951年，笔者的父亲刚满8岁，在笔者写作这篇文章时，父亲对笔者讲述他当年正面遭遇虎的亲身经历。[3] 笔者的家乡在厚安，与安溪县城隔溪相望，过去属永安里，旧志中关于虎的记录大多发生在这里，供奉打虎英雄安宁的灵著庙也建于此，周围村子至今口口相传着许多人虎相斗的故事，可见安溪虎患之严重。

安溪的邻县永春县，山脉接连"闽中屋脊"戴云山，自古以来十分适宜华南虎等各种野生动物繁衍生息。八闽各地的历代史志，以及曾经游历福建的外国人的笔下，都散见有永春虎踪的记录，"永春、德化虎四出，白昼噬人，或夜入人家，阖门俱尽。"[4] 到了民国时期，闽南各地政局不稳，兵匪交迫，民不聊生。加上老虎肆行，为患不断，当时以永春县受害最为惨烈，村民谈虎色变，"民国十五年（1926）春，虎患猖獗，疫病流行"。[5] 以出产无烟煤著名的天湖山，是永春的主

---

[1] 《安溪县志·自然地理》第七章"自然灾害"第六节"虎患"，新华出版社，1994年，第129页。
[2] 同上。
[3] 谢承劼：《华南虎与铁观音》，参见本书。
[4] 清乾隆二十二年版《永春州志》，厦门大学出版社，1994年。
[5] 《永春县志·大事记》，语文出版社，1990年，第21页。

要林区，纵横40多平方公里，1947—1949年间因虎灾惨重，群众不得已放火烧山，造成荒山绵延20多里。

新中国成立初期，永春境内还活动着不少野生华南虎。其中，有三只猛虎（母虎及二只小虎）流窜于永春、安溪、漳平、大田、德化五县交界处，专门食人，有时一日竟吃二三人。母虎额头上的毛长得遮住眼睛，咬人时需摇摇头才能看见，人称"散头彪"。1952年，山区虎患严重，全县被咬102人。1953年1月至3月，锦斗一带被咬47人，一都三岭村前后被咬45人。①

地处戴云山脉的德化县，民国二十四年，四月中下旬，三班岭头牛羊被虎咬死十余头。民国三十年，朱紫、上亭等村猛虎白昼咬人。民国三十五年，县城内虎噬猪。民国三十六年，县西南部乡村发生虎患，人被噬者颇多，凡耕耘山田及行旅往来须成群结队，才敢出行。1952年，虎踪遍全县，耕牛及猪被咬各200头。②德化九仙山、安溪大岩山和犀山，至今保存有从前石砌的"虎橱"遗迹。永春五台山麓有地名"虎巷"，即因虎多而得名，当地群众曾先后用"虎橱"捕到20多只华南虎。

久罹虎患，民罔所措，心有惴惴，神有不安。据统计，20世纪50年代，永春和安溪，老虎总共咬死咬伤2000多人。虎患之余，山猪、猴子也经常出没，糟蹋农作物，间或台风、水灾、旱灾，山区群众生活举步维艰。为此，新中国政府正式宣布华南虎为"四害"之一，组织专门的打虎队，由解放军和民兵协同作战，除虎如同剿匪，斩草务必除根，大打"人民战争"，将华南虎赶尽杀绝。

1953年，永春、安溪、德化、大田四县成立剿虎联合指挥部，总部设在永春，由永春人武部部长曾伯虎任指挥，永春一区武装部长郑瑞甫为副指挥。福建省军区拨出剿虎经费5000元，发给轻机枪1挺，步枪100枝，以及一批子弹、手榴弹。当时下达的任务，除了剿灭三

---

① 《永春县志·大事记》，语文出版社，1990年，第35页。
② 《德化县志·自然地理》第八章第八节"兽灾"，新华出版社，1992年，第97页。

只专门咬人的老虎(母虎及二只小虎)外,还要打其他野猪、山羊、豪猪、穿山甲等野兽。剿虎指挥部在永春调集各地著名猎手、民兵,并抽调解放军战士协助,组成7个专业猎队和30个业余猎队,有队员194人。半年后,三只猛虎被剿灭。1953年11月,剿虎指挥部撤散,留下一批枪械弹药给永春,地方民兵仍不时出击剿虎,又先后打死华南虎10只。①1956年春,为表彰永春和安溪、德化剿虎和除兽害的功绩,福建省军区特拨2万元经费,联系八一电影制片厂到永春拍摄1953年四县联合打虎纪录片。一个多月后,《深山除害》在全国上映,轰动一时。1953年,德化组织县级打猎队,发动群众也打死了8只老虎。②声势浩大的"人民战争"围追堵截之下,华南虎数量一天比一天少。

建国初期,我国野生华南虎有4000多头,数量超过了中国其他三种虎(印支虎、东北虎、孟加拉虎)的总和,是当时中国数量最多的虎。从各地史料记载来看,华南虎的实际数量其实更多,但遭受了近20年持续的大规模捕杀后,华南虎的数量急遽下降,华南虎种群濒临灭绝。1956年冬,福建共捕杀了530只虎、豹,江西南昌、九江、吉安、抚州捕杀了150多只老虎。1959年冬,贵州有30多头虎、豹遭猎捕。1963年,广东北部共捕杀了17只老虎,雷州半岛也有17只被捕杀。曾为"龙虎之国"的中国,现在老虎已所余无几,而野生华南虎存在的概率已微乎其微,很多专家都认为,华南虎的自然种群已经灭绝。华南虎的濒临灭绝,是其自身的悲剧,更是人类的大悲剧。悲哉!

风从而生,虎意绵延

"灵著庙,在县治东南三里……教谕邹鲁有《戮虎颂》载《艺文》。

---

① 《永春县志·大事记》,语文出版社,1990年,第35页。
② 《德化县志·自然地理》第八章第八节"兽灾",新华出版社,1992年,第97页。

庙圮，栖神于榕树下。雍正丁未年，虎暴，乡人群祷于神，时远近多遭害者，独埔荏村（今员宅村）祷者，出入山林无患。感神功，乾隆元年，即其地（建）新庙宇，崇祀如故。"①乾隆年间撰修的《安溪县志》，在之前版本"灵著庙"的条目中，增记上述内容。这些内容说明，安溪人虎冲突一直没有停止，愈演愈烈，"虎暴""远近多遭害者"，为祈愿打虎神明佑护，当地人在原址重修已经倾圮的灵著庙，"崇祀如故"。而到该庙祈祷烧香后，"独埔荏村祷者，出入山林无患"，推测原因是灵著庙建于此地，而安宁已成为员宅的"境主神"，人们崇祀安宁，无非是想借助打虎英雄的"神力"来制服虎及其他野兽，而虎不伤员宅村村民，因此就具备了显猛、示威、怯恶、驱邪等神性。

和龙有别，虎是自然界真实存在的生物，所谓"状如猫而大如牛，黄质、黑章、锯牙、钩爪，须健而尖，舌大如掌……声吼如雷，风从而生，百兽震恐"。而龙实际并不存在，是古人"集合"鱼、鳄、蛇、猪、马、牛等动物，云、雷电、虹霓等自然天象而"创造"的神物，反映先民们对身外异己力量的疑惑、敬畏和崇拜。作为令百兽震恐的"山兽之君"，虎对古人的生活秩序和生命安全造成了很大的威胁，于是古人对虎因恐惧而神化崇拜，很早就开始尊虎为"百兽之长"，一方面希望虎不要危害自己、亲属、族人及家畜，一方面想借助虎的神力来制服其他野兽及鬼怪。"生龙活虎""龙韬虎略""龙潭虎穴"……汉语中龙虎并称的现象，反映在民俗心理上，实质是神性的对应与互补。一个水中游天上飞，一个山中吼林中行；一个出神入化呼风唤雨，一个勇猛异常威风八面，二者携起手来，神威有了，灵变、勇猛也有了，就可以"龙吟虎啸""龙骧虎步""龙蟠虎踞""龙腾虎跃""龙争虎斗"了。龙虎并称以命名事象、褒颂人物的现象也多见于史籍。如夏代的"龙旗虎历"，唐代的"龙虎榜"，金朝设"龙虎卫上将军"；

---

① 乾隆版《安溪县志·寺观》，厦门大学出版社，1988年，第314页。

以及周文王"龙颜虎肩",刘邦"龙虎气",诸葛亮"龙骧虎视",刘裕"龙行虎步",等等。龙与虎还以互相对应的身份进入"天之四灵",用来"正四方",即所谓的东苍龙,西白虎,南朱雀,北玄武。西神虎何称白虎神?白虎神原为古代星官名,二十八宿中的西文七宿,因其呈虎形位于西文,按五行配五色,故称。道教中龙虎相提并用,作为山门的两大守护神,"左为青龙孟章神君,右为白虎监兵神君"。

华南虎是我们祖先的老相识,中华古文化中曾将虎看成是权力和威严的象征,战国时魏国信陵君为救赵国而派人盗来的"虎符",就是君王调兵遣将的凭证。"虎符"用什么做成?张岱的《夜航船》中有则记载,说"虎有骨如乙字,长寸许,在胁两旁皮内,尾端亦有之,名'虎威',佩之临官,能威众",[①]想来"虎威"即是信陵君偷来的虎符。虎有神威,故人们称百战百胜的将军为"虎将",称勇士为"虎贲"。民间称少年儿女为"虎娃""虎妞",喻其结实粗壮。闽南民间,男孩满月时,外祖母要置办虎鞋、虎帽,让其穿戴,希冀于孩子长得虎头虎脑、健康活泼。早些时候没有机械化生产,虎鞋、虎帽都得手工缝制,虎的形象被塑造得既威武又笨拙可爱。虎年出生的男孩称"虎仔",十二生肖中虎和龙都是"大生肖",若有"神威",各种重要场合百无禁忌,可以自由出入。这些习俗随着闽南人的播迁,传播到台湾及东南亚地区,延续至今。

关于华南虎,闽南民间,人们还有各种各样的传说,祖祖辈辈,口口相传,说者煞有介事,听者津津有味,诸如"老虎怕鸟屎,所以不敢在树林中栖息""老虎一生只交配一次""虎生三仔必有一豹",等等。果真如此吗?动物学家对此已做了科学解释。还有一些虎的神话故事,如《詹珡杀虎》《骑虎岩》《跌死虎》《猫不教虎嗍血》《虎怕漏》[②]等,灵异怪诞,活灵活现,在文化生活匮乏的年代,是最好

[①] 明·张岱:《夜航船》,四川文艺出版社,1996年,第366页。
[②] 薛世浩主编:《安溪县民间文学集成》,作家出版社,2004年。

的开蒙。幼时所听的这类故事于今想来依然时新。闽南及台湾地区还广为传播着一些"虎姑婆""虎鬼娘"故事。有一首童谣,名字就叫做《虎姑婆》,童谣里唱道:"在好深好深的夜里,会有虎姑婆。爱哭的孩子不要哭,她会咬你的小耳朵;不睡的孩子赶快睡,她会咬你的小指头。"《中国民间故事集成·福建卷》收入数则安溪《虎鬼娘的传说》,大意是讲母亲被老虎吃掉后,老虎又变成母亲模样回家,企图再残害她的两个女儿,但被两个女儿机智识破,最后被打死。[①]"虎姑婆""虎鬼娘"民间有说是老虎成精的,有说是老虎死后化成的鬼魂,但都反映人类对虎因恐惧而产生的神化心理。虎为义兽,民间另有一些传说,表现的是老虎的威猛和义德,如《虎仔装新娘》[②],说的是幼虎得到人类救护后,长大后感恩报恩,惩恶扬善,读来亲切。显而易见,虎的情结早已融入闽台文化之中。

上文说到,19世纪初美国博物学家卡德威尔(Caldwell),在厦门一带猎获华南虎标本后,将华南虎定名为"厦门虎",可见厦门很早就有华南虎在此栖息。根据地方志记载,厦门在明代嘉靖年间就有虎患。一些族谱里,也有虎患的相关描述。虎患之下,闽南百姓一度谈虎色变,在虎的震慑下,人们对虎又生出了崇拜之情,表现形式有多种,除让孩子穿虎鞋、戴虎帽,还在宫庙里供奉虎爷。同安的不少宫庙,如龙虎宫、妙建庵、北山庙、朝园观等,都能看到"虎爷"。每年一度的保生大帝出巡队伍中,坐第一个轿子的必定是"虎爷",接着是哪吒,第三才是大道公。老虎凶猛,它威风凛凛,无所畏惧,向有王者风范,充当保生大帝的开路神是当之无愧的。虎爷是勇猛、威严、正义、吉祥的象征。

古人崇虎,还把它当作门神供奉,于除夕日将虎的画像张贴在门上,以驱鬼御凶,趋吉避害。这种风俗,最早可追溯到周代,《周礼》上

[①] 《中国民间故事集成·福建卷·安溪分卷》全二册下册,1988年。
[②] 同上。

就有"居虎门之左，司王朝"的记载。以后这种习俗又不断发展、演变，从贴门神扩展到悬挂带虎的图画。如华北各省除夕时，家家都在正厅内悬挂镇宅的"神虎图"，福建漳州则流行除夕挂《五虎图》年画，而山东潍坊一带则在除夕挂《神虎图》年画，其意都是让"神虎"保佑，驱鬼御凶，守家护财，确保平安。这种对虎的尊崇，是建立在人虎力量对比之上的，当虎的力量强大、人的力量相对较弱时，人便畏虎、敬虎，把虎奉若神明；当人的力量强大起来，尤其近现代使用上先进武器时，自大的人类便不再把虎放在眼里，遂对它滥捕乱杀，使其很快成为濒危动物。

"驱猛靖山川，百世功名垂宇宙；灵著宣日月，千年庙号赐天朝。"这是镌刻在灵著庙里的一幅楹联，讲述安宁当年打虎的事迹及死后封神赐庙的荣耀。这座早于安溪置县而兴建的庙宇，至今已有1100多年历史，主祀"文武圣侯"安宁，后又增祀"翊济相公"廖俨及清水祖师、保生大帝、玄女娘娘诸神祇。每年农历四月二十二日是灵著庙的佛诞日，这一天，四乡八里的信众都要赶往焚香祈祷，烧纸马告慰"文武圣侯"安宁。如今虎患早经消除，山川业已靖安，乡民们祈求的是新的愿景，社区平安，风调雨顺。

灵著庙旧址，在今员宅村委会对面，员宅村委会所在角落因背对灵著庙而得名"庙后"，这一称谓延用千年。站在灵著庙前，放眼望去，不远处就是绵延起伏的笔架山，封山育林几十年后，山林愈发荫翳窈密，可惜那已不是虎的栖息地了。龙亡虎逝，啸声远去，如苏东坡所言，无虎的笔架山，只能算"小人"之山，变成麋鹿獾獐的乐园。在闽南，至今保留着许多以虎为意象的地名，虎头山、虎尾山、虎巷、虎坑、虎橱、虎林、虎洞、虎溪岩、骑虎岩、跌死虎、虎园路、虎仔山路、龙虎山路……它们分为有虎踪和无虎踪两种，不管是否曾经出现过真正的老虎，都反映了人虎之间曾经"患难与共"的关系，透出深深的"虎意"，也在提醒着人类要保护包括华南虎在内的野生动物。

保护老虎是自然环境的需要,也是人类文化的需要。虎居深山,山不深,林不密,虎不生,老虎的存在是环境质量的标尺。文化方面,"生龙"固然不会出现,"活虎"却不能消失。如果只有无虎的山林,进而出现无虎的中国,则中国人只能空谈虎威,空作虎画,那"虎意中国"还能绵延多久?

蒲厝街风云

明嘉靖《安溪县志》①卷三《官制类·职官》载："蒲开宗，嘉泰四年（1240）任主簿。"又载："蒲茂，在坊里（明代县治称在坊）人，天顺壬午（1464）贡，任广东香山县县丞。""蒲香，在坊里人，嘉靖丁亥（1527）岁贡，任江西铅山县学训导。"蒲开宗为何许人？蒲开宗是宋元时期在泉州地面呼风唤雨、点石成金的蒲寿庚的父亲，公元13世纪，蒲开宗、蒲寿庚父子及其蒲氏家族在海上"香料之路"创造的商业传奇，是中国与阿拉伯国家海上交通、经济贸易和文化交流的历史见证。而《安溪县志》的这三则史料则说明，蒲寿庚的先世，蒲氏整个家族入泉，曾先在泉州府管辖的安溪县立足，一边在安溪当起了主簿，一边跑去泉州从事以运贩大宗香料为主的事海外贸易，积蓄大量财富，拥有规模船队，甚至私养军队，逐渐在泉州发迹，成为闽南乃至中国东南沿海地区的海商巨富。

阿拉伯香料商人

是什么吸引蒲开宗入泉后首先来到安溪？这得先从泉州与闻名中

---

① 明嘉靖《安溪县志》，国际华文出版社，2002年。

外的"海上丝绸之路"渊源说起。泉州是我国东南沿海的重要海港和文化古城,早在公元6世纪的南朝,即通过"海上丝绸之路"和海外各国发生通商关系。海上丝绸之路是1840年之前中国通向世界其他地区的海上通道,它由两大干线组成:一是由中国通往朝鲜半岛及日本列岛的东海航线;二是由中国通往东南亚及印度洋地区的南海航线。海上丝绸之路涉及港口、造船、航海术、航线、国与国外交关系、民间的商品贸易、外贸管理体制、货物流通、人员往来、文化传播等众多方面,它与"陆上丝绸之路"一起,在欧亚大陆、太平洋和印度洋之间,构建起一个中国与世界各国海陆复合的地缘政治经济空间。

史料记载,唐代泉州已有阿拉伯商人前来通商。当时,广州、泉州、交州及扬州,都同阿拉伯人通商,其中以广州为最主要。唐代中国的海上交通航路,其起点是广州,终点是大食。其时,泉州虽还处于附属广州的地位,然而与阿拉伯国家的海上交通也已开始了。《全唐文》记载:"南海蕃舶,本以慕化以来……其岭南(即交州、广州),福建(泉州)及扬州蕃客,宜委节度观察使常加存问。"自8世纪起,阿拉伯人由波斯湾,经印度,绕马来半岛,陆续来泉州从事经商贸易和传教(《闽书》),现泉州东郊外尚保留有唐初(或稍后)来泉州传教的伊斯兰三贤四贤卒葬泉州的墓葬,即"圣墓"可以为证。

这时的香料贸易,已在中阿海上贸易中占有重要地位。韩昌黎《送郑尚书序》说:"……外国之货日至,珠、香、犀、象、玳瑁奇物溢于中国,不可胜用。"大中五年(851),阿拉伯人苏莱曼在其所著的《东方游记》中曾说:"从外国输入中国的东西,有象牙、香料、玳瑁,等等。"由此可见,其时,中国和阿拉伯国家通商贸易已日渐频繁,而香料输入作为一项重要商品,也为宋元以来的香料贸易打下了基础。五代时,为适应海外交通的需要,泉州扩建了城市。《泉州留氏族谱》说:"泉州城旧狭窄,至是扩大仁风(东门)、通淮(涂门)等数门,教民间开通衢，构云屋。陶器、绸铁，泛于蕃国，取金帛而还，民甚称便。"宋结束了五代十国的割据局面，建立了统一的中央集权国家，中阿海上交通往来更加频繁。泉州港的地位日益重要，往来中国通商的阿拉伯商人，大都集中在泉州和广州两个港口。北宋元祐二年（1087），中央朝廷在泉州设立提举市舶司，作为管理对外交通贸易的官方机构。对来泉州通商的阿拉伯等外国人，还为他们专设居住的"蕃坊"（居留地），泉州城南部即外国人之居留地，至今还留下泉州清净寺等一些遗迹和遗物。泉州东南郊法石及其附近的美山、云麓等地，都常发现有散存的阿拉伯伊斯兰教徒的石墓。

南宋，中阿海上贸易继续发展。南宋乾道至宝庆前后六十年间，南海海上交通贸易常以泉、广二州为主。《宋史》曾载南宋乾道元年有司云："福建（泉州）、广南（广州）皆有市舶，物货浩瀚、置官提举实宜。惟两浙冗蠹可罢。其后遂无三路市舶司之名，多改称泉、广市舶司。"由此可见，泉、广二州在当时我国对外交通贸易中的地位。南宋朝廷还鼓励海外商人前来经商贸易，有的"远人"还被授予官职。种种政策之下，来泉、广经商贸易的阿拉伯商人很多，他们贩运乳香来中国，深受民众喜爱，南宋政府还给予奖励，这些阿拉伯香料商人中，就有蒲开宗、蒲寿宬、蒲寿庚父子。

泉南第一富家

至今没有史料可以考证蒲氏家族从西域来中国的准确时间，通常认为他们的先祖，先是到占城（今越南），宋时又以占城使节兼商人的身份来到广州，然后留下来做生意，并被推举为蕃长，渐渐富甲一方。日本学者桑原隲原在《蒲寿庚考》中说："蒲姓彼时为广东第一富豪，统理外国贸易；蒲寿庚之先祖富甲两广，总理诸蕃互市……"那么，又是什么原因，使蒲氏家族举家离开广州，来到泉州？

后于广州设立市舶司的泉州，到了南宋时期海上交通贸易地位迅速提升，一方面，由于偏安临安（杭州）的朝廷为了充实日益空虚的国库，加大对外贸易的发展，而泉州在天时和地利都占据了先机；另一方面，泉州地方政府的保护和泉州人对于贸易经商的过人禀赋，使泉州港一跃而成为举足轻重的东方大港，其重要性逐渐超越广州。宋嘉定十七年（1224）出任泉州市舶司提举、宝庆元年兼知泉州，接着兼知南外宗正司的赵汝适，是宋太祖八世孙，他在任职泉州时所著的一部关于海外地理与文化的专著《诸蕃志》中提到，自东北朝鲜、日本乃至东南亚、印度洋、地中海一带的商人，经海路来泉州的总计有五十八国，往来大宗货物除了丝绸、瓷器、茶叶、香料、宝石外，还有铜铁制品、象牙等。绍兴三十二年（1162），泉州市舶司的一年收入相当于建炎二年至绍兴四年，即1128年至1134年这七年间的总和。看中泉州的庞大商机，嗅觉敏锐的蒲开宗便带着一家老小从广州迁徙而来了。

蒲开宗何以赴任安溪县的主簿？是先到泉州，后被委任，还是直接到任安溪？历史并没有载明。但其于嘉泰年间任安溪县的主簿，则来自于官修《安溪县志》的记述，应有相当的可信度。并且，另一则关于"在坊里人"蒲茂、蒲香的记载，也提供了相关的佐证，即蒲氏家族在安溪落地生根，繁衍生息，已经积累了好名声，族人中人才辈出，被派往各地担任一定的官阶。

今年已89高龄的原安溪博物馆馆长叶清琳回忆，1980年安溪县组织文史调查时发现，时安溪县城即"在坊里"水门街，即今新华路西门至南门外沿蓝溪（晋江西溪上游，直达泉州出海口）的古船运码头，及城内部分地方，和水门街对岸的"法石"村，曾发现有南宋时阿拉伯人蒲氏、金氏侨居的遗址。原水门街内有一条长110、宽2.19米，铺砌鹅卵石的街道，古称蒲厝街，今为后蒲巷，已改为水泥路面。迄今，当地老人仍沿用"顶蒲""下蒲""蒲厝巷""蒲厝街""蒲园""蒲园堂"等地名旧称。

叶清琳的文史发现收入其《安溪文博留墨》(第7页),这项调查成果也原原本本收入1994年编撰出版的《安溪县志》(卷37"文物")。最近,笔者邀请现任安溪博物馆馆长易曙峰前往新华路一带踏访,可惜的是,当年的这些遗存已荡然无存,只留下"茂(蒲)园巷""凤茂新村""后蒲巷"和当地老人的口述记忆。1990年,安溪率先在全省进行旧城改造,将原来蒲氏家族的居住地划给当年南下解放安溪的老干部盖房,"蒲厝巷""蒲厝街""蒲园""蒲园堂"不见踪影,只留下如今以南市场边的南园巷为界的划片叫法,往西称"顶蒲",往南称"下蒲"。

来到可直达泉州港的水门街古码头向对岸望去,当年阿拉伯人侨居的"法石"村(今属凤城镇北石社区)也是一派高楼林立。当年的古码头已经改造成停车场,不见"蕃舶"吞吐往来的繁华景象。依地理方位,北石社区并非地处城北,应是改"法石"而得。关于"法石"的渊源,以及蒲氏家族在安溪开创的商业盛事,下文还会谈到。

蒲开宗又到了泉州(或者他居住、为官在安溪,经商贸易在泉州),他育有两个儿子,除蒲寿庚外,还有长子蒲寿宬,兄弟俩有否来过安溪,史料并无记载。与弟弟相比,喜好读书的蒲寿宬性情和顺平静,咸淳(1217)七年他曾任广东梅州太守,任期三年刚满返家,此时海寇来了,他和蒲寿庚兄弟联手抗击海盗,竟大获全胜。正因为平寇有功,蒲寿庚及其家族终于迎来了飞黄腾达的日子。据《泉州府志·拾遗》记载,蒲寿庚被朝廷委任福建安抚使兼沿海都制使,统领海防兵事民政大权。

1973年,泉州湾后渚港发掘出一艘宋代古船,出土的文物十分丰富,其中数量最多的是香料,达4700余斤,并发现原来系在货物上的木牌签96件,还有铜钱504枚。这是一艘宋末元初从南洋回航的"香料船",船沉没的时间基本认定是在景炎二年(1278),沉船的主人则至今没有定论,考古学家庄为玑认为是蒲家的私船,也有专家认为是管理宋宗室的南外宗正司所有。香料是宋代进口蕃货中的主要商品,它也成为政府经济收入的重要来源之一,"宋之经费,茶盐矾之外,唯香之利最博,故以官为市"[①]。有宋一代,香料在上层社会广泛使用,价格昂贵,政府为了博获其利,列为专卖商品,蒲寿庚于景炎元年(1276)升任市舶司,"擅蕃舶利者三十年",长期掌控国家进出口大权。"亦官亦商",不仅可以更大规模地进行香料贸易,同时通过进奉、呈样、阅货、赠送等"合法"手段来获取利益,将蒲氏家族在海上贸易中已经积累的资源运用得淋漓尽致,竭力招徕阿拉伯商人,扩大海上贸易领域,卓越经营,把泉南海域打造成蒲家的天下。

为了保障经营香料的利益,蒲寿庚后来投降了元朝,元帝重用蒲寿庚,并立即恢复泉州市舶司。蒲氏"以归附之功授官平章(从一品),升平海省于泉州,富贵冠一时"(明《八闽通志》)。至元十五年(1278),蒲寿庚又升任福建行省中书左丞。《闽书》说他"元以寿庚有功,官其诸子孙,多至显达。泉人避其熏炎者(八)十余年"。当蒲寿庚显赫时,他的家族成为南海香料王国的垄断集团。其兄蒲寿宬则无心商业,隐居在泉州法石村,为他出谋献策,元初又中了状元,他的诗集《心泉学诗稿》中,常提及海客、凝香、军持等。蒲寿庚的长子蒲师文在至元十八年(1281)继其父任泉州市舶司,仍然管理香料贸易。即使是蒲寿庚的女婿,也拥有海船80艘,同是从事香料贸易的大商人。

[①] 《宋史·食货志》,中华书局。

海商的失落

蒲氏家族兴盛于宋元时代，明清时衰落了。朱元璋即位后，翻出蒲寿庚叛宋降元的旧账，在大赦天下的诏旨中特别规定："独蒲氏余孽悉配戎伍禁锢，世世无得登仕籍。"在国家压力的迫使之下，这个著名的海外贸易家族遭到镇压，族人或被充军流放，或隐姓埋名，四处逃难，他们不得不迁出泉州城，避居于福建永春、德化、漳浦、诏安等地。1990年出版的《永春县志》卷一"大事记"记载，明洪武年间，阿拉伯人蒲姓后裔由泉州移居永春官田市（今属五里街镇）和九、十都（今属达埔乡）后溪寨脚，以经营"神香"（即佛事活动所用之香）为业。四散开去的阿拉伯、波斯商人及其后代，足迹遍布江苏、浙江、广东、海南、山东等地，成为我国回民来源的一部分。之后又有部分迁徙到我国台湾地区及东南亚等处。

蒲氏家族在泉州政治、经济、社会舞台上的失落，不仅是蒲氏一个家族的问题，而是明代中国海商的共同命运。明太祖曾三番五次地训诫沿海地区商民："敢有私下诸番互市者，必置之重法。"并采取一系列严厉的"海禁"政策，将中华帝国面向海洋文明的大门牢牢关上了。虽然有学者认为此后的"郑和七次下西洋"，足以证明当时中国海上丝绸之路不仅没有衰落，而且还有扩大之势，但其实，郑和这七次远航，是被误读了的历史事件，在实质上它们正是出于阻断中外民间联系的需要而展开的象征性行动。"郑和率领庞大船队七次下西洋，意在表明明代统治者的意图在于恢复中华帝国早期的'怀柔远人'的姿态，因为他的远航绝对不是为了通商，而是为了在外族面前显示中华帝国的威严，所以他的船队和使团每次都'厚往薄来'，把大量财富送给海外王公贵族，以求他们对中华帝国的尊重和承认。"正如《明成祖实录》卷一百二十所云，郑和的船队使"连年四方蛮夷朝贡之使，相望于道，实罢中国"。

清初，历史的脚步似乎出现了一次模糊的回归，顺治二年（1645），清政府出台类似于市舶税收制度的"榷关"制度，敕令："凡商贾有挟重资原航海市铜者，官给符为信，听其出洋，往市于东南、日本诸夷。舟回，司官者按时值收之，以供官用。"然而，榷关制度建立不久，郑成功海上抗清力量在东南沿海得到扩张并给清政府的统治带来威胁。为了稳定其统治，清政府实行了"海禁"政策，直到郑成功割据势力被清除，康熙二十二年（1683），清圣祖才决定开放出海贸易，并为此设立征收贸易关税和管理海外贸易事务的闽、粤、苏、浙四个海关。虽然如此，有清一代的海外贸易管理措施依然带有严重的"抑商"性质。如对本国海商出口的丝、茶加以限制，认为它们是"制夷"的重要武器，下达禁止本国商人把茶叶直接从闽浙海上销往海外的谕令。曾经辉煌几个世纪的海上丝绸之路，终于衰落下去了。

但在泉州，这个被联合国教科文组织认定为"海上丝绸之路起点"的城市，源自民间的蓬勃的商业主义火种从来就没有被浇灭。蒲氏家族虽然被压迫改姓迁居，但他们经营香料的传统却一直沿袭到今天，目前泉州一带香料业主要集中在泉州、永春、德化三县市，这种手工业仍然为蒲姓子孙所专长。蒲氏十三世世茂从泉州迁居永春达埔镇，世代做香料为业，家家户户至今保存的店印、商标、香料、香壶、香具、药单，乃至他们供奉着的制香祖先"三公像"，都是和蒲氏制香业有紧密关系的。"蒲庆兰神香"至今仍畅销国内外。今天的永春县、达埔镇，已然发展成"中国香都"。

泉南法石村是蒲寿庚的第二故乡，这里居住有卜姓，查看《云麓卜氏族谱》的世系图得知，他们也是明初永乐年间改蒲姓为卜姓的。这里世代以种花为业，所种植的蔷薇花和素馨花是从阿拉伯移植来的，用来加工成香料。另外这里至今保持着一种特殊的风俗习惯——用香料、香花敬奉祖先。据《法石志》说："蒲寿庚系南宋末泉州守将，回族人，他在云麓有花园，由其兄蒲寿宬子孙承管。"这也是蒲氏经营香料业的遗迹。

而在安溪，由蒲开宗奠基的蒲氏祖业富甲清溪，从城南到城西，沿溪一带，大半城池都为蒲氏族人所有。一条新华路将蒲氏家族聚居地划成前蒲、后蒲两个片区，前蒲临江，当年应为商业贸易之用，后蒲僻静，推测应是蒲氏族人起居之地，今天依然沿用旧称的水门街后蒲巷5号就是蒲氏家族的祖屋。老巷深深，蒲氏祖屋独自沧桑，这是一座闽南式土木瓦房，鹅卵石砌成的墙基，沙土夯墙，虽年代久远，但依然结实稳固。

熙来攘往的蒲家码头，华灯璀璨的蒲厝巷、蒲厝街，洋溢着异国情调的蒲园、蒲园堂……蒲氏家族在商业和政治上的权力超乎想象：竟能把安溪整个街区列入自己的势力范围，把街区所设的大门改成私家宅院之门，造就一个势力空前的社会空间。

蒲氏家族当年的那些繁华如今已经荡然无存，仅留下《安溪县志》中短短的文字记载和上了年纪的安溪老人的口述记忆。历史风沙漫漫，来自阿拉伯的蒲氏家族及其所承载的异域文明，依然烙刻在安溪的土地上，不可磨灭。抚今追昔，人们依然会疑惑，蒲开宗及其家族当年在安溪立足后，仰赖这里的何种资源完成巨大的财富积累？

安溪瓷"泛于蕃国"

宋元时期以泉州为起点，勃兴发达的海上丝绸之路，根本就是中外国家的一种"商业贸易互动"，追逐商业利益最大化的海商如蒲寿庚等，将产于阿拉伯的香料运往中国销售后，不可能空舱返程，他们必然要满载中国的货物回国以获取更大利益。至于从中国运往阿拉伯等国的货品中，最大宗的是瓷器和丝绸两种，还有铁铜制品。《宋史》说："开宝四年（971），凡大食诸国，并通货贸，以……杂色帛、瓷器，市香药、犀、象等物。"《诸蕃志》记载,已将青瓷、青白瓷、青白瓷的盆钵粗器等运往海外诸国。汪大渊的《岛夷志略》也说中国青瓷器和青花瓷器等大量外运。《泉州留氏族谱》中说:"陶器、铜铁,泛于藩国,取金帛而还,民甚称便。"

关于古代泉州舶商视野中的海外地理、风物及文化记述,汪大渊的《岛夷志略》,比赵汝适的《诸蕃志》更具体验性因而也更具真实性。赵汝适并没有亲历与泉州有贸易关系的这58个国家和地区,只是利用工作之便依据对海外来客的"访谈调查"写成的地理学专著。与《诸蕃志》不同的是,祖籍江西南昌的探险家汪大渊20岁便到达泉州,之后两次(1331、1337)随泉州商船远航,第一次经南海,过马六甲海峡,经孟加拉湾,绕印度半岛,经阿拉伯湾,进波斯湾,南下经亚丁湾、红海,沿非洲东岸南下至坦桑尼亚;第二次经南洋群岛诸国,穿过马六甲海峡,绕过苏门答腊岛,北至万年港,东至古里地闷、文老古,向北至苏禄岛,最后经中沙、西沙群岛返航,两次远航探险历时8年,到过200多个国家和地区,沿途所见所闻十分广博。汪大渊的亲历吻合泉州对外贸易的发达,如王铭铭所言,"比西方早数个世纪就包含了一种以商业利益为核心的海外地理文化关注"。

原中国古陶瓷研究会会长、厦门大学人类学系教授叶文程介绍,埃及开罗南部城市福斯塔特曾发现唐宋的古越器,波斯湾沿岸的巴士拉等地,也曾发现宋元时期的青瓷,此外,在埃及的底比斯和库斯等地也发现过中国的青瓷、青白瓷,说明从泉州运往阿拉伯等国的货品中瓷器是重要的一项。安溪县自古以来隶属泉州,是宋元时期泉州港对外贸易商品的生产基地,制瓷业的重要地区,产瓷历史悠久,其规模仅次于德化县。新中国成立以后,改革开放以来,为了发展茶叶,保护生态环境,安溪才全行业退出制瓷业。叶文程20世纪70、90年代考古发现,到目前为止,安溪共发现有五代、宋、元、明、清古陶瓷窑址160多处,其中五代、宋、元36处,明、清126处,主要分布在县境的西南部、中部、东北部。瓷系多种，以其釉色主要有青瓷系（五代、宋、元）20处、青白瓷（两宋）11处、仿哥青瓷系（元、明）、青花瓷系（明、清）125处。他分析，安溪制瓷业之所以发达，缘于自身条件的优越，资源丰富，林木遍野，燃料充足；河流纵横，水力便利；高岭土及陶瓷降温材料硅灰石遍及乡村，在农耕时代，可以就地建窑，就地取材，就地烧造。此外，还有石墨矿、长石、叶蜡石等，都是烧制瓷器的好材料。

瓷器是古海上丝绸之路的主要"互市"商品，蓬勃发展的安溪瓷业，必须依赖市场的销路，而海外贸易是销路最大，获利最多的。宋元时期安溪大量生产的青瓷、青白瓷，从县域各地汇集"蒲厝街"古码头，装载上船，顺流而下，至泉州港转运至海外各地。近年来，根据国内外资料和安溪窑标本相印证，它的产品曾远销东亚、西亚、东南亚和非洲等国家和地区。日本上田恭补在《支那古瓷器手引》中探索日本镰仓海滨发现大量青瓷器的来源时，曾谈道："昔时福建省盛产青瓷之窑是温州、泉州和安溪，其他亦有小规模之窑，其后温州编入浙江省，建窑之青瓷以泉州为主，陶土亦是以安溪采掘为主。"可知安溪瓷器曾大量输入日本。艾迪斯《菲律宾发现的中国瓷器》一书中的青瓷执壶；锡兰、亚拉虎瓦出土的喇叭口、小圈足、底露胎、素面青瓷碗；肯尼亚出土的宋代青瓷玉壶碗，其造型与釉色与安溪桂瑶窑生产的产品极为相似。这类青瓷日本人称为"珠光青瓷"。上述诸例可知安溪窑的产品曾远销菲律宾、锡兰（今斯里兰卡）、肯尼亚等国家。除瓷器畅销国外，安溪制陶瓷技术也随着安溪人的出国而传播到侨居国，今越南、新加坡等国的陶瓷厂，不少是安溪龙涓福昌、举溪及蓬莱等地移居的华裔所开办，他们世代传承制瓷工艺，并以此为生。

自宋迄清，安溪陶瓷制品大量输出海外，而安溪制瓷业的发展与泉州港、海上丝绸之路的兴衰，时间上又是一致的，命运是紧密相连的。乾隆《安溪县志》载"入海货诸东南夷人"，安溪自然条件和地理条件比本省其他地区优越。所谓自然条件，前面已谈过制瓷资源。地理条件就是安溪与宋元明清时期的著名外贸港口泉州港、漳州月港、厦门港运输距离短，水路交通发达，从泉州港出发的船只，可直达安溪城关及湖头等地。湖头至今仍留存有"船巷"古迹和接待往来阿拉伯商人、供奉郑和神像的"大使宫"等海外贸易遗迹。泉州港兴盛时期，安溪窑大量生产，到了元末，泉州由于"蒲那（兀纳）之乱"，宗教仇杀，民族纷争，大量平民死亡，加之明初实行"海禁"，昔日喧哗热闹的泉州港迅速衰败下来。安溪桂瑶窑、三村窑、魁斗窑、溪坂窑也是自北宋兴起，到了元末就全部停止烧制至今。

迨至明中叶，明成化十年即1474年左右，漳州月港崛起，安溪瓷业也再度兴起，主要烧瓷地点也移至靠近漳州的安溪西北部边境。据考古标本分析，主要瓷系为青花瓷系。韩槐准《南洋遗留的中国古外销陶瓷》的相关考古记载[①]，窑址为安溪珠塔、福昌、科名、翰苑、扶地、草北、贞洋、溪山、进德等窑。坦桑尼亚出土的中国青花瓷圈点纹碗（现藏牛津东方艺术博物馆），泰国和马来西亚沙捞也大量出土这种碗，它的造型、釉色、纹饰题材，以及底部的结构与安溪福昌窑生产的产品完全一致。西方人对中国陶瓷的热爱，刺激中国陶瓷业的发展。日本、东南亚和斯里兰卡等国的大量出土物，说明安溪青花瓷，继宋元的青瓷和青白瓷，在明清两代依然大量远销亚、非许多国家和地区。

冶有银铁，遗迹遍及

蒲寿庚曾在泉州待礼巷建有一座华丽驿馆，专门接待往来蒲家的外国贵宾。意大利大旅行家马可·波罗在蒲寿庚降元的前一年抵达元

---

① 该书1950年由新加坡青年书局印刷发行，考古记载在本书第6页。

大都，然后留下来，在中国生活17年之久。马可·波罗来过泉州，他那本著名的游记叙述了在这里的见闻，称"刺桐是世界上最大的港口之一。大批商人云集这里，货物堆积如山，的确难以想象。"马可·波罗没有在游记中提到蒲寿庚，但泉州民间却盛传蒲寿庚在自己的驿馆里宴请过马可·波罗，宾主交谈甚欢，其乐融融。

马可·波罗在繁盛的泉州港看到的货物，除来自阿拉伯地区的香料外，还有正等待装船的中国商品。《宋会要辑稿》中记载："国家置市舶司于泉、广，招徕岛夷，阜通货贿，彼之所阙者如丝、瓷、茗、醴之属，皆所愿得。"其中，泉、广指泉州和广州，茗、醴指茶叶和酒。安溪产茶于唐。宋元时期，这里生产的茶叶就通过晋江西溪水路运到泉州，再通过泉州刺桐港出口到海外。蒲开宗一家老小喜欢喝茶，蒲寿宬诗作中有不少茶诗，其中一首写道："煮茶与客早回去，落日前山路更多。从今决意修茗事，典衣买树槚井边。"蒲寿宬煮茶待客、"决意"修茗事，可见爱茶之深。蒲家当年在安溪征调的"互市"商品除瓷器外，肯定还有茶叶。

明清泉州港因海禁政策衰落后，厦门港逐渐成为福建乌龙茶出口的集散地。1610年，荷兰人在爪哇万丹首次买到由厦门商人运去的茶叶。曾先后担任北京、牛庄（今辽宁营口）、厦门海关通译的英国人包罗，在他所著的《厦门》一书中写道："厦门乃昔日中国第一输出茶的港口……毫无疑问，是荷兰人从厦门得到茶以后，首先将茶介绍到欧洲去。"明末清初，出身海商世家的泉州人郑成功来到厦门，以厦门为抗清基地，采取"通洋裕国，以商养兵"的策略，大力发展厦门的对外贸易，郑成功控制的厦门海外贸易，主要就是茶叶贸易。安溪毗邻厦门，厦门诗人阮旻锡在《安溪茶歌》中写道"西洋蕃舶岁来买，王钱不论凭官牙"，表明当时每年都有外商到厦门、安溪买茶，而茶价则由郑成功设立的牙行全权决定。清康熙二十二年（1683），清廷开放海禁，在厦门设立了海关。1842年五口通商后，毗邻厦门港的安溪所产茶叶的80%都从厦门运销海外。

上文说到，泉州"泛于蕃国"的海货，除瓷器、茶叶外，还有铁银制品。我国是世界上最先开始冶炼业的国家，首先由铜器时代转向铁器时代，铁器制造大约在西周末年，比欧洲早1700多年，历史上是个冶铁技术先进的国家。安溪铁矿资源储量丰富，是中国最大藤铁工艺品之乡，在古代也是福建省重要产铁的基地之一。1977年在安溪发现的冶铁遗址有14处，在湖头、尚卿、长坑、祥华、剑斗、福前、感德等地都有古代冶铁遗址。直到现在，安溪仍然是福建的主要产铁区，三安公司是福建最大的钢铁民营企业。

五代时安溪冶铁技术就已经相当发达。首任县令詹敦仁在《新建清溪县记》中描述，五代后周显德年间，清溪"土之所宜者，桑麻谷粟；地之所产者，獐鹿禽鱼。民乐耕蚕，冶有银铁，税有竹木，险有溪山之固……"建县以后，安溪开始拥有大型冶铁场，据《宋史·地理志》载，"青阳铁场在龙兴里，宋熙宁年（1068—1077）开"。又据《宋史·货物志》，"庆历五年（1045）泉州青阳铁场大发"。两则记载时间相差20多年，何者为准，目前尚不能弄清楚，但安溪盛产铁银制品则是毋庸置疑的。

据叶清琳20世纪50年代的田野考古发现，宋代安溪不止青阳一处铁场，湖头都贤炉内村虎仔仑、尚卿乡科名圩、科阳村等都是大型铁场，今属尚卿乡的青阳几乎整个村庄都是冶铁遗址，当地民房和田园地下都是当年冶铁留下的铁渣遗物积存；距离青阳五公里的科名圩，也是一处大型冶铁场，铁渣堆积如山，分布面积约3000平方尺，商店、民房、学校等都是建在铁渣堆积层上面。到了明代，据《大一统志》称"泉州府安溪县均出铁"。此时，冶铁业发达的安溪感德、潘田乡还有"公冶""私冶"之分，"公冶官收其税，私冶无收焉"[①]，公

[①] 明嘉靖《安溪县志》，卷一"地舆类""贡赋"。

私并存，放任"私冶"发展，可见经济环境之宽松。

古代安溪除了以冶铁著称外，还有冶银、冶铜。明嘉靖《安溪县志》载，时安溪有龙崇银场、清洋铁场和铁矿山铁场，其中铁矿山铁场在感德里潘田，立铁炉八座扇炼，规模浩大[①]。叶清琳1961年调查发现，尚卿福林银场系宋代冶银残存，遗址范围很大，其地有"上官厅""下官厅"的地名传称，可见是一处官办的银场。安溪冶金业居福建省首位，冶银、冶铁遗址遍及湖头五阆山周围七个乡镇，从经营方式看，这些冶场则有"公冶""私冶"之分，明代湖头李森就靠冶铁冶银起家，号称"富甲闽中"，岁饥赈济响动京畿。安溪冶金业的"私冶"现象则说明，受海上贸易的利益刺激，此时安溪商品经济已经非常发达，当地丰富的矿产资源为民营手工业的发展，提供了广阔的市场，也为资本主义生产关系萌芽提供有利的条件。可惜的是，历史并没有顺着这样的趋势走下去，到了明代中后期以至清代，由于实行极其严格的闭关锁国政策，一方面限制中国人出海贸易，或在外国侨居，禁止多种货物出口；另一方面，对来华的外国人也作了种种苛细且不必要的防范，封建政权对海上贸易限制、打击、压迫，致使中国的商业经济无法向前推进一步，封建经济长期迟滞。当然，它只是糊起了一堵"自欺欺人"的纸墙，被外国侵略者一戳即破。

其时，安溪冶铁冶银制品除一部分县内自销外，大部分开始"远泛蕃国"，源源不断随泉州海上丝绸之路销往东南亚各国。安溪冶金业的发展，是适应泉州对外贸易的需求，客观上也促进了泉州港的繁荣。开辟于汉代的陆上丝绸之路，以丝绸为主要出口商品，勃兴于宋元、以泉州为起点的海上丝绸之路则以茶叶、瓷器及铁银制品等为主要"互市"商品，本质上就是一条"海上茶瓷之路"，而安溪则在茶、瓷、和铁银制品的种植、烧制、冶炼及运销、出口方面占据支配地位，

[①] 明嘉靖《安溪县志·地舆类》"山川""坑冶"。

在中外贸易网络中占据优势长达数百年，不能不说是一种奇迹。

　　时光荏苒，当年蒲开宗在安溪奠基的蒲氏庞大家业，今天只留下苍凉的背影，但历史并没有忘记这个来自遥远国度的家族，寻踪安溪老城街巷，偶然还会有关于这个家族令我们震惊的发现。新景地商业广场内迁建有市西境，与供奉关帝和金府神君的凌云堂合而为一，依规制这里曾经是金氏人家的家庙，闽南金氏同样来自阿拉伯，曾与蒲氏通婚。凌云堂台基一侧有个不起眼的小庙，供奉着来自中亚的四洲文佛，四洲文佛信仰在泉州极为少见，相传为婚恋之神，有预见之能。新奇的是，这尊四洲文佛是一块年代久远的残损浮雕，与闽南塑造佛像的圆雕方式不同，佛像圆脸，深目，额头有三条很深的皱纹，着宋代官服、头巾，双腿盘坐——或许浮雕原来并非作为佛像之用，是被"张冠李戴"？如果是被"张冠李戴"，那么这块发现于安溪搬运站原址地基的石雕，是否就是当年蒲家的遗存？

　　历史的回光灯倒回到13世纪中叶安溪的某个夜晚，华灯初上，蒲厝巷深处的蒲园堂笙歌燕舞，当蒲开宗、蒲寿庚父子正在举杯欢迎来自家乡的商贾、朋友时，不远处的蒲家码头一片喧腾，船老大正指挥搬运工人，将收购自安溪各乡各里的茶叶、瓷器、铁银制品等货物，一箱箱装上船，等待第二天一早，发往泉州港转运出海……

乌龙茶东渡记

1980年秋，谷本阳藏为副团长的日本福旅21团，千里迢迢来到福建武夷山旅游，其间参观了国营崇安茶场。回国后，阳藏公开发表了一篇不足2000字的文章。消息传到国内后，立即引起轩然大波，福建省农业厅以呈阅件的方式，向福建省保密委办公室上报了这起定性为"严重的泄密事件"。接报后，福建省保密委办公室高度重视，着手展开调查，并于1981年11月30日向福建省保密委上报查证情况及处理意见，同时上报中央、抄送省市有关部门。这起"严重的泄密事件"的经过究竟怎样？对福建乌龙茶出口和其他茶产区有无影响？影响又是如何消除的？时隔30多年，重新来还原、反思这起"严重的泄密事件"，显得更加意味深长。

茶叶"泄密"事件

1980年10月1日上午，来自日本的一个旅游团——福旅21团出现在武夷山风景区茶园，陪同旅游团参观的是崇安县（今武夷山市）外事办副主任邵显昌、崇安县综合茶场一位姓姚的副场长，及省中旅社翻译林丽良、崇安中旅社导游倪木荣。为首的一位日本人叫谷本阳藏,他是旅游团的副团长,当年51岁,祖籍中国,迁居日本已经数代,不仅会说日语,还精通汉语,令人惊奇的是他的闽南话也非常了得,推测其祖上应是闽南人。一路行走,导游一路解说,翻译一路翻译,但整个旅游团的心思,似乎都不在天造地设的武夷山水上,他们对茶叶都特别感兴趣——也许是武夷茶的名气太响了吧。谷本阳藏更显得与众不同,一双眼睛左顾右盼,又不时掏出装在衣服口袋里的小本子,仔细对照本子上早就写(画)得密密麻麻的日文或图案,向随行的中方人员打听。

20世纪80年代初,中国国门刚刚打开,外国人到中国观光旅游的还不多,所以当这个来自东邻日本的福旅21团一踏上中国、踏上福建的土地的那一刻起,外事部门早已做好了准备。对旅游团的一举一动,崇安方面是心中有数的,谷本阳藏的反常行为引起参与接待人员的警觉,马上向崇安县委作了汇报。在崇安县委的指示下,中方陪同人员、各接待单位在旅游团随后的行程中,采取"避实就虚"的做法,严格保密武夷山茶叶的面积、产量等数据及初制工艺;对旅游团提出到崇安县外贸局了解,崇安县外贸局也避而不见。

但是,谷本一行显然是有备而来的,故在武夷山逗留过程中"多方纠缠了解我茶叶生产情况","手法极为刁钻",参观中又经常提问、记录,对崇安综合茶场生产的肉桂、水仙等名茶还拍了照。此外,旅游团的其他人还偷偷采集了水仙的茶青叶片和土壤标本。为谢绝旅游团参观乌龙茶初制工艺,崇安综合茶场事先暂停生产,并关闭初制车间,但据中方随行人员回忆,谷本阳藏还是透过车间门缝拍摄到制茶设备,"连茶场伙食账开支情况和残缺的武夷岩茶简介也摄了影"。据此,省保密委办公室分析,"谷本一行是一个以旅游为幌子专门搞我茶业生产情报的茶商集团",针对这起乌龙茶泄密事件,就今后如何更好地做好外事和旅游接待中的保密工作问题,提出了相关建议。

这起"茶叶泄密事件"说明,随着中国的逐步对外开放,保密工作应由过去局限在政治、军事范围内，扩大到经济建设、社会发展的方方面面，包括不少项目对外也应严格保密，农业生产、中医学珍贵品种、名茶、名果种苗，一些产品独有的加工工艺、栽培技术及产量、销售情况等，都是重要的经济秘密，必须严格做好保密工作，防止泄密，造成国家的损失。

乌龙茶（青茶）原产福建，有闽南、闽北和广东、台湾四大产区，制作工艺由安溪人发明，开始创制是采乌龙品种的鲜叶，因此叫乌龙茶。乌龙茶的核心技术是"半发酵"工艺，复杂烦琐，产量占世界茶叶产量不到2%，属于特种茶。福建保密委办公室就此建议，今后如有外籍人士、外商及华侨欲了解乌龙茶制作技术，应"婉言拒绝"，同时要求各涉外单位和经济部门要认真执行"涉外人员守则"，增强保密观念，自觉做好保密工作。①

"全农联"意欲何为

日本福旅21团何以对乌龙茶及其工艺兴趣浓厚？这个"旅游团"，背后有什么力量在支持？此行有什么"不可告人"的目的？且先看看谷本回国后写的文章《访问乌龙茶的故乡——武夷山》。文章开头便称，此行是"应日本茶商代表机构——全农联的邀请"，"为了调查福建省乌龙茶的实际情况而访问中国福建崇安"的。以旅游的名义组团，但实际目的并非游山玩水，而是考察"调查"；费用也非自理，一定是由"全农联"支付——那么，日本"全农联"究竟是一个什么机构组织？

日本农业与我国农业一样，都是典型的小农经济模式，但是经过

---

① 安溪档案馆：全宗号63，案卷号59，第97—108页，第109—117页。

战后30年的发展，日本早于中国实现了农业现代化，成为世界上农业最为发达的国家之一。其重要原因是1949年底，日本政府就建立了一个独具特色的农村合作经济组织——日本农业协会。1950年，农业协会的各种全国性联合机构也相继组织完成，几乎所有的日本农民都加入了农业协会。通过这个农业组织，日本政府为本国农民提供购销、信用、保险等"从摇篮到坟墓"的全程服务，不仅发展了日本农业，而且对日本经济、政治等方面产生了重要影响。

20世纪70年代末开始，为应对国内日趋饱和的市场形势，日本政府开始瞄准国际化、自由化目标，大举拓展国际市场，农业协会的各种"全农联"纷纷到国外考察市场，了解产销情况，于是就有了福旅21团的武夷山之旅。到达武夷山之前，此行福旅21团还去了江西省。江西省是中国绿茶的重要产区，想必其事先也是做足了"功课"的。至于江西之行的"调查"收获，由于相关资料的缺乏，笔者无从得知。但是，对于近代以来美国、英国、俄国、日本通过所谓的市场"考察""调查"，刺探农业技术，收集经济情报，千方百计扼杀、掠夺、侵占华茶市场的历史，大多数的中国茶人并不陌生。

重点说说日本。自20世纪以来，日本为窃取茶业技术，不断派人到我国茶区进行"调查"。1905年日本派蒿科喜作，1909年派海野孝三郎，1915年静冈农业试验场技师来中国调查产制及销路情况。1917年，为扩大红茶、砖茶销路，派清水俊二来东北以及张家口、天津等地进行调查。1935年又派池谷桂作和小泉武雄视察东北茶市，同时派清水俊二调查华北及内蒙古茶叶市场。除肆意"调查""视察"外，甚至把中国优秀的茶业技术人员绑架到日本，强迫传授制茶技术。凡此种种，我国主要的茶叶市场，无一不被日本侵吞。

1931年日本侵占我国东北后，为夺取花茶市场，强行请福州熏花茶师和杭州龙井茶师，到静冈县协助制造毛峰和大方，然后把产品发往大连。日本气候寒冷，不宜香花栽培，于是运入台湾熏花，而后输入东北各地。日本绿茶品质很差，虽然经过熏花，在东北销路也不好，因此又将台湾包种茶熏花为花包种，向东北大量推销。1933年日茶销东北为127000磅，1934年突升至284000磅，其中绿花（包种）为279000磅[①]，红茶5000磅。抗战期间，日茶输入我国数量剧增，1938—1939年为1420万磅，1939—1940年增至1700万磅。砖茶亦从160万磅增至220万磅。

日本气候适宜生产绿茶，所以明治维新以后，日本便处心积虑地蚕食中国绿茶的海外市场。1860年中国茶叶输往美国128000公担，占美总输入的90%以上。是年，日本总输出为120万斤，即7200公担，不及我国输美的6%。1870年，我国输美100000公担，日本输美48747公担，跃升为我国输美茶叶的一半。为全面占领北美市场，日本除不断派人到美国考察，还增派研究生赴美学习，研究茶业，1908年，在美加设办事处，1912年在纽约、旧金山、芝加哥等地设海外茶况通讯员，大力进行商业宣传。这种状况下，日本输美茶叶迅速增加，而我国输美茶叶，则大量减少，以至于全部滞销。

蒙古、俄国是砖茶传统消费区，历来全部由中国供给，为侵占华茶的这些传统销区，1877年，日本开始制造绿砖茶，运销内蒙古、东北的哈尔滨和满洲里以及俄国的西伯利亚地区。1898年前后，输出很多，极盛时期达100万磅。1914年起，多次派人前往莫斯科、西伯利亚等地，调查绿砖茶销路，后因物价昂贵，制造成本高，日本砖茶才渐次绝迹。

非洲市场原来也是销中国绿茶，1928年，日本开始以仿制中国珠茶的玉绿茶试销，1930年仅销14000磅，1932年一跃而达476000磅。第二次世界大战后，美国重新扶持日本，协助日茶倾销非洲，在摩洛哥、阿尔及利亚、利比亚的华茶销售大受影响，市场空间日渐萎缩。

[①] 磅，英美制重量单位，1磅合0.4536千克；下文"1公担"相当于"100千克"。

为争夺中国茶叶市场，日本可谓各种手段用尽，在美国、加拿大重要城市设立办事处，开设茶馆，雇佣美女招待；派遣大批考察人员赴产茶国和消费市场调查产销情况；通过电影和报纸杂志等，大肆进行广告宣传，甚至摄制中国人手工制茶"不卫生"、日本用机械制茶讲究卫生的影片，到处放映，对比宣传。日本推销茶叶，还采取"偷梁换柱"的手法，如推销玉绿茶，最先掺入大量中国茶出卖，而后逐年减少中国茶的掺和量，直至最后以全部日茶出卖。这样，既销出了日茶，又逐渐改变了消费者嗜饮中国茶的习惯，使其无形中养成了饮用日茶的嗜好。[①]

回到 1980 年这起"茶叶泄密事件"，日本人"故伎重演"。谷本在公开见报的文章中，同样对武夷岩茶的历史和生产进行了恶意的贬低，"所谓武夷茶就是没有管理的盆栽茶"，"不但销售量不足，而且是一桩亏本生意"；说这种茶"只不过是一种以历史的光辉，武夷山的风景和各种各样的传说，恭维的话维持着的茶"；说"如果与同样是中国的台湾的茶来相比的话，这里至少落后三十年"，进而别有用心地感叹："在日本一直被中国茶热迷惑着的茶叶行家和茶叶嗜好者，以及东南亚的华侨们和香港的老茶商，确实可悲可叹！"回顾近代以来，日本抢夺中国茶叶海外市场的历史，福旅 21 团武夷之行的险恶居心昭然若揭。

华茶是如何丢失海外市场的

直至 21 世纪的今日，silk（丝）、china（瓷器）、tea（茶）等英语单词，仍象征着往昔灿烂的中国手工业，曾经赢得西方的赞叹。历

[①] 陈椽编著：《茶业通史》（第二版），中国农业出版社，2008 年。

史上的中国茶,不仅是东西方交会的产物,也是全球贸易网络的重要媒介,更是帝国主义主导下的一种商品。近代以前,东亚、中亚、西亚、欧洲各民族与中国接触时,在手工业制品和技术方面,得自中国者多,给予中国者少。为了满足本国的消费需求,西方列强对于中国茶不惜伸展帝国主义的魔掌,展开商品掠夺活动,影响所及,中国茶贸易之发展、鼎盛、衰微,皆受制于外国市场。更有甚者,当时支配贸易的西方商人为确实获取价廉物美之茶,于是在印度、锡兰和日本发展茶栽培业,投资制茶工厂,强使亚洲茶生产国发生竞争。

在英国市场上,中国茶的竞争对手是印度茶,在美国市场上,则为日本茶。带有殖民地色彩的栽培业,使印度茶成本降低,经营茶贸易的英国商人因此得益;日本茶则以价廉而取胜。但中国、印度、日本这亚洲三国的茶贸易之竞争并非出于自主,而是由英国商人为首的欧美商人所操纵,他们为取得美物价廉、利润丰厚的茶,透过资本的经营,使这亚洲三国展开茶贸易的竞争。当英国资本开始转移到印度、日本时,已注定中国茶在国际竞争中"江河日下"的命运。

1890年以后中国红茶在英国市场丧失优势,1908年以后中国绿茶在美国市场为日本茶所取代,这固然主要是由于英国在其殖民地印度与锡兰发展大规模农场式的茶栽培业的缘故,然而中国茶在竞争时,其本身内在的缺点也是不可忽视的。在种植上,不注意茶园管理(茶树之适当修剪、施肥与采摘);在制造中,粗制滥造,并且包装简陋,以至运输时茶叶损坏严重;茶叶出口环节(采摘者—制造者—茶庄—中间商人—收购茶栈—洋行)多,层层盘剥。另一方面,中国政府只汲汲于捐税之重课,并不保护这一民族产业,更遑论茶业本身的改进与复兴了。如此,中国茶之成本高于印度茶、日本茶,又不求改良品质,茶业发展缓慢以至于衰落是必然的了。

武夷红茶在中英贸易中一直占中国输出茶之主要地位,其运输均通过福州港,中国红茶之缺点首先也是从这个港口出口的福建茶中发现的，然后遍及中国中部茶。1887年的福州领事报告中具体指出福州茶贸易所以衰退的原因：大量混合茶末和茶屑；茶栽培之疏忽；烘焙工夫不够；交易时无数欺诈行为（样本茶与实物相异，称量不足）。因此，如果中国政府不正视此问题而谋求改良，"最近五年之内，茶贸易将崩坏，现为第一流的福州港将降至三四流之地位"。五年之后，1892年，福州茶的输出果然仅及1886年之半，武夷红茶、中国红茶贸易逐渐衰微。①

所以，客观上讲，日本福旅21团的武夷山之行，谷本阳藏文章中所展现的，正是彼时中国茶现状的一个缩影。谷本公开见报的文章中所披露的，也许只是他们中国之行情报收集的"冰山之一角"，但对于中国茶"不客气"的批评，的确令有关部门脸上挂不住，极度"不爽"。这种"不爽"既来自日本人对武夷茶悠久历史文化的污蔑，更来自改革开放之初中国茶所面临的发展"困境"。长期以来，我国实行的是茶业计划经济，重视生产领域的管理，却忽略其作为商品的多种形式的市场流通。流通是一个经济过程，正是通过市场流通，一个个生产单位才结成有机整体，流通阻滞，不能货畅其流，生产就难以发展，市场就难以繁荣。以至于谷本在武夷山看到的是，"整个崇安县只有一家茶叶店，且店里见不到一片茶叶叶子"。

当然，这也许正是日本"全农联"最乐意所见的，一方面借口到武夷山旅游，以窃取中国乌龙茶生产技术，发展日本乌龙茶国内生产，以减少对福建乌龙茶的进口量；一方面散发不实言论，怂恿本国和东南亚的消费者远离中国乌龙茶，打击福建乌龙茶出口。20世纪70年代末，面对日本国内兴起的"乌龙茶热"，日本静冈县经济联合会着手研究乌龙茶生产，试制出三种乌龙茶并征求178家茶叶专卖店评价结果，有3家认为是有希望的产品；有90家认为虽有希望，但应提

---

① 陈慈玉著：《近代中国茶业之发展》，中国人民大学出版社，2013年。

高品质；有 85 家认为没有希望。尽管乌龙茶的品质，与产地的自然条件、茶树品种以及制作工艺等关系甚大，但从日本国内产制的动向来看，很值得中国乌龙茶区的警惕。

突然风行的福建乌龙茶热

日本也是产茶国家，大量出口绿茶，何以在 20 世纪 70 年代末 80 年代初突然兴起福建"乌龙茶热"？这与当时日本医药界发布乌龙茶功效的研究成果和媒体大肆宣传有关。日本和洋大学宫川丰美、川村一男教授，就福建乌龙茶对动物脂肪代谢的影响进行试验，证明乌龙茶能显著抑制血中胆固醇及中性脂肪的增加，含有抗癌成分和长寿物质，是"降脂茶""减肥茶""健美茶"。一时间，福建乌龙茶迅速在日本风行，深得民众喜爱。

1980 年，日本出口茶叶 16000 吨，进口茶叶 26500 吨，净进口 10500 吨，其中大部分是福建乌龙茶。日本茶叶商家将乌龙茶开发成罐装茶水，方便消费者饮用。街头巷尾都是罐装乌龙茶水的自动销售机。罐装乌龙茶水比罐装红茶水便宜一半，1983 年销售 2900 万罐，1984 年原计划 4000 万罐，1 月份改为 1 亿罐，需要大量进口福建乌龙茶。这种情形之下，日本开始新一轮市场布局，试种乌龙茶，由于技术原因，所制乌龙茶质量并不理想，于是就有福旅 21 团中国之旅，意欲窃取中国乌龙茶技术之举。

福旅 21 团武夷山之行出发前，同时向中国外事部门申请，此行除武夷山外，还要前往与武夷岩茶共称为福建乌龙茶"双璧"的安溪县参观——安溪是铁观音的原产地，铁观音为乌龙茶之王，在日本，铁观音就是乌龙茶的代名词，铁观音显然对日本人的吸引力更强——但是，日本人的申请未获批准，所以，安溪成了日本人心中的"神秘之地",未了之愿。武夷山之行过后,日本又进行"三十几次的访华申请",为的是到安溪产地一探乌龙茶之究竟。而日本人首访安溪之前,1985年6月18日至7月8日,由福建省外贸公司组织的福建茶叶访问团已先行赴日考察,这其中,未必不是作为"条件交换"。总之,苦等6年之后,1986年9月,日本人终于踏上铁观音之乡安溪的土地了。

容笔者把福建茶人赴日考察的情况先作个交代。1985年4月16日,福建省外经贸委研究同意省外贸公司组成"福建省赴日乌龙茶考察小组",前往日本东京、大阪、横滨、京都、长崎、静冈等地考察乌龙茶市场,在日停留20天。考察小组六人中的陈应辉、李文通、陈仲和、陈学平来自安溪,林智来自省外贸公司,吕鉴唐来自晋江地区外贸公司。安溪四人中,陈应辉时任安溪县长,李文通为县政府顾问,陈仲和为安溪茶叶联营公司经理,陈学平为安溪茶厂厂长。作为当年赴日考察报告的主笔,陈仲和向笔者清晰回忆30多年前访日的情形。

赴日前,1985年6月7日,考察小组详细制定了考察提纲,内容包括调查安溪乌龙茶在日本的历史地位、饮茶习惯、泡饮方法和经营方式;了解日本茶叶市场的深度加工、包装装潢、适销品种、等级;与华侨同乡会、商会等个人和团体接触、交谈,加强友好往来,以茶引侨,以侨引侨;学习日本现代化茶叶生产技术,特别是茶树的栽培、管理和采摘技术以及先进的初制机械,可能的条件下,引进样机,加速安溪乌龙茶初制机械化、自动化,促进高产优质。他山之石,可以攻玉。在全国茶叶市场刚刚开放的当时,从这些调查方向看,安溪茶人显然是具备率先"看世界"的超前眼光,因而此行赴日考察的收获,就更加印证了中日乌龙茶的贸易与竞争的不同寻常之处。

在福建外贸公司驻日本办事处的安排下,考察团先后在东京、横滨、奈良等地,广泛接触安溪乌龙茶的日方代理商、经销商,新光、楼兰、伊藤园、三龙、中国贸易、第一贸易、福寿园及家庭食品工业公司等十几家商社,超级市场、大百货商店等20多个经销点,对日本经销乌龙茶的品种、等级、质量、价格、包装和供求等情况进行了考察，收集各商社的反馈意见。参观静冈国立茶叶试验场，就茶的品种、土壤、肥料管理、害虫处理等多个方面，与日本茶叶专家进行了深刻的讨论和交流。1985年6月29日出版的《日本粮食报》刊发报道说，中日双方在静冈的探讨和交流，"对茶叶的发展来说是有益的，中日可能会迎来一个新时代"。

20世纪70年代以前，福建乌龙茶先是以少量"侨销茶"出现在日本市场上。70年代以后，小包装乌龙茶陆续售出，销售量逐年增加。1979年广州秋交会上，伊藤园株式会社第一次与福建外贸公司签订进口30吨乌龙茶的合同，继后，11月份安溪又与楼兰株式会社签订了经销3吨铁观音茶叶的合同，从此，福建乌龙茶通过国家外贸的渠道大举进入了日本市场。宫川丰美、川村一男教授的乌龙茶功效研究成果发布后，日本乌龙茶的销售从1978年的178吨，增至1979年280吨，1980年达到1200吨。由于福建乌龙茶出口量有限，是时，台湾、香港等地的客商伺机而入，组织包种茶和大量水货、次货进入日本市场，大发其财。仅1980年一年，从台湾进入日本的乌龙茶就达1142吨。对此，陈仲和在考察报告中指出，"我们搭棚，人家乘凉"。[1]

由于低劣乌龙茶充斥市场，影响信誉，损害消费者的利益，同时，"在宣传上有些过头，特别是过分与药物、药性连在一起，适得其反"，1981年福建乌龙茶出口日本退到504吨，1982年又降到404吨，台湾、香港等地出口也大量减少，低潮持续到1983年。这期间，"经销商积压的大量乌龙茶，只得免费赠送亲友和寺庙的和尚饮用"。日本市场的考察，使安溪方面意识到，"福建乌龙茶在日本市场上潜在着危险"，进一步发展市场，必须从生产抓起，增施有机肥，减少农药施用量；加强加工、收购环节的质量管理；产地直接加工小包装投入日

---

[1] 陈仲和主笔：《关于我省乌龙茶在日本市场销售情况的考察报告》（未刊稿），福建省赴日茶叶考察组，1985年7月5日。

本市场，减少中间环节。因此，向福建省外经贸委、省外贸公司和省茶叶进出口公司等有关部门建议，出口乌龙茶"货源要正道，质量要保证，价格要合理，供货要及时"，唯此，才能永立不败之地。

"揭下面纱"的安溪

在中国大陆尚未宣布对外开放时，外国人是难以到中国内地参观访问的，三十多年后的今天，即便是偏僻小城，也轻易可以看到外国人的身影。1985年2月18日，国务院批转《长江、珠江三角洲和闽南厦漳泉三角地区座谈会纪要》，将厦漳泉三角地区正式开辟为沿海经济开放区。之前多次申请却未能成行的日本乌龙茶经销商，似乎看到了到铁观音产地安溪访问的希望。

但是，受1980年10月福旅21团武夷山之行的"影响"，福建外事部门一直未予同意日方的申请。直至1985年6—7月福建茶叶首个赴日考察团回国后，向有关部门呈送考察报告称，为增进与日本商人的友谊和相互了解，"有必要请他们到产区，特别是到安溪来看看"，"如果过于神秘，通过其他渠道有可能适得其反"，福建有关部门才决定"开放安溪，让外商参观"，目的主要是为宣传安溪，宣传乌龙茶，发展乌龙茶国外市场，多出口创汇，而前提是，要做好安溪乌龙茶产制技术的对外保密工作。

这种背景之下，1986年9月28日，由日本乌龙茶经销商楼兰株式会社社长甘利仁朗率领的六人访华团，获准作为外国人首访安溪。对于日方此次安溪之行，中方做足了准备，厦门茶叶支公司派出日语翻译全程陪同，泉州土畜产支公司派人参与接待，安溪县公安局专门派员做安保工作。按照预定计划，日方参观了安溪茶厂拣茶、筛分两个车间及金谷渊港茶场和清水岩。

日本访问团在安溪考察三天,但出于安全考虑,并没有安排他们在安溪住宿,9月28日在泉州住了一晚,第二天上午往安溪参观安溪茶厂,下午返回泉州华侨大厦参加欢迎晚宴;9月30日从泉州重返安溪,参观金谷渊港茶场,当天行程结束后,访问团离开安溪。日方对获准访问安溪感到荣幸,对中方热情周到的接待表示满意,回国后即在《日本粮食报》[①],分四次刊登访问安溪的考察见闻《揭下面纱的安溪——铁观音的故乡》。楼兰株式会社访问之后至当年12月,安溪又陆续接待三批日本客商,共34人,取得福建乌龙茶对日宣传的良好效果,极大促进了茶叶出口。1985年,福建乌龙茶出口日本上升到2384.3吨,1986年达到2679.7吨——乌龙茶重又在日本热了起来。

与20世纪初期受制于英国等西方列强,遭遇日本等外围"夹攻",终致衰落、破产不同的是,解放后以至改革开放,中国茶业的命运已发生根本性转变,日渐崛起的国力使我们开始有力量保护和振兴中国传统手工业产品和产业。但是,反观中国茶业当年衰微的轨迹,接连失去欧洲的红茶市场,失去北美、苏联和非洲的绿茶市场,其实也是自身生产成本之高昂、栽培之粗放、品质之降低、伪茶之制造等内在缺点所造成的。福旅21团1980年在武夷山所见,应该是彼时中国茶业一个真实的缩影,而1985年福建茶叶考察团在日本市场的"见闻",更是客观反映了刚刚挣脱计划经济"束缚"的中国茶,要真正走向世界,依然有很多"功课"要补做。

静冈县是日本绿茶产区,有多个茶叶基地,有国立茶叶试验场,也有县立茶叶试验场。静冈国立茶叶试验场始建于1920年,除建有制茶工厂和众多试验茶圃外,还开办茶叶技术研修班,至1984年6月,共培养了677名研修生,在日本各茶叶产区就职。中国著名茶叶专家,曾任中国茶叶学会理事长的吴觉农,早期也在这里学习过。陈仲和介

[①] 《日本粮食报》分别于1986年11月4日、6日、8日、25日刊登了此次考察情况。

绍，静冈所见使考察团一行大开眼界，其对茶树生长的土壤研究、肥料管理、病害防治等，已达到很高水平，"而我们几乎都没做什么，一切交给上天"。静冈气温低，常年浓雾笼罩，茶农们就在茶园中竖起大电扇，定期开启吹散雾气，又置放模拟太阳发光器，促使茶树生长获得良好的光合作用。

日本访问团安溪所见，则是安溪乌龙茶的品种、品牌和工艺文化，感受到的是，安溪人发展茶业、注重品质的热情，将安溪铁观音作为国际商品打入世界市场的强烈愿望。"一进入安溪县境，便处处可见一块块的茶苗地。茂密的茶苗已长成15—30厘米高，上面覆盖着像日本的苇帘一样的东西，以防日晒。在安溪，自古以来就是通过扦插这一无性繁殖，来保持茶种的纯性。其方法是安溪茶农们独创的。""茶种有铁观音、本山、毛蟹、黄金桂、奇兰等，品种繁多。"

参观创办于1952年、拥有1450名工人的安溪茶厂，访问团感叹中国茶业的机械化程度，更惊讶于安溪茶叶的手工生产规模，"最后一道工序竟全然不用机械，完全靠肉眼来选别。整洁的瓷砖地板的车间里，七百多名女工整然成行，静静地进行着选别"。"这道无法使用自动化的工序，正因为了保持高品质，才必须如此"。参观中，日本访问团品尝了特级铁观音（K100），"吸入馥郁的香气"，赞叹"安溪茶厂的铁观音特级茶不仅是在乌龙茶中，它证明了在全遮光的茶中仍独占鳌头，将来也永远保持最高名品的地位"。

安溪乌龙茶的"神秘"之处是毛茶制作，"有许多秘传的地方就连亲戚也不让看"，为满足日本人的好奇，金谷渊港茶场专门安排制作黄金桂的一道"包揉"环节，让日本人参观。仅仅这道并非核心、相对靠后的工序，已使日本考察团感到惊奇，由于县长陈应辉特别"恩准拍照和摄影"，摄影师忙得不亦乐乎。"这道工序是其他任何地方所没有的、安溪独特的方法，靠这种手揉，才形成了铁观音独特的恰到好处的紧密严实的形状。""安溪乌龙茶是手工操作的美术工艺品，我们都由衷地体会到这一点。"品尝了刚刚制成的黄金桂,甘利仁郎最后在文章中盛赞,安溪是个了不起的产茶地,安溪乌龙茶是香与味的艺术。深深感到向日本民众介绍福建乌龙茶的精髓,"不啻毕生所带来的幸福"。

　　于今看来,各自技术的对峙与封锁,不仅不利于文化的进步与繁荣,反而会使自我故步自封,最终丧失发展良机。不同国家与地区之间、不同文明之间需要对话和交流,技术亦然。20世纪80年代中日茶界的这三次交往,深刻印证了这一点。今天我们已然知道,任何技术都可以相互学习借鉴,却大可不必担心中国乌龙茶的技术会被全部"搬走",因为,离开了安溪特定的自然环境,土壤,气候,茶种,世代传承的工艺,茶师茶农的经验与悟性和安溪的文化特质,乌龙茶就只是机器生产流水线上的工业产品,而不是"香与味的艺术品"。但是,置于世界经济的大循环中,对于市场的洞察、产品的经营、质量的把控、技术的研究、文化的建造,则是一个永不过时的课题——于中国茶业,是走向现代化的必由之路;于中国经济,是俊秀于世界经济丛林的战略选择。

消逝的渡船

元口渡"沉船"事故

1973年5月29日。福建安溪金谷公社元口大队（今金谷镇元口村）元（源）口渡。中午，已经持续数日的阴雨天，突然放晴，太阳当空照射，没有一丝风，空气沉闷得喘不过气来。午后两点，晴朗的天空突然乌云密布，不一会就又下起瓢泼大雨来，令趁着天空放晴，出门购买回销粮、化肥，修理农具的群众措手不及。大家担心清溪水位继续上涨，渡船停运，回不了家，就急急忙忙挑着货物，赶到挤成一团的元口渡，准备赶乘渡船回家。

下午3点多钟，已经下了一个多小时的大雨刚停，渡船开航，等不及的群众推搡着蜂拥上船，原本只能乘坐30人的渡船硬塞进40多人，再加上每人肩挑手提的货物，严重负荷超载。渡船在一片惊呼声出发了，船头船尾各由一名社员撑篙，船沿着岸边向上游前进30多米，行到一只天然大"石龟"旁，然后开向西岸。又前进七八米，冲过一排漩涡后，船头突然进水，船上的群众慌乱起来，踩踏着，躲闪着，船身左右晃动，不到几秒钟，渡船自前而后沉没……

据元口渡两岸待渡的群众事后回忆，当时渡船上的乘客约有40多人，除当场抢救和自行泅水安全上岸外，其余全部遇难。三天后，即6月2日，中共安溪县委上报给中共晋江地委的一份机密文件【安委（73）第016号】中记载，这起安溪"自解放以来损失最大、后果最严重的惨痛事故"伤亡情况，翔实统计如下：经过初步调查落实，已发现死亡37人，其中，元口大队22人（男16人、女6人），洋内大队13人（男9人、女4人），芸美大队2人（男女各1人）。死者年龄，15岁以下2人，16岁至30岁18人，31至45岁9人，46岁以上8人，年纪最大的54岁，最小的是刚出生23天的婴儿。此外，文件还对死者的雇农、贫农、中农、小土地出租者等出身成分，属于共青团员、大队革妇会委员、生产队革导组成员、生产队出纳等，进行详细标注。数十年后，当我在县档案馆翻查到这份尘封的资料时，依然可以想象得到事故发生后，乡村失色呜咽，亲人悲痛欲绝的场面，37个活生生的生命一瞬之间被洪水吞没了。

为什么元口渡会发生这起严重的沉船事故？时中共安溪县委简要分析了原因。一是超载。当年1月份，县交通局对全县渡船进行全面检查时，曾规定这只渡船载人不得超过30人，而29日当天，渡船挤上了40多人，还有回销粮、化肥、农具等数百斤重物资。二是违反安全操作规定。船工郑国家、郑国宝两人并未分立船头、船尾撑篙，而是由两个非船工的社员撑篙，郑国宝在船舱划桨，郑国家和其他几个社员用竹扁担在船舱帮着划水。船头开始进水下沉时，郑国家、郑国宝和一些群众跳水离船，在船尾撑篙的社员郑四宝在全船沉没前跳水离船。三是渡口管理制度不善。元口渡每天来往超过1000人次，过往群众抢渡现象严重，秩序混乱，而公社、大队只在交售征购粮和收购甘蔗时才派人前往组织、维持秩序，平时安全教育不够，安全措施不力，加之思想麻痹大意，终致"沉痛的血的事故"酿就，人民生命和财产损失惨重。

报告中，当时的安溪县委并未掩盖真相，推诿责任，而是客观分析原因，并表示"待全面情况调查清楚后，再向地区做出检查报告和处理意见"。6月9日，安溪县委再次向晋江地委，同时抄报中共福建省委做出深刻检查【安委（73）第017号】，分析"思想上骄傲自满，麻痹大意；作风上官僚主义，忘乎所以；工作上抓而不紧，华而不实"，造成人民生命财产严重损失。报告同时汇报做好遇难家属工作，改革渡船管理制度，召开全县安全生产会议，责成交通部门和金谷公社、元口大队深刻检查，追究责任，以及对造成严重事故的船工郑国家、郑国宝进行拘留审查，依法刑事处理，对非船工郑四宝（另一名遇难）擅自撑篙划船，依法刑事处理或纪律处分等五条处理意见。

5月29日的沉船事故，留给失去亲人的家庭是永久的伤痛，留给各级政府及社会组织是深刻的教训。但生活还要继续，金谷和蓬莱两个公社、七个大队、一万多名的群众依然还要往返元口渡两岸，去耕作大埔角落那200多亩田地，收成甘蔗，去金谷街道交售征购粮、碾米，乃至农闲之余走亲访友，逢年过节祭拜神明。在元口大桥建造通车之前，往返清溪两岸的唯一交通工具只有渡船和竹木排。旧渡船沉没废弃了，新渡船又迅速建造起来，元口渡很快又恢复了昔日的忙碌。

清溪水运千年

元口渡沉船事故发生后，6月30日，晋江地区（今泉州市）交通局立即会同地区公安局、农业局制定下发《关于加强渡口的管理的联合通知》【晋地革（交）字第026号】，重申《福建省内河渡口渡船管理办法》（1958年2月1日施行），要求严厉整治渡口渡船违章超载、无证、酒后撑船、任意抬价、随意停靠等行为，进一步加强渡口安全管理。

这份泛黄的渡口渡船《管理办法》被我从县档案馆的故纸堆中找到。

《管理办法》共分总则、渡口渡船管理和渡口安全秩序三章二十二条，为我对现在的古渡口、古码头研究提供了依据。办法所称渡口渡船，系指内河各干、支流对岸渡运客货的木帆船，除汽车渡口渡船归属公路部门管理外，其余渡口渡船包括沿海各县短距离岛屿间的渡运，均属交通部门管理。《管理办法》颁布实施于刚解放不久的年代，其中为防止破坏，要求渡工"须学习航海避碰章程，以及敌机袭击的应变措施"的规定，打上特别的时代烙印。

《管理办法》第二章第五条明确，"渡口应设于水流较为平稳的地段，两岸岸边并须设有便利客货上下的简易道头及装置"，但显然，已有上千年摆渡历史的元口渡，并没有修建在"水流较为平稳的地段"，也没有建设"简易道头及装置"。因为直至发生沉船事故当年，10月11日，安溪县交通局才上报晋江地区革委会、计委会，要求补助南门（今安溪县城龙津大桥下方50米处）、元口两个渡口修建码头，指出元口渡是金谷、蓬莱两个公社7个大队15000多名群众往来"必经之道"，有渡船两只，在"尚不能建桥"的情况下，宜先采用简易渡口码头，方便船只靠岸、旅客上下及货物搬运，防止事故发生。笔者没有渡过元口渡，但对20世纪七八十年代的南门渡记忆尤深：在龙津大桥尚未建造通车之前，南门渡是城厢镇厚安地面数万群众进城赶集、办事的最忙碌渡口，每逢圩日赶集或集体交纳公粮，那争先恐后、拥挤上船、人货混装的场面至今想来后怕（1984年曾发生一次翻船事故，死亡4人）。

金谷元口村位于龙潭溪注入清溪交汇处，故名源口，又称三元、源口、黄口，后谐音改为元口。渡口同村庄名。考古发现，距今8000多年的新石器时代，就有人类在金谷一带生活，刀耕火种，垦田狩猎。安溪县城上溯，经金谷、湖头、剑斗、感德、桃舟的溪流名为清溪，清溪发源于桃舟乡达新村，也是泉州市政府认定的晋江的源头。据清乾隆《安溪县志》记载，桃舟以下至金谷元口，依次有"建口渡""新魁渡""下林渡""源口渡"。至元口，顽石突兀，暗礁横生，"溪有马上滩、渊滩,当溪阻石数百丈,水从石罅出",航道阻隔,又有发源自龙兴、崇信二里的龙潭溪汇入,水势愈加湍急,漩涡遍布,船家到了此处都胆战心惊,担心丢了性命。人们把这一航段称为"石屏锁舟橹"。因为航道狭窄,只有运输木材的竹排(筏)勉强通过,下游大的客船、货船难以抵达湖头。复杂的航区,密布的暗礁,湍急的漩涡,突至的洪峰,也是5月29日沉船事故发生的主因。或者说,元口渡原本就不应该图便利设于此地段,应避开清溪、龙潭溪双溪合流的"渊港",选择下游、水面更为宽阔、水流平缓的地段来设立渡口。

历史上,为了疏浚元口"渊港"航道,明正统年间(1436—1449),湖头李氏六世祖李森曾捐资雇人开凿溪中巨石,此后"遂通舟楫",泉州船运始通至湖头,湖头日渐繁荣,"上有湖头市,号小泉州"。李森乐善好施,终身不懈,生前即誉满全省,其子孙称他为"旌义公",清康熙年间,其裔孙李光地以李森献谷赈饥等事迹上奏,康熙皇帝赐予"急公尚义"匾额以表彰。由于元口渡地处险要,元丰三年(1080)后,宋朝廷就在此地设立源口巡检司,驻军兼事渡口管理。明洪武二十年(1387),源口巡检司迁往同安浯州屿为口浦巡检司。明正统五年(1440)复设,后移至(祥华)白叶坂。嘉靖三十年(1556)又复设源口。万历二十年(1594)因巡检员久缺,被漳州府裁革。李森与元口渡缘分渊深,天顺年间,沙县邓茂七军攻入泉州、安溪,他带领敢死队抵抗,俘虏百余人,并招抚余众,因功授漳州九龙镇巡检,不久,调为安溪源口巡检,在任多有惠政。

古代,大山围拥的安溪交通闭塞,人们生活出入,人际往来,圩市交易等,全靠翻山越岭,人力肩挑。所幸的是,安溪境内溪流密布,水路发达,县境内主要河流有清溪、蓝溪(两溪合流后称西溪)、龙潭溪、双溪和福前溪、白荇溪、举溪等,其中清溪、蓝溪、龙潭溪和福前溪通航。清溪自县城上达桃舟(途经永春县一都、横口),下通南安、泉州出海,蓝溪由城厢仙苑上通澳江,龙潭溪从元口渡上通蓬莱温泉、尚卿,福前溪自九龙江含仔口通至福前徐州。这些溪流航道,沿途均设有码头、渡口,虽然规模、年代、吞吐量不一,但都为各自区域的商品流通、社会进步做出贡献。生铁、银块、茶叶、瓷器等外销品,大米、香菇、竹笋、木材、竹器等内销品,频频运往泉州出海口,流向各地。而外地的食盐、药材、布匹和各种海味,也通过西溪航道流入安溪各家商行的货柜,进入千家万户。

新中国成立前夕,安溪水运发达。1933年,安溪成立民船公会,时有船只50多艘,1938年增至132艘,每艘2至2.5吨位。1940年发展至235艘,后降至90艘,1949年又增至108艘370吨位。新中国成立后,船运依然是主要运输方式,在1956年合作社高潮中,县里专门成立三个木帆船运输高级合作社,时入社木船77艘294吨位,从业人员219人。1957年,又成立四个初级木船运输合作社,入社木船85艘356吨位,从业人员255人。1959年,运输社更名为安溪县木帆船联运社,拥有木帆船139艘646吨位,年运货量18129吨,周转量705014吨公里。1960年后,随着航道的淤积和陆运日渐发达,木船及其货运量逐年减少。1973年,县城上游航道断航,只剩下游10艘大船往南安糖厂运输甘蔗。1989年县城下游航道断航,公路运输正式取代已运行千年的水运。

古渡"海丝"印记

"1961年夏天的一个傍晚,由南边刮来的台风夹着深厚的水云,顷刻间暴雨滂沱。不多久,从内山发大水很快地到了湖头,'大水头'(洪水的先头浪潮)翻滚着白泡沫、碎木枝呼啸而来……船工们惊慌

---

① 参见本书《蒲厝街风云》。

失措，呼叫呐喊，赶忙取出篾缆（用竹篾编成的缆绳，比麻绳耐拉）把船拴在岸边的大榕树上，有的则用铁链抛锚加固。木船摇晃得非常厉害，洪水越来越大，船工们大都离船登岸，拥入码头上的'大使宫'，围在曾驾驶唐山大帆船，七次随郑和皇家船队'过黑水'，征服南洋群岛诸多'红毛蕃'，勇闯马六甲海峡，游遍波斯湾水域，进出亚历山大港的老船大——邓回塑像下，祈望船只平安……"

这是祖籍安溪湖头的李波清老先生前年回乡，"追寻童年的梦"，写就的散文《怀念古码头》的一段文字，文章饱含深情地回忆起小时候在家乡湖头的快乐生活。文章之中，作者记忆尤其深刻的是暴雨山洪袭击之下的古码头、大使宫，风雨之后到码头泥沙石缝间嬉戏，挖找旧铜钱、旧船钉的情景。李森疏浚元口渡马上滩、渊滩的巨石后，清溪水运始通至湖头，故有李波清回忆文章一幕，湖头船运到泉州出海口，全程约90公里，顺水利舟要20小时，逆水回舟约60小时。

湖头文化站站长李绍清介绍，湖头共有石门楼、下林和溪头（溪后）三个渡口，李波清文中所忆应是下林渡。这三个渡口均直通泉州，又连接着湖头通往永春、大田、德化、华安、漳平的四条古道。安溪西部的溪流属九龙江水系，当年九龙江船运的货物可经含仔口到达福田乡的徐州圩，再经感德镇的白石圩、双垵圩，祥华的多卿圩，长坑的珊屏圩、福春圩、长坑圩等圩场的小商贩之手，运到湖头销售或中转。从泉州沿海一带运来的商品，则经湖头渡口向上述圩场扩散，又贩运到漳州、汀州一带。湖头迅速成为闽南、闽中、闽西主要交通枢纽和商品交流的集散地。明嘉靖《安溪县志》载："湖头市，在感化里，百货所骤，号'小泉州'。"可见当年市肆之繁华。

石门楼渡，位于登贤村和郭埔村交界，即今文贞桥上方。据说，早期的山货都是经过新店巷（今湖头新华都旁边），再经过石门楼装载上船的，渡口故名。下林渡，也叫"黄坂渡"，明嘉靖《安溪县志》载："下林渡在感化、来苏二里之间。义民胡钦家世代施舟以济往来，俗呼'黄坂渡'。"渡口位于清溪码头下游处，坐落在大使宫前，连接着最出名的"船巷"和繁华的湖头中山街，是湖头兴盛时期最繁荣的码头。"船巷"，长仅50多米，宽不足2米，小得几乎让人忘记它的存在。然而，有谁曾想到，小巷尽头的19级台阶，连接的不只是下林渡的码头，而是古代"海上丝绸之路"。一些上了年纪的老人还记得，从启明星初起到夜半更深，装货的、卸货的、运货的，还有纤夫"嗨呦嗨呦"的拉纤声，这条小巷熙熙攘攘，热闹非凡，鹅卵石铺成的巷路早已被磨得晶亮，留下它曾经辉煌的印迹。溪头渡，亦称"溪后渡""顶渡头"，位于清溪码头上游处，是永春一都、横口，安溪剑斗、白濑等地的木排（筏）、竹排（筏）放运至此，集中后往外运输的货物堆放点。

永春盛产木材和毛竹，外销木材和毛竹多数通过湖洋溪、坑仔口溪和一都溪运往泉州。湖洋溪属晋江东溪水系，坑仔口溪、一都溪则汇入晋江西溪，从永春一都、横口起水的木材和毛竹，一般由本县排工从一都溪放运至安溪剑斗，再交由安溪排工接运；坑仔口、玉斗的木材和毛竹，一般在坑仔口街集中，然后从坑仔口街编排运至安溪湖头转运。安溪林竹资源也非常丰富，县内放排古已有之，民国时期，剑斗等地有横口（属永春县）排、剑斗排、仙荣排、屏格排、溪埔头排、举口排等10多个放排组织。所谓放排，一般是冬、春枯水期采用蓄水放排，夏、秋洪水期则乘洪赶运。上游每排只有3—5立方米，待到下游才重新编排，每排增加至10—15立方米。从事放排职业的称"排工"，排工熟悉水性并有捎排经验，1938年，剑斗有排工150多人，湖头有排工200多人。新中国成立后，县政府在湖头和剑斗分别成立排工会，加入两地排工会的排工250多人。1950年至1958年，年输出竹木1万立方米，1964年以后，西溪排运随着陆运的发展而消失。白天辛苦放排，一到晚上，溪头渡的排工们便聚拢在一起，有的弹唱南音《因送哥嫂》《山险峻》《出汉关》，乘凉休闲，有的喝酒划拳，发泄放松，还有的忙前忙后，为第二天出发远航筹备。因为渡口集中运输木材、毛竹，溪后渡边还建成一个经营木材的公司，一直运作到20世纪70年代初。公司周围自然形成一条小街道，人们把它叫作"新路圩"，现在，还能找到"新路圩"留下的遗迹。①

险要的渊港虽经李森捐银修凿，船运中还是经常发生触礁沉船事故，每年都有船工和商家在此葬身鱼腹。为祈求渡运安全，人们在清溪码头三个渡口、长达1公里的溪岸边，先后建起了清溪宫（奉保生大帝）、大使宫（奉郑和与王景弘）、关帝庙（奉关羽）、惠泽庙（奉文天祥、陆秀夫、张世杰，康熙皇帝敕封"三官大帝"）等庙宇，船工起航前和抵达后，均要到这些庙宇虔诚烧香祷告，祈求神明的保佑。特别要提到的是大使宫，它坐落于船巷下溪石阶的拐角处，向溪背街，建筑面积不足10平方米，奉祀郑和与王景弘为神，尊称为"大使公"。岁月的侵袭，大使宫已经坍塌；只剩下三堵石砌旧墙，却是文史专家眼中珍贵的古迹。有关史料记载，这座倚岸而修建的大使宫在明代中期就已存在，"善男信女日夜拈香不断，祈福消灾"。原来，当年郑和奉旨七下西洋，所到之处，民众纷纷建造庙宇奉祀这位天朝大使，以表崇拜景仰，并祈求航海行船平安顺利。湖头"大使宫"成为郑和路经泉州的重要史迹，见证了湖头参与古代"海上丝绸之路"海外贸易的辉煌历史。

清溪码头溪后渡所在的美溪村，全村人口只有4800多人，但其姓氏却有24个，除3000多人的李姓外，还有黄、王、林、陈、胡、吴、郑、施、高、许、刘、余、张等姓。在村委会提供的村民名单中，笔者还看到了勤、褚等闽南并不多见的姓氏，其中勤、马、余三姓均为单家独户。美溪村地处山区，古时交通并非四通八达，之所以拥有这么多的姓氏，根本在于这里是一个沿海与内陆广为互市的古渡口。"上达

---

① 参见李绍清：《湖头水路运输兴衰记》，未刊稿。

漳、汀，下连兴、泉，商旅所至，舟车所通，诚为辐辏。"[①]可以想见，各地商贾见湖头日日圩市（全县唯一），非常繁华，便纷纷举家迁徙湖头，"环住其间"，繁衍生息。同时，安溪人也循着这条西溪水路，通江达海，迁居世界各地。近年，湖头镇一邓姓人家的家谱中，发现了邓氏祖先曾随郑和下西洋的记载。该家谱编修于清同治年间（1862—1874），谱中有"二世祖邓回从郑和太监过西洋号曰过番葬在云谷室（今属泉州）"等字样，此邓回即李波清文章中言及的邓回。湖头邓氏先祖邓回随郑和下西洋，这是迄今为止发现的最早随郑和下西洋的泉州人。郑和是举世闻名的航海家，从明永乐元年（1403）至宣德二年（1427）24年间，曾七次下西洋，永乐十五年（1417），郑和第五次下西洋时，曾到泉州灵山圣墓行香并立碑，到天后宫祈拜妈祖保佑航海平安，并奏请朝廷修缮泉州等地的天后宫。由于郑和在泉州活动的文字记载较少，湖头这一发现意义重大，为泉州"海丝"文化提供了重要的佐证。

魁美钱银满脚目

西溪水运发达时期，流经祥华、蓝田、长坑、尚卿、蓬莱，最后汇入金谷元口渡的龙潭溪，沿途建有许多渡口，其中最出名的是蓬莱汤泉（温泉）码头渡口。温泉码头位于龙潭溪西岸，今源泉大桥旁有一座名为龙渡宫的小庙，面积不过几平方米。龙渡宫后上方，有一条二尺多宽的古官道，官道旁依然残存着古时建商铺的墙基。当年，来自四乡八里的货物，便是通过这条古官道汇集于温泉渡口。温泉村群众介绍，龙渡宫所在即是当年古渡口，渡口对面曾经还建有一座老房子（货仓），用于存放瓷器、茶叶、盐巴等货物，并通过温泉码头中转，

[①] 清乾隆《安溪县志》，厦门大学出版社，1988年。

将这些货物运往各地。

宋元明清时期,安溪出产的瓷器并不逊于德化,并且安溪水路较之内陆的德化发达,西溪所有码头均可直达泉州港,或经中转抵达厦门港和漳州港。蓝田(内春)、长坑(月眉、扶地)、尚卿(尤俊、灶美、翰苑、银坑)、蓬莱(新林)一带有许多古窑址,尚卿(银坑、科名、科洋、青洋、福林)一带有许多古冶场,当年生产的各种瓷器、铁器、银器,均通过这里转运泉州港。温泉村的古渡口,实际上是古代"海上丝绸之路"一个中转站。古渡口承载着许多历史记忆,只是随着时代的变迁,曾经繁华的码头,慢慢沉寂了下来,成为人们来往于龙潭溪两岸的一个寻常渡口。20世纪90年代初,源泉大桥等几座大桥通行之前,摇桨的小木船是温泉村人渡溪唯一的交通工具。后来,村里的几座大桥先后通行,龙潭溪两岸的村民往来不再依赖渡口。而随着水电站的兴建,这个古老的渡口,犹如龙潭溪潺潺流去的溪水一样,消逝在岁月长流中。

船过元口渡往下游行驶,不一会儿来到金谷溪与清溪交汇处溪墘。金谷溪自西北流向南,一路流经广泽尊王迎香之处太王太妃陵(广泽尊王父母亲的陵墓),故又称佛口溪,是晋江西溪第五大支流。地处金谷村的溪墘是清溪水运的一个主要码头,因水路交通繁荣而集结成金谷街铺,街铺正在"锁水口"位置,左右有望云山和龟山相对,望云山像月,龟山像日,合称"日月山";日山月山隔着一条金谷溪,故又称"日月锁水口"。传说古代有一深谙风水地理的官员,骑马行至金谷境内,当他看到"日月"两山风水格局时,不禁惊呼:日月同辉,此地必出天子。连忙下马仔细一看,又发现日山比月山小,断定只能出"阴王"。果然,降生于金谷境内的郭忠福,后再到南安诗山镇羽化成佛,成为闽南著名神祇,播迁至台湾、东南亚一带。

过了溪乾码头,便来到蓬莱美滨的魁(溪)美码头。码头尚有三四百米长、保护完好的遗址,立在码头上方的是18棵没有髯须气根的古榕。古榕下，有两座用石头构造的小神龛，奉祀着"普渡公"——应为管理溪流水鬼的神明，沿溪、码头居住的村民，有每年七月份敬奉"普渡公"的习俗。古渡上方，连接古街的岸边，有一座供奉着朱、邢、李三位"代天巡狩"的滨榕馆，馆中对联"滨水双溪双夜月，榕村古渡古街衢"，形象描述了魁头古渡月夜的美妙景观，以及古渡、古街的兴盛发达。魁美码头，正处蓬莱溪与清溪交汇处的上游，元口渡下游，地势平坦，江面舒缓。渡口用疏浚开挖出来的卵形溪石砌筑而成，结实牢固，可谓物尽其用。古榕、古枫掩映下，天然形成一道浓荫蔽日的溪廊，是雨天避雨、夏日憩息、夜晚休闲的好去处。魁美码头功能分区清楚，可见当年建设者布局之智慧，有捆船埔、货埔、开嘴埔、走路埔、洗衣埔等区域，每埔高1.5米左右，宽度就溪地势有3米、5米或10米不等。"水位漫到哪埔就知道水流有多大，渡口埔区也成了人们防汛的刻度表。"美滨村党支部书记刘锦顺介绍。由于魁美渡水流较缓，适宜泊船，在清溪洪水多发的季节，船只可进入有码头围护的船坞避洪。

据《蓬莱刘氏族谱》记载：码头樯帆云集，商船川流不息……安溪北线的商贾，把该地的土特产如茶叶、瓷器、竹木器，靠肩挑到魁美下船，转运外地；而从外地运来的货物亦经魁美，而后发往彭圩以至各地。凡船只往来，货运装卸都须通过魁美古渡口把关，素有"魁美海关"之说。湖头清溪码头尚未通航之前，安溪北线九个乡镇和永春、大田等县的客商，往来泉州港都要经过魁美码头，安溪茶叶通过"海上丝绸之路"畅销海外，当年通过水运，也基本要走魁美渡口。北京大学教授乔然考察后认为："魁美古渡是泉州海上丝绸之路的起点，泉州古海港历史根脉在安溪。"

刘锦顺的父亲刘九如，曾于20世纪六七十年代担任美滨大队党支部书记10多年，今年81高龄的老人家回忆，魁美渡也是来往蓬莱的必经之地，魁美人沿溪岸而居，靠码头吃饭，一件短裤一条水巾，就能为来往群众、客商摆渡，蓬莱供销社的物资，都需要过渡才能运达。渡船由大队负责修造，渡工则选择家庭贫困者担任，凡乘渡者一趟需交渡费一至二分钱（视水势大小而定），收入归大队，渡工出勤记满工分。

"魁美钱银满脚目（脚目，闽南话，抬脚掌）。"渡口的繁荣，带动了蓬莱经济、文化的发展。沿着码头石级斜坡而上，坡顶是滨榕馆，滨榕馆连接着一条魁美商街，街道两边是一溜两层老式砖木结构房屋，骑楼建筑，临街"通路柜"商铺林立，当年的繁华依稀可见。魁美古街商业繁荣，外地客商也陆续徙居该地。直至今日，魁美村一带仍生活着刘、李、陈、林、孙、吴、王、苏、许、殷、赵、白、谢等13个姓氏居民，堪与湖头美溪村媲美。据《蓬莱刘氏族谱》记载，除魁美商街外，因魁美渡的薄底船，可通至鹤前美山湾，故早前在蓬莱中部山麓下形成的黄湖小集市，也因此迁至美山湾顶码头角的木豪子林。之后因洪水一再为患，再迁至彭格岭下，至前清，才迁至彭圩。

距魁美古渡不到百米之处，有一处承天寺遗址和一个乡民口耳相传的"官仓"古地名。康熙版《安溪县志》记载："承天寺寄庄崇善里，原额田地山三十三倾零五十一亩。受官民米共一百七十九石二斗。"泉州承天寺鼎盛时期有田产千顷，僧众1700多人，这些庙产分布于各地，又都由各地义士捐赠，安溪崇善里这片山田即是。庄稼收成后，要运到泉州承天寺，在当时条件下，最好最方便的运输方式就是水运。而"官仓"估计是用来收储承天寺寄庄于崇善里魁美保所收获的粮食，或因"公产"，而得名"官仓"。据刘锦顺介绍，这里还有一条古圳"承天圳"，当年，为解决魁美保承天寺大片庙产的灌溉，就在金谷镇金东村的翰墨山引水开圳，建成一条起自金东村大蔗头，经翰墨、土桥、东坑、尖石直至美滨彭亭角落的承天圳，全长约6公里。如今，承天圳的石坝和圳道尚存。每年正月初六，蓬莱都要举行清水祖师迎春绕境活动，此时，必先在魁美承天寺旧址设"大敬"，由头人、都会、春官等，向承天寺所奉祀的伽蓝菩萨朝拜敬奉香礼，鸣放铳枪。魁美古渡口遗址承载着许多历史记忆，印证了"南船北马"丝绸之路曾有过的辉煌。

古渡口连接古驿站

过了魁美码头，满载货物的木帆船顺风下驶，一路经魁斗、鲁藤、大岭、吾都，来到了清溪与蓝溪合流的小冲积平原仙苑，进入安溪县城。仙苑上通至澳江为蓝溪，相传两岸长满用来印染花布的蓝草，故溪名为蓝溪。溪声依旧，而蓝草难觅，就像船影风帆早已不见，而历史长河总会留下一些或浅或深的痕迹。仙苑地势平坦，船运码头吞吐量大，新中国成立前很长一段时期与湖头溪头渡，都是县内重要的物资集散地。一般的码头设施简陋，会选择在沿溪较大村落水深波静处，靠岸边植入石柱或条石，用来栓船，仙苑码头则用石头砌筑成延展的泊岸、道路和停货场地，便于大宗货物装卸。除县城、仙苑和湖头3个码头拥有固定的码头工外，其他码头装卸货物一般由货主和船主自行搬运或雇临时工，可见仙苑码头规模之大。

仙苑得名于南宋理学家朱熹，相传任职同安的朱子因事来安溪，曾在仙苑附近的薛坂渡下船，一路游览，感于当地景色幽美，便手书"仙苑"二字，喻为仙家花园。有人得赠后，便将其镌刻于四尺多高的石碑上，加镌落款"晦翁书"，并立碑于薛坂古渡边，该地遂以碑得名。后来刮大水，此碑沉入溪中，直至明隆庆年间（1567—1572）才又为渔人捞出，移入仙苑码头。清康熙五十五年（1716），安溪考亭书院建成后，朱熹石碑移入书院敬业堂保存，民国期间再迁回仙苑码头原地。碑刻有记，全文为："此碑原在薛坂，相传没潭中，每夜有光，渔人以为怪，探得之，乃出置磐石上，其渡遂以仙苑名。丙申，书院成，徙此。邑令曾之传记。"清乾隆《泉州府志·考亭书院》也明载："仙苑石碣，高四尺许，镌大如斗。缺书者姓名，或以为文公笔。旧沉于薛坂渡。明隆庆间，渔人得之，置溪岸。今移立于此。"印证了此事的真实。

先前，仙苑通航至雅兴村澳江，但集市不在仙苑，而结在澳江。至今，澳江溪边仍有一排古街市遗迹可稽。仅有郑、陈姓几户人家，在仙苑以捕鱼和务农为生。后因上游过度砍伐山林，造成水土流失，泥沙堆积，加之光德、同美地段溪岸崩塌数百米，河道搁浅，蓝溪止航，澳江失去商业地位，仙苑便应时开埠，街巷也应运而生，取而代之。明正统年间（1436—1449），湖头开埠后，从湖头运来的杉、竹、石灰、山货，泉州运来的盐、海产、面粉、骨肥，囤积在仙苑，然后由陆地转运往官桥、龙门、虎邱、西坪等地。仙苑商业日趋繁荣，全盛时期，仅仙苑的米店、农资店就达近百家。外地商民见此纷纷徙居此地，直至今日，仙苑街仍是多姓居住之地，有张、王、陈、郑、林、吴、易、许、胡、刘、詹等姓氏。民国时期，区公所、镇公所均设在该地。民国十九年（1930）后，仙苑建成一条长300、宽6米，两侧二层楼房和店铺林立的街巷，每逢圩日，人来人往，热闹非凡，骈肩累迹，市街为塞，县城的商业地位反倒不如它。

仙苑街后有一座庙，奉祀保生大帝，每年农历正月初二保生大帝诞辰，其时恰逢春节，人们都会趁机赴仙苑看热闹，访亲会友，祝神还愿。历史上，仙苑曾有一个文风鼎盛时期，被称为"蓝溪鹅湖"。清康乾年间，光德梁国宝中进士，他的儿子梁开芳中举人，同美陈宗达、陈元锡和吾都陈廷科登进士第，仙苑街附近五里内，礼闱连捷。传说，当时安溪城西有一"六桂园"，为梁国宝、陈廷科、陈宗达、陈元锡和汤泉（温泉）唐桂生、县城彭珠共聚议事之地。因以"六贵"为号，但又嫌"贵"字太俗，乃改称"六桂"。渡口码头是历史文明进步的见证，仙苑文教之盛，有赖于渡口码头的兴起。群山围拥意味着信息阻隔,码头水运意味着信息流通,水运发达,商贸往来,带来了资讯,不仅带来了资金,也带来了外来文化,人员迁徙、混居、融合,这些都为当地文教事业的发展提供了有利条件。湖头之为"小泉州",湖头文化璀璨多姿,同样与清溪码头的兴起密不可分,有清一代,湖头涌现出文渊阁大学士兼吏部尚书李光地及其"四世十进士七翰林",堪称奇迹。

清溪、蓝溪在凤城交汇后,天然形成一个数十平方公里的"大湖",称为"龙湖"。沿"龙湖"两岸,码头、渡口多达十几个,最著名的有常沿、黄龙、罗渡等,均属"官渡",由官府配备"编制"内的渡工,在此轮流撑渡。常沿渡居"龙首",今安溪大桥上方。南宋绍兴二十三年(1153)秋,朱熹担任同安主簿,为查察有关案件,他来到安溪,在此渡船,登上凤山通元观,赋诗一首:心无外法,满目青山;通玄峰顶,不是人间。此行朱熹还写了《留安溪三日按事未竟》《过安溪道中泉石甚绝类建剑间山水佳处因吟》两首诗,道出到安溪公务,并非顺利,内心颇为烦闷,但也有沐浴安溪文化、倾心安溪山水,颇为感动的一面。朱熹多次到达安溪,他品读安溪山水,标题"清溪八景",八景之"薛坂晓霞""芦濑行舟""葛磐坐钓""东皋渔舍""南市酒家""龙津夜月",都与码头渡口有关,可见安溪当年水运之发达。宋开禧年间(1205—1207),知县杨绳祖在常沿渡旁建木桥,济以渡船。嘉定年间(1208—1224),知县陈宓将木桥改成石桥,桥面建成避雨遮阳回廊,方便群众过河。感激不尽的市民刻石曰陈公桥,陈宓嫌掩前人之美,改名凤池。

凤池桥边建有凤池庵,奉祀大慈大悲救苦救难的观音大士,佑护渡船的人们出行平安,每年清溪城隍伯主绕境时也要从城西的凤池桥、凤池庵出发,绕境全城。而城隍伯主担任安溪城隍,传说也与南门古渡、洛阳古桥有关。城隍庙内现存"示谕""造船碑记"两块古碑刻,立石于清嘉庆十二年(1807)二月,由安溪知县夏以槐撰。"示谕"

碑长 44 厘米，宽 70 厘米，碑文为"安邑敕封显佑伯城隍尊神，理阴赞阳，每年季春，士民仿效古礼，设醮迎傩。"而设醮迎傩需要大量资财，为筹集费用，城隍庙出资置造溪船两艘，自泉州运盐至安溪，免收税费，"取余息以为醮费"。长 210、宽 110 厘米的"造船碑记"详细记载了此事。此亦说明，水运交通在古代的重要性。

黄龙渡建在城南，南门渡上方，是安溪城区群众摆渡过河最为繁忙的渡口。黄龙渡得名于黄龙山，黄龙山又名登高山，《泉州府志》称"黄龙拱其南"，即指此。山上有石，像帽子、像床几。黄龙渡旁修建有龙津木桥，宋绍兴八年（1139）县令倪察始建，因处河道转弯，水势汹涌，桥屡修屡毁，明万历二十九年（1602），县令廖同春将浮桥移至东皋（今恒兴中学附近），并辅以木船 20 余艘。万历三十五年（1608），县令王贤卿看到群众摆渡要绕道城东，极为不便，便将木桥再移到靠近黄龙渡下游的龙津渡（南门渡），龙津渡开始替代黄龙渡。以后，历朝历代，龙津渡口又几经造毁，直至 1986 年 7 月龙津大桥建成通车，两岸民众才免除舟楫之苦。

罗渡（尾山、铺口）在长泰里，与南安市交界，是安溪通往南安、泉州的门户。罗渡边上，历史上曾建有罗渡驿、罗渡铺，以供邮差及过境官吏憩息。宋绍兴年间，县内建有蓝溪驿、龙门驿（通同安）、大洋驿（在官桥镇境内，通同安）三个驿站，后又在魁斗建双济驿（通永春），在罗内建罗渡驿（通南安）。五个驿站连着渡口，接通水陆，形成安溪通往同安、永春和南安的三条驿道，构建起古代安溪与内陆、海洋的交通网络。时光荏苒，这些古渡口、古驿站、古驿道大多已经荒芜、倾圮或废弃，淹没在历史滚滚的洪流中，成为历史的遗迹。随着公路、铁路、高速等现代交通设施的建设，防护堤的修建，古渡口、古驿道中落了，运输的功能不复存在，只留下一份渗透祖先血泪的记忆遗产，供后来者怀想、凭吊。

繁华的中落

古渡口是农耕时代的物质见证，它像一本厚重的古籍，纸页已经泛黄破损，当你小心翼翼翻开一页，里面满是岁月的沧桑和历史车轮前行的印记。除运载装卸货物的码头外，安溪水系中更多是渡人的渡口。一个寂寞的渡口，一条欸乃的渡船，一名或数名渡工，寒暑往来，日月晨昏，风里雨中，其中又承载着多少漂浮如萍的乡土记忆？

1972年底，安溪县交通局开展渡口安全检查，对全县专营渡口进行登记造册。1973年1月25日形成的汇总表，对全县26个专营渡口所在公社、所属大队、渡工姓名、"过渡天人数"以及渡船质量等都进行详细登记，其中城厢公社13个，魁斗公社3个，金谷公社8个，蓬莱公社1个，湖头公社1个。城厢公社由于地处城区，人员集中，流动频繁，渡口最多。全县渡工除湖头溪后渡未见统计外，共有85人；城厢公社砖文大队有员潭、当埔、塔脚、南门4个渡口，渡工最多，共有15人；以单个渡口计，魁斗公社奇观渡有渡工13人。从"过渡天人数"看渡口繁忙程度，金谷元口渡2500人，城厢砖文南门渡1200人，吾都（时隶属于城厢公社）下渡1000人，为前三甲，最少的是员潭枫脚渡，仅有10人。登记表还有渡口"事故次数"及损失金额的统计，吾都上渡曾有渡船沉没过，罗内尾山渡1961年发生沉船事故一次，死亡3人，财物损失300元。就在这次全县安全检查之后的半年多，1973年7月29日，金谷元口渡发生自建国以来"损失最大、后果最严重"的惨痛事故。

历史上，安溪渡口渡船分官渡、私渡和义渡三种。常沿渡、黄龙渡、罗（内）渡均属官渡，由官府提供渡船，派出渡夫摆渡，渡夫列入编制，由官府付给俸禄。其中，罗渡连接通往外县的驿道，兼设立驿站、驿铺，历代还派兵把守。私渡亦称民渡，由私人自造渡船摆渡收取渡资。义渡则为僧人募缘和士绅做善事捐资所设，不收渡资。清水祖师驻锡清水岩期间,在闽南泉州、漳州,远至汀州,募修不少渡口、古桥,方便世人出行。史载,义民胡钦世代造船,供湖头下林乡民往来两岸。乾隆十七年(1753),洪水冲坏黄龙渡渡口,生员谢筹海之妻王氏,要求儿子谢晋荣出钱雇人砌筑渡口,方便行人渡船。① 刘九如回忆,小时候曾有人在魁美渡附近购置20亩义田,供家庭贫困者免费耕种,但耕种者农余须轮流到魁美渡撑渡,让四乡八里的人免费过渡。新中国成立以后,渡口渡船经营收归大队,由大队统一制造(购置)渡船,选派社员担任船工,收入归集体,渡工撑渡时大队统一评工(根据劳动强度)记分,罗内(埔口)渡"过渡天人数"50人,大队每年付给两名渡工3600分,罗内(尾山)渡"过渡天人数"150人,大队每年付给三名渡工7950分;蓬莱魁美渡把渡船纳入集体轨道,由美滨大队统收统付,设专人卖票,渡工和卖票者每年每人"略高于全劳力30%",由大队付给每人每年1200分。还有一种情形是,渡口渡船经营权承包,参内公社溪头渡"过渡天人数"20人,大厝大队每年收入100元,余赚归两名渡工。金谷元口渡"过渡天人数"2500人,大队每天收1元,余赚归渡工平分。魁斗蓬庭鲁藤渡属于私渡,渡船属于私人财产,摆渡收入归渡工蔡胡、蔡祥华二人。从1973年的这份统计表可见,早在20世纪计划经济年代,安溪就有承包经济、个私经济的萌芽。

当然,由于承包经营利润收入的刺激,也造成渡船违章超载现象严重,埋下重大安全隐患,金谷元口渡就是一个惨痛教训。根据福建省渡口渡船《管理条例》,"遇有大风、浓雾、暴雨、山洪暴发,或其他恶劣天气",应停止摆渡,不得冒险航行,并且"不准超出规定准载重量和乘客定额","在一般洪水必须急于过渡时,应减少载重量","增配足够而富有驾驶技术的力壮船工"。遗憾的是,元口渡当天所

---

① 清乾隆《安溪县志》,厦门大学出版社,1988年,第77—78页。

为全都违反《管理条例》，加上驾长和船工任意离开岗位，让缺乏驾驶技术，缺乏驾驶经验，不熟悉渡口河段和河床情况的人来撑船，灾难的发生也就必然了。

但是，只要江流滔滔，渡口渡船存在，而人们依然要摆渡过河，灾难就无法避免。时隔数年后，1980年8月10日，又发生一起重大翻船事故，而在安溪县这起事故之前，1979年12月，西溪下游的南安丰州公社，也发生一起社员因看电影搭渡超载引起翻船死亡19人的严重事故。安溪的翻船事故发生后，晋江地区行政公署转发地区公安局的报告，进行通报【晋地署（1980）第030号】，要求各地从中吸取教训，组织有关部门，大抓宣传发动，依靠群众搞好安全工作，避免恶性事故发生。

1980年8月10日这起翻船事故，发生在城厢公社的仙苑渡口：上午6时许，蓬莱公社登山大队38名群众为了到县城卖梨子，赶早来到仙苑渡口，挤上仙苑大队蔡良的一条农用木船顺流而下。不幸的是，渡船在距离县城约500米的地方解体，翻沉，船上38名群众全部落水，其中23人得救，15人遇难。事故发生后，晋江地区公安局经过周密调查，向地区行政公署报告翻船原因：一是对船只管理不严，随便买卖，无证驾驶。该船原是吾都大队的，因报废卖给陈孝文个人，陈又卖给蔡，都没办手续。而蔡良又是年过七旬的退休老船工，本不应再撑船而私买船载客。二是安全措施不落实。该船漏洞百出，已经航管站鉴定报废，但蔡良只是用肥皂箱板钉住漏洞后有继续使用。三是利益驱使，船工只顾赚钱，不顾船破违章超载，玩忽人命。原船上已乘坐32人（按规定新船也只能载22人），船已离岸，蔡良见岸上又来4人，竟不顾乘客极力反对，复将船靠岸继续收客。这时船上包括船工共38人，加上梨子1942斤，已严重超载。当乘客发现船破漏水强烈要求靠岸时，蔡良不在意继续行驶，致使船上秩序混乱，不一会儿翻船沉没。

仙苑渡翻船事故的教训是惨痛的,地区公安局据此在报告中提出四条建议,除要求有关部门进行安全教育、开展安全检查、加强安全督查外,特别强调渡口要健全"五定"安全制度,即定渡口、定渡船、定吨位(人)、定检查制度,对船工要做好技术考核,审批发证,抓好船舶管理和维修保养,严谨随意买卖,严禁无证、违章超载和船只带"病"行驶。仙苑渡事故之后,晋江地区对全市渡口、船只进行一次安全大检查,堵塞种种安全漏洞。水能载舟,亦能覆舟,滔滔西溪水哺育了我们,创造了辉煌灿烂的安溪文明,而不经意间,滚滚东去的西溪水,又吞噬了多少生命?

而因为不甘生命被吞噬、被毁灭,勇于与自然、与命运作斗争的人们,开始修建公路,在渡口修建桥梁,以桥代渡成为历史必然趋势。1963年6月15日,安溪大桥建成通车,城西祥云渡撤销。1981年1月,仙苑大桥建成通车,仙苑渡口渡船撤销。1986年7月1日,龙津大桥建成通车,南门渡口渡船撤销。美溪大桥建成通车,1991年5月25日,美溪渡口撤销营运渡船。罗内大桥(英溪桥)建成通车,1994年1月26日,罗内(尾山)渡口渡船撤销。铭选大桥建成通车,1996年10月1日,参内大厝村溪头渡撤销。奇观大桥、蓬庭大桥建成通车,1997年8月1日,蓬州、鲁藤渡口渡船撤销……古渡口曾经无比繁华,每天上演一出出大戏,它因社会发展而兴,又因社会发展而衰,20世纪八九十年代是古渡口的一个转折点,时代进步的洪流中,它终究难抵由兴而衰的颓势。

记忆何以被保存

"正月百花开,百花开来蜂蝶狂,昨夜的园门没上锁,桃花偷走来渡江。""二月木棉花,红花开了开白花,白花飞落你身上,唇边额角好安家。"这是潮州名剧《苏六娘》序幕好戏《桃花搭渡》里的一段唱词,渡伯唱正月,以花蝶取笑桃花要渡江私奔的模样,桃花唱二月,也以白花取笑渡伯的银白岁月。然后,渡伯以三月的双飞燕笑桃花奔走两地为他人作嫁衣裳,自己却孤单单;桃花则用四月赶着双飞燕,揭阳水上的鹭鸶,嘲笑渡伯比他们多了一只脚(船桨),只好一年四季都守在江边。五月的龙船,六月的荔枝……都各有所喻,悦耳,欢愉,幽默,诙谐。

故事发生在渡口。苏小姐和其表兄隔着一条江谈情说爱,身为奴婢的桃花,整天搭着渡船奔跑两岸。幕启,舞台变成一条江,江上有舟,舟泊岸,岸边有柳,柳下桃花,舟上渡伯;戏中,桃花与渡伯对歌解乏,也化解渡江的沉闷。闽南、潮汕地区多山,山中溪流纵横,渡口随处可见,加之两地民俗相近、风情相似,故《桃花搭渡》广为移植,台湾歌仔戏、芗剧、闽南高甲戏传唱不衰。安溪高甲戏剧团移植后,将序幕《桃花搭渡》独立改编成传统折子戏,剧中苏小姐变成"阿娘",表兄变成"一官",住在潮阳西炉,渡伯名叫杨福才,年过六十,人称老渡伯。桃花赶早搭渡过江,只为阿娘鸿雁传书,信中与一官私订佳期。渡口,江中,桃花与渡伯一唱一和,剧情也随之展开,而闽南地方民俗风情,如簪花、赛龙舟、赏荔枝和元宵点灯、烧香祈愿等,也穿插展现,极具韵味,更妙的是,渡伯一上场即唱,"深山种好茶,东海出龙虾,江中出渡伯,摇船载人客",使安溪观众倍感亲切,仿佛故事就发生在家乡的溪后渡、魁美渡、仙苑渡、罗渡边……

我国江河众多,北有九曲十八弯的黄河,南有数百支流贯穿万里的长江,大小河流数以万计。一条条江河就像一道道天堑,将河的两岸生生隔开,两岸人们对彼岸望眼欲穿。正是在人们对自然的了解和好奇、人们征服河流的愿望与日俱增的情况下,随着最早的独木舟,以后的羊皮筏子、竹筏、有桨和帆的船的先后出现,渡口便应运而生。武王伐纣的历史事件,大家耳熟能详。《史记·周本纪》中载,周武王伐纣"师毕渡盟津",也就是说,集合完毕后,大队人马便抢渡黄河,而抢渡的地点就是孟津古渡口,由此可知,该渡口早在3000多年前就已出现。

长江也不乏一些著名的渡口。西津渡位于江苏省镇江市云台山的古栈道上,这个渡口曾备受文人的青睐,李白、孟浩然、王安石、苏轼等诗人都在此留下广为传颂的诗篇。燕子矶渡则与历朝天子缘分颇深,朱元璋南下集庆时从此登陆,康熙、乾隆下江南时,均在此渡口停留。采石矶渡口因雄踞长江南北之险,被兵家视为必争之地,又因绝壁矶石、风景秀丽,被李白推崇,多次游览至此。此外,瓜洲古渡在历史上也有极高的知名度,杜十娘在此怒沉百宝箱,让人穿越历史的时空,浮想联翩。

古代,由于兼具运载人和货物的功能,渡口码头一般合称。"马头"一词,最早似见于《晋书·地理志》。从《通鉴》胡三省注中可以看出,当时的"马头",主要是供兵马入船之用的。唐宋以后,随着传统城镇军事及行政职能的逐渐淡化,商业机能的渐趋增强,"马头"也由军用转向民营,先是指贾舶停泊之处,继而引申为商埠。进而同音假借,定名为"码头"。明嘉靖、万历年间,徽州人叶权在《贤博篇》中谈及当时的九个"天下大马头"——荆州、樟树、芜湖、上新河、南濠、湖州市、瓜洲、正阳和临清。这些码头主要分布于长江、淮河和京杭大运河等国内水运动脉上,为"商货辐辏之所"。稍后于叶权的王士性则进一步考察,这些码头所运载的货物,经久以后形成各自的特色,如苏、杭之币,淮阴之粮,维扬之盐,无锡之米……建阳之书,浮梁之瓷,香山之蕃舶……福建的建版书籍,江西景德镇的瓷器,广东香山的蕃舶,都相当出名,形成全国性的特色专业市场。

清代,有关"马头"的记载尚有不少。值得一提的是戏曲史家赵景深教授身后捐给复旦大学图书馆的《绘图最新各种时调山歌》辰集中收录的《新刻三十六码头》:"正月梅花报立春,文武官员在北京,当朝里奉徽州去，油车小工出长兴；二月杏花叶来放，西山桥浪出得好锦绸，石门小布桐乡出，纱帽绫罗出苏州；三月桃花处处红，珍珠宝贝出广东，珊瑚琥珀甘肃出，福建出得好响锣……"这首从正月梅花报春写到十二月蜡梅冷清，从北写到南的《新刻三十六码头》，将码头物产与区域人群相提并论，相当精彩。《新刻三十六码头》与此前流行的《三十六马头》《上海码头》等，是清初至道光年间风靡一时的"马头调"，这些时调与江南三大政（河、漕、盐政）繁忙、运河沿线各"马头"运输贸易兴盛，颇可相互印证。所谓马头调，顾名思义就是在各大码头上流行的诸多曲调，传唱这种曲调的自然以曲中诸姬为多，而福建闽南和广东潮汕之所以广为改编、传唱《桃花搭渡》，盖当时《新刻三十六码头》已定下基调，《桃花搭渡》编曲者应由此得到启发，不过是《桃花搭渡》不事雕琢，显得更为朴实而真切。

渡口码头史，是一部中国社会经济史。如此多的古渡，每天都上演着欢聚和离别，背后也有着诸多传说和故事，笼罩着一种美丽甚至是哀怨的色彩，"浮云白日，山川庄严温柔"，形成中国特有的渡口文化。闽南多丘陵，高山耸立，穿越其间的道道溪涧边，渡口密布。这些渡口的出现，其作用是为了满足人们过河的需求，为过河的人和货物提供服务和方便。而因为有人的活动，码头渡口还留下传说、故事、歌谣，积淀下文化，成为我们一份共同的记忆遗产。"早送竹排下泉州，晚看船巷亮渔火；清溪滔滔东流去，激浪高唱母亲河"，这首广为流传的民谣，描绘湖头"船巷"当年的繁华。常沿渡口的凤池庵、溪头渡口的慈济宫、温泉渡口的龙渡宫、下林渡口的大使宫，积淀下厚重悠久的渡口信仰文化；罗渡口的雨亭、魁美渡口的店铺、金谷溪墘的集市，见证渡口的人文关怀和商业文明；城隍伯主每年绕境以凤池庵为起点、清水祖师春巡先在魁美渡口承天寺旧址设"大敬"，民俗传承，影响至深；戏曲《桃花搭渡》、席慕蓉诗歌《渡口》，情系渡口，美丽哀愁，湖头、蓬莱、仙苑人才辈出，渡口码头更是功不可没。①

从遥远的商朝到今日，从西部到东部，从闽北到闽南，从白居易"觅花来渡口，寻寺到山头"，到蔡琴唱"渡口旁找不到，一朵相送的花"，古渡口的身影，无处不在。古渡口曾经跟我们的生活密切相关，曾经锲入我们的生命，我们的生命因这份独特的记忆而充盈。如今，这份记忆与我们渐行渐远，"渡口欲黄昏，归人争流喧""新晴日照山头雪，薄暮人争渡口船"，诗中的渡口繁华景象，今日已成往事，历史长河中，渡口注定只是过客。如何将这份维系共同情感的特殊记忆永久保存？我迷茫而担心。但愿农耕时代的这份文化遗产得以长久保留。

---

① 1994年版《安溪县志》卷十二《交通》载：明代，安溪境内设有建口、新溪、下林、锦庵、薛坂、源口、吴埔、大洋、澳下、常沿、黄龙、凌渊、罗渡等渡口，其中黄龙、常沿、源口、罗渡4个渡口配备了渡夫，由力差轮流撑渡。至清代，又增加溪尾、小溪、黄家、河溪、苧园5个渡口，薛坂渡增配渡夫1名。黄龙、常沿两渡口随龙津桥、凤池桥的修圮而兴废。新中国成立以后，这些渡口陆续被桥梁所取代。1990年县境内设有埔口、尾山、溪头、枫脚、园潭、许埔、塔脚、当英、蓬州、鲁藤、美滨、枷楠、汤内、渊港、大演、小溪、云林、美溪等18个渡口。

安溪人打下南洋一片天

"到这里来的人中,最勤劳的是中国人。每年,当第一艘中国民船在海港出现时,住在新加坡的中国人便乘着小船飞快地迎上前去。他们把小船拴在民船上,让它拖着走,一边向民船上的人打听来自中国的消息。中国民船到达海港内的停泊地时,就在船上搭起篷盖,一艘艘看起来就像浮在水面上的房子一样。中国商人就在船篷底下把他们的茶、丝绸、瓷器卖给市镇里的商人。"

这是英国人哈·弗·皮尔逊在其所著《新加坡史》中,描述英籍官员莱佛尔斯爵士1819年被当局派往英殖民地新加坡,准备寻找一个可供东印度公司开设贸易站港口,船队登上廖内岛所看到的情景。在莱佛尔斯的率领下,此后,东印度公司的港口很快兴建起来并形成集镇,吸引大批英国商人开始在集镇定居,到1823年,城里的英国商行已达到12家。这些英国商行大多从事中国商品贸易,大量收购来自中国的茶叶、丝绸和瓷器,转运回英国销售,获取巨额利润。受英殖民者影响,新加坡民众也开始喝茶成风。

早在新加坡开埠之前,来自福建的商人就已经侨居星洲,挑着担子各处推销贩售来自中国的神奇的"树叶"。清末民初,福建茶商下南洋"讨生活"之风盛行,他们大多以家族或家庭模式从原乡收购茶叶,通过海路运到新加坡,加工包装后转销东南亚地区,因此新加坡是华茶在东南亚市场的重要中转站。为了解决茶商在海外势单力薄、茶叶质量良莠不齐等问题，在新加坡经销茶叶的福建籍、广东籍茶商便商议抱团，以维持和增进同业共同利益及矫正营业弊害为宗旨，组建了新加坡茶商公会。

作为新加坡华人社团中历史较悠久者，也是东南亚地区最早成立的华人茶商组织，新加坡茶商公会至今已有89个年头，从成立之初的25家会员茶庄，次年又新增12名会员茶庄，至"二战"爆发前的44名会员茶庄，可见新加坡茶商公会一经成立，便成为团结海外华侨茶商的重要组织。公会在推动东南亚地区茶叶贸易、维护和促进地方地区经济发展、推广茶文化、兴办慈善、弘扬中华民族精神等方面，做出了重要的贡献。

茶路连通深山与南洋

英国统治新加坡前，岛上居民仅有马来人和华人。1819年英国占领新加坡、1824年开为自由港后，马来亚半岛的华侨与马来人纷纷移去，开垦农田，经营商业。新加坡初开港时，马来人多于华人，华人约占人口数的三分之一；由于华人天性勤劳，英国人认为欲迅速发展新加坡，非仰仗华人不可，于是广事招徕，华人增加迅速，人口反较马来人为多，占四分之三，为东南亚华人人口占大多数的唯一地区。马来人业农，华人以经商为主，在新加坡有专供华商开店经营的中国街，有专供华侨居住的中国村。华侨中闽籍居多，根据1947年的统计，闽籍居第一，有289167人，占华侨总人口的39.6%。1957年新加坡母语调查结果显示，讲福建话（闽南语）的华侨占30%，较第二位的潮州话多出13%。

闽籍新加坡华人华侨中，祖籍安溪的为数不少。安溪人移居新加坡最早是因为"契约劳工",英国占领后,由于开发的需要,吸引更多的安溪人移居该地,逐渐形成新加坡华侨社会的安溪社区。安溪社区拥有"安溪会馆",是旅居新加坡安溪籍华人华侨的公益性组织,早于新加坡茶叶出入口商公会注册成立。会馆最初地址在新加坡福建马车街三十号,是一栋三层楼房。

福建安溪是我国著名的乌龙茶之乡,产茶历史悠久,制茶技艺精湛,唐宋以来的千年演进中,茶叶品质越来越好,不但产量增加,而且培育出许多新品种。安溪是个山区县,少有平原可耕种,粮食一向短缺,茶是唯一可外销赚钱的资源,故民众很早就在茶的外销上谋取生路。近代以来,在福州、厦门、泉州、漳州、潮州、汕头等地开设茶行,进而由航运到台湾。一部分由汕头经香港出洋,远销南洋群岛。到1920年,仅新加坡一地就开张十几家的茶庄。继后不断推广,在马来西亚、印度尼西亚、越南、泰国、菲律宾、缅甸等东南亚各国,创立了百余家茶叶专卖店。

安溪人在上述各地能获得顺利发展的主因,乃由于清末民初地方不宁,土匪遍地,一部分先民为求生存而远涉重洋谋生,因亲友早已分散在南洋各属落地生根,开基立业。后至者有亲朋可依靠,抵步后则生活可以无虑。新加坡茶商公会开创之初,租借安溪会馆旧址二间屋室,允许会员介绍亲朋"借宿",即合乎此种"传统"。同时,彼时南洋诸岛殖民地政府发现华茶足当热带饮料,鼓励各国商人向中国采办茶苗植茶。当时荷兰在印尼,英国在印度、锡兰、缅甸,法国在越北,所开发之茶园,所种植之茶种,所制茶之员工,可说全部取自安溪、武夷,数量上安溪人最多。加之安溪人族群意识强烈,吃苦耐劳,聪明能干,故而在南洋各岛茶界"一统天下",由安溪人创立的茶庄茶行林立,传延数代经营的店铺商号比比皆是。

鸦片战争爆发后,清王朝被迫"五口通商",开禁海运,得厦门、福州两大港口开放之便,福建茶叶外贸飞速发展。据海关资料记载,光绪四年（1878）福建茶叶出口达 80 多万担，占当时全国茶叶出口总量的三分之一。福建人素有"下南洋"的传统，他们临行之前往往会随带家乡的神明和盛产的茶叶，神明用以作为移民他乡的精神支柱，饮茶则是世代生活养成的习惯，等待根子扎稳之后，慢慢地便开始通过返乡探亲和亲戚往来的渠道，从老家收购茶叶并转销东南亚地区。以安溪铁观音为代表的安溪乌龙茶，被视为"侨销茶"，主销新加坡、菲律宾、泰国、缅甸等地，被华侨们和当地人视为"奇货"深受欢迎。

清咸丰年间（1851—1862），安溪新康里罗岩乡（今虎邱乡罗岩村）林宏德创制"金泰茶"，由新加坡"荣泰号"总经销。光绪三十一年（1905），新康里上林东乡（今虎邱镇林东村）高铭壬、高铭胞兄弟在新加坡创办高铭发茶庄，为新加坡安溪最早的茶号。以后又有不少安溪人在新加坡开办茶行，其中较为知名的有颜惠芸的源崇美茶庄、白心正的白三春茶庄、高云平的高建发茶庄、林本道的林和泰茶庄、张瑞金的张馨美茶庄等。到 1927 年，安溪人在新加坡创办的茶庄茶行共有 16 家，成为新加坡茶业商界主力。北京大学人类学系教授王铭铭就此指出，清末民初，"从安溪到厦门，从厦门到南洋，安溪人通过父—子、叔—侄、兄—弟等亲属关系的分支，通过出洋赠礼、回乡探亲等媒介，将安溪深山绝域茶园与南洋广阔天地的茶道搭建起来"。

成立商团共同拓市

1928 年 5 月 3 日，震惊中外的"济南惨案"消息传到新加坡，狮城华侨一片哗然。经营茶叶的新加坡华商意识到，他们有必要组织成立一个机构，一方面可以在祖国有危难时迅速组织赈济款项，一方面可对其他同类经营形成的垄断进行有效反制。在林和泰、东兴栈、张馨美、源崇美等商号的发起和组织下，6 月 23 日，"星洲茶商公会"

在新加坡正式成立。刊登在 9 月 25 日《南洋商报》的《星洲茶商公会成立宣言》虽没有明确提及"济南惨案"之事,但从"近者外侮频仍,统一实由国货推销,万人一志,今不先不后,恰于次日,茶商公会成立,以鉴外侮之频仍,以庆统一之实现"等内容可知,公会的开创除了"交换智识、联络感情",还倡导遵循商业正轨,推行"价目公平",确实是在"外侮"这一背景下,希望通过国货推销来实现国家的统一和强大。

成立之初,星洲茶商公会有林和泰、高芳圃、张馨美、金龙泰、高铭发、高建发、林金泰、源崇美等 25 家会员茶庄,其中安溪籍 16 家。公会正总理林本道(林和泰茶庄),副总理翁朴诚(东兴栈茶庄),财政员张瑞金(张馨美茶庄),查账员魏清正(茂苑茶庄),庶务员颜受足(源崇美茶庄),议员 12 人(家)。当时安溪会馆已成立 5 年,由于公会主要发起人是安溪人,他们中有好几位身兼安溪会馆的职员,25 家会员茶庄中有 16 家是安溪人,所以便租借安溪会馆二楼两间屋室作为办公地点,以减少经费开支。这两间屋子实行规范化管理,允许公会会员介绍刚到新加坡谋生,一时没有落脚点的亲朋好友"借宿",住宿时间以三天为先限。

随着来新加坡从事茶叶贸易华侨的日益增多,1939 年 12 月起,星洲茶商公会改名为"新嘉坡华侨茶商公会",这一名称使用至 1948 年 5 月底。1948 年 6 月起,又改名称为"新加坡华侨茶叶出入口商公会",沿用至 1960 年。1959 年,新加坡自治邦政府成立,90% 的新加坡华侨取得居住国公民权,随着茶商华侨身份向公民身份的转变,但又顾忌茶叶从中国运输来新加坡可能造成的影响,1960 年 3 月至 1967 年 12 月,"新加坡华侨茶叶出入口商公会"改名为"新加坡华人茶叶出入口商公会"。1967 年 12 月 27 日公会常年会员大会表决决定,公会名称中"华侨"二字删去不用,并授权执监委员会办理,但不知何故,此议未能履行,一直至 1979 年。1979 年 2 月 14 日,在公会召开的特别会员大会上,全体会员表决通过改会名为"新加坡茶叶出入口商公会"(简称"新加坡茶商公会"),4月20日新会名获得新加坡当局批准使用,以后每年4月20日为周年纪念日。5月5日出版的《南洋商报》对此作了报道,"新加坡茶叶出入口商公会"广为外界所知,并一直沿用至今。

20世纪20年代,新加坡茶商公会成立之前,公会许多会员已经建立起商号,有了自己的店面,茶叶经营从"担子"转向"铺子",为公会的开创奠定了基础。尽管有了固定的店面可以经营茶叶,但各商号深知宣传茶叶的重要性,所以继续外出推销、开拓市场,而与之前所不同的是,许多会员已有能力购买汽车,他们在自家汽车的外壳上打出茶叶广告,走到哪宣传到哪,大大提升中国茶叶的知名度。1950年9月起,公会通过新加坡"丽的呼声"广播,分别用闽南话、潮州话和普通话三种语言,宣传中国茶文化,10月14日出版的《中兴日报》对此做了专题报道。为了在新加坡普及茶叶知识,公会还专门请人撰写相关文章刊登在报纸上,以推广中华茶文化。1951年请毕安撰写《喝茶的故事》,1952年请玉铭撰写《漫谈茶经》,先后刊登在报纸上,对中国人种茶、喝茶的历史、茶叶产区、茶叶传播、茶叶贸易等进行了较为详细的梳理。此外,为了向大众介绍宣传中国茶叶,公会负责人还亲自撰文登报,接受媒体采访,介绍中华茶文化。1967年3月17日《南洋商报》刊登专访公会主席林庆年的文章,文中林庆年认为,新加坡茶叶市场不振,不是因为中国茶品质有问题,而是茶叶来源少所致。他在文章中对中国茶,尤其是安溪茶、武夷茶给予很高的评价,对宣传中国茶及茶文化产生了重大影响。

新加坡茶叶主要从中国、斯里兰卡等地进口,然后在本地及周边地区加工、销售,因此,产茶地的产量、出口政策以及销售地区的政策等都直接影响到公会同行的利益。"二战"期间,福建输出海外的茶路中断。为维护市场稳定,茶商公会出面调控茶价,规定自1940

年 7 月 21 日起，盒茶每盒不得低于 1 元以下；箱茶售价每箱不得低于 8 元以下；自 8 月 1 日起，盒茶每盒加价 4 角，四两包箱茶每箱加价 2 元，其他各茶亦酌情加价。此后，20 世纪 40 年代末 50 年代初、1954 年、70 年代初，公会又根据福建产区茶叶的丰歉情况，采取实质性措施，及时对销区进行市场调控，努力规范茶价，防止恶性竞争，并将茶叶成本在《星洲日报》《中兴日报》《南洋商报》上公布，引导民众消费。同时，成立市场调查组，对会员茶庄经营的茶叶质量进行监督，如发现会员有销售劣货行为，给予除名处分。

1952 年，印尼为了维护本地商业利益，禁止外茶入口，对公会会员生意影响不小。经公会出面并请中华总商会交涉，印尼准将茶类照常许以入口。1958 年，吉隆坡政府准备对进口茶叶提高税收，公会闻讯大力交涉，维护新马等地茶商的共同利益。20 世纪 80 年代，由于茶粉价格上涨，某些茶粉商通过茶粉掺色的办法牟利，新加坡茶商公会多次联合吉隆坡、槟城等茶商，组织商讨如何杜绝茶粉掺色。

1983 年，《南洋商报》出版"生活丛书"，由林金泰茶庄林文治（林庆年侄儿）撰写的《中国茶与功夫品艺》一书列入丛书刊行，该书第一次系统介绍中国（福建）功夫茶的起源、品种、产区、品饮式法、市场销售及品茗条件、方法，对华人饮茶日常习惯及其艺术的传播不遗余力。林文治祖籍安溪虎邱，虎邱是名茶黄金桂的发源地，对于家乡名茶，林文治更是倾注热爱之情，在书中美赞："罗岩新秀味带奇，别具风格世上稀。百十年来第一美，同好高兴我痴嗜。"对海外华裔渐渐流行的喝咖啡、洋茶及其他汽水饮料，林文治忧心忡忡，"这岂非民族文化艺术一大损失？"呼吁发扬光大"老祖宗留给我们的这一份饮艺遗产"。

20 世纪八九十年代以来，新加坡茶商公会还经常举办与茶叶相关的展览，主办"茶与康雅生活"座谈会、"中华无我茶会"，举办各种茶艺讲座。2000 年 10 月、2003 年 1 月，参与组织"亚洲咖啡与茶市场展销会",吸引泰国、新加坡、马来西亚、印尼、越南、柬埔寨等东南亚国家参展,对该地区茶叶市场开拓、茶文化推广做出重要贡献。公会还与新加坡中华总商会、新加坡安溪会馆、新加坡南洋大学、中国茶叶公司、吉隆坡茶叶公会、槟城茶叶公会等社团组织,有密切的交往,参与地区公益慈善事业建设,在新加坡华人社会中具有很大的影响力。

1959年9月,安溪会馆迁入新址大坡二马路与沙莪街交角处的新大厦,经时任公会主席林庆年(林金泰茶庄)与源崇美茶庄颜慧芸提议,又经临时会员大会决议,公会最终于1960年3月以28000元价格购得安溪会馆旧楼,之后重新进行修葺,并将二楼租赁给某公司,而公会办公地点则搬上三楼。1980年3月,新加坡城市重建局决定征用公会会所,经过3年多的交涉,1983年10月,公会会所最终以31744.64元的赔偿价,交给城市重建局。被征用后,公会暂时与岩溪茶行共同办公,1994年6月,公会主席颜明林与安溪会馆谈妥,继续租赁安溪会馆一个约为300平方尺的单元作为新会所,新会所一部分又租与岩溪茶行作为办事处。在分开了近30年后,新加坡茶商公会又与安溪会馆走到了一起,并且随着会所的搬迁,岩溪茶行一直与公会同进退。2003年岩溪茶行关闭,因会所被征用失去收租的权利,加上会员月捐和特别捐款减少,已无力支付安溪会馆租金的新加坡茶商公会只好又过起"漂泊"的日子。

茶号茶行见证历史

新加坡茶商公会成立80多年来,人才辈出,成为当地华人社会的一道风景。篇幅的关系,本文只能在新加坡茶商公会会员茶庄中,择其一二作个介绍,见证新加坡茶市的兴起与繁盛,及华茶拓展东南亚地区之轨迹。

林和泰茶庄是公会创会会员之一，其当时代表人林本道担任公会第一任总理。该商号为安溪人林本道、林本良兄弟所创办，总部设在厦门，后在新加坡福建街设立分号，主营茶叶与民信汇款，由于兄弟合作无间，业务蒸蒸日上，获利甚丰。林本道、林本良过世后，其后世子侄遂将民信汇款业务停办，专营茶业。林和泰茶庄当年兴盛之时，曾制作一批印有茶庄字号的精美紫砂壶，用以赠送前来购茶的茶客。1970年代初，经营林和泰茶庄的林氏子侄转营他业，茶庄遂停办。如今，林和泰茶庄已随着历史洪流，逐渐变成了记忆，但它当年发起创立星洲茶商公会的辉煌，今天依然为世人所铭记。

源崇美是祖籍安溪蓝田的颜惠芸与安溪西坪友人颜受足、林沙溪三人，于1920年共同创办的商号，距今已有90多年的历史。颜惠芸青年时即开始种茶卖茶，当时他所设的商号为"裕美"。1917年到厦门经销茶叶时，遇到西坪后格崇泰号林沙溪和园潭源峰号颜受足，三人商议共同装配茶叶到台湾销售，后又商议到新加坡开茶行。1920年，三人将安溪茶叶配运到新加坡，并在源峰、崇善、裕美三商号中各取一字，合为"源崇美"，作为三人合办的商号。同年二月初四，源崇美茶庄在新加坡睹间口（即中国街）开业。三人合伙一年，但得利甚微，于是大家同意以拈阄法分割商号。结果颜惠芸拈得该阄，遂将店铺迁址到吉宁街142号，与颜受足联合经营。1928年，星洲茶商公会成立，源崇美加入成为创会会员。1930年，源崇美经营不见好转，于是颜受足又退出，由颜惠芸一人独自经营源崇美。在颜惠芸的苦心奋斗下，源崇美终于走出低谷，其双龙标、香黄种及双狮球商标茶叶开始畅销南洋各地，源崇美也因此成为新加坡最著名的茶庄之一。

新加坡《联合早报》曾刊登一篇《从担子到铺子》的文章，专门介绍一家传奇茶庄的故事，说的是，当新加坡还是个殖民地时，有位来自中国福建安溪的年轻人叫白金讴，每天都挑着装满茶叶的担子在大街小巷叫卖，后来，年轻人凭着一股冲劲和力量，把担子搬进了铺子，在摩士街3号创立了"白新春"茶行。茶庄创立于1925年，而1925年时值牛年，故白金讴又素有"牛头哥"的绰号，所以举凡商号名称和商标设计均围绕着"牛"展开，复因每到春节家家户户都悬挂着春牛图，茶树也是在春天开始生长，商号最终取名"白新春"，另用"牧童吹笛横坐在春牛背上"或"春牛图"构成"白新春茶庄"商标。从1925年至今，白新春几经拓展、壮大，白家经营者一脉相承已历四代，但茶庄的经营理念一直没变，茶叶质量没变，包装没变，"安溪佛手神""武夷岩山水仙王""黄金桂奇种""安溪观音王"依然热销，滋润着新加坡爱茶人的心田。

回溯历史，特别要提及一位杰出的安溪人林庆年。从1928年公会成立到1968年，林庆年共担任二十一届执委会主席（第一至第十一届称"正总理"），与他一同进入历届职委表的是林氏家族的林金泰茶庄。

原籍安溪县虎邱乡罗岩村的林庆年，清光绪十九年（1893）出生在安溪一个茶商家庭。曾祖父林宏德是一位杰出的制茶能手，焙制的"金泰茶"名扬海内外。祖父林霁峰继承父业，从事茶叶生产、销售。父亲林书国是晚清举人，富有文墨，曾在家乡办团练，维护乡里安宁。叔父林诗国，秉承家传，对茶叶的种植、焙制、品评、销售均研究有成，被誉为杰出的茶叶专家。嗣后在厦门开设林金泰茶行，茶叶远销星、马一带。

1924年，林诗国在厦门创办的林金泰茶行规模不断扩大，业务日见繁忙，而在南洋代理销售金泰茶的荣泰茶行发生股东拆股，影响金泰茶在南洋的销售业务。林诗国有意派林庆年前往吉隆坡和新加坡开辟茶叶新市场，其时北京大学毕业回乡的林庆年正遭民团挫折，对国内政局感到灰心，遂按其叔林诗国的安排，前往吉隆坡创办林金泰茶庄。次年又在新加坡设立总行，以经营茶叶为主，兼营汇兑业。

经商的同时，林庆年积极参加社会活动，尤热心于当地公益事业，特别是推进华文教育，首倡在华校采用普通话教育，倡议在中小学实行会考制度，把乡村私塾合并改建成新式小学，协助解决办学经费。1930年，林庆年担任新加坡华商银行董事，与李俊承、李光前并力敦促和丰、华侨、华商三家银行合并，增强经济实力，帮助闽籍华侨渡过世界经济危机。抗日战争爆发后，林庆年积极捐款支持祖国抗战，倡组平社剧团，自任团长，为南侨筹赈总会筹集捐款举行义演。林庆年"有功民族之举"，成为新加坡众望所归的侨领之一。1933年至1937年当选为新加坡中华商会副会长、会长；1934年起，任新加坡安溪会馆第一常委、常务主席。1936年被推选为参加南京国民大会的南洋华侨四代表之一。1937年5月，出任国民政府侨务委员会副委员长。1955年以后历任新加坡中华总商会会长等。林庆年担任新加坡茶商公会主席期间，提出"件捐报效"办法，极大地扩充了公会经费，购置了会所。

茶是东南亚华人生活的必需品，是地区发展的经济要素、战略物资，在东南亚地区发展进程中，新加坡茶商公会是一个重要推手，务实的公会茶商，则是新加坡乃至东南亚历史发展的先驱人物。阅读历史，我们不由对华人移民海外的开创意识和力求改变的勇气及毅力，致以由衷的敬意。

为什么是安溪人*

2013年12月15—23日和2016年9月30日—10月13日，后浪出版公司吴兴元两次邀请法国摄影家阎雷来安溪拍摄图片。其间，阎雷在我的带领下，深入安溪的城镇、乡村、茶田、集市、宗祠、庙宇和安溪人家中，随机拍摄了两千多张图片，记录下21世纪最初十年的中国东南地区一个近海山区县的"部分"地理与历史。

选择安溪这个"地理"，反映正处深刻变革时期中国的一段"历史"，是阎雷此行的初衷。对此，我深以为然，并且坚信其行为之"可行性"。因为，相对辽阔的地球世界，漫长的人类历史，任何一个地方，任何一段历史，哪怕疆域再广，时间再长，都只是宇宙星球的"一瞬"。

不过，这"一瞬"，都是特别的"一瞬"。就像阎雷将镜头对准普通安溪人的生活，所展示出的反映安溪社会变迁的这幅"风俗画"。这幅风俗画，是中国历史"整体"之"部分"。既然"整体"由"部分"组成，在"整体"把握呈"无力感"的状况下，借安溪这个"部分"观照中国之"整体"，从毫末辨流向，理应是相当显豁的一种做法。

戏剧演员，可以在任何舞台上演出同样的剧目，但"历史演员"，则往往只在"特定的地理"上演出，地理变，历史亦变，在这一舞台

---

* 本文为大型人文摄影画册《安溪人》而作。《安溪人》中文及法文版，阎雷（法国）著，浙江美术出版社，2017年。

上演的戏，不一定能在另一舞台上演——中国安溪，就是"特定的地理"；安溪人，就是"历史演员"。

收获之土

安溪建县较晚，但早在四千多年前的新石器时代，就有人类在这块土地上生息繁衍。考古人员在安溪参内乡员潭村的内田山遗址，蓬莱镇大瀌村的杨厝山尾遗址，金谷镇金谷村的暮云山遗址，湖头镇郭埔村的郭埔遗址，龙门镇科榜村的科榜遗址等17个地点，采集到大量的生活用具残陶片和生产工具石锛、石斧等显示，步入青铜时代，约相当于中原的商周时期，福建内陆山区就有古越族人在这里刀耕火种，为安溪继发性开发奠定了基础。

唐朝中叶以前，安溪人口稀少，数量无考。唐朝中叶以后，随着北方人群的南迁，安溪人口逐渐增加。唐咸通五年（864），从南安西界析出两个乡设置"小溪场"，启动早期安溪的建制开发史。后梁开平三年（909），自中原入闽的廖俨首莅小溪场，亲为长官，召集北方迁入的世家大族、富商巨贾、文人学者及大批随员、官吏、士兵等，用先进的农业生产技术，开发蓝溪两岸。

在中国历史上，文化的传播主要是通过人口的流动，但北方移民传播的文化不可能是迁出地文化的简单复制，在这过程中必然发生变异。引起变异的最基本原因是地理条件，另一个原因是迁入地原有的文化的影响。两种文化互相融合、兼收并蓄，碰撞、冲突，移民文化渐渐成为安溪文化的主体。

五代后周显德二年（955），詹敦仁继任小溪场场长后，见这里人稠地沃，溪通舟楫，已适宜置县，便向清源军（泉州）节度使留从效申请建县。获准后，以小溪场和增割南安属地正式置县，并以溪水清澈之意,命名为"清溪县",县内"析为四乡一十六里,通计一邑几三千余户",詹敦仁为首任县令。宋代宣和三年(1121),因浙江睦州青溪(20世纪50年代因修建新安江水库,淹入今千岛湖中)爆发方腊农民起义,起事地青溪被朝廷视为"寇巢",为避同音之讳,另取溪水安流之意,改称安溪县,沿用至今。

安溪位处中国福建省东南部,闽南厦门、漳州、泉州金三角结合部,东经117°36′—118°17′,北纬24°05′—25°26′,晋江西溪上游,属中国历史文化名城、东亚文化之都泉州市管辖。安溪毗邻泉州市的南安、永春,厦门市的同安,漳州市的长泰、华安和龙岩市的漳平等6个县(市、区),接壤界线总长424.86公里,总面积3057.28平方公里,是泉州市面积最大的县份。

安溪地处福建戴云山脉东南坡,地势自西北向东南倾斜,东北部多低山丘陵,地势相对平缓,海拔高度在500米以下,河谷盆地呈串珠状分布其间;西北部山峦起伏,山势陡峭,海拔高度700米以上。全县千米以上高山2936座,最高峰感德太华尖1600米,海拔最低处城厢经兜村32米。地貌呈中山、低山、丘陵和盆地四种类型。

安溪将近3000座的这些高山,是漫长地质时期的多次构造运动的结果。多次岩浆喷溢活动,对安溪地质构造影响极大,沉积岩及变质岩占全县总面积三分之二。沉积岩系变质后,金属矿产迁移富集,成为工业矿体,故安溪探明有煤、铁、锰、锌、石灰石、高岭土等28种金属和非金属矿藏,储量均居福建省各县前列。山精为石,石多为岩,安溪多巉岩,《茶经》认为,茶生"烂石为上、砾石为中、黄土为下",而安溪铁观音茶中富含的多种矿质元素,正得益于此。

以地形地貌之差异,安溪素有"内外安溪"之分。"内安溪"地势高峻,以山地为主,坡度较大,河谷狭窄,年平均气温16—18℃,年均降水量1800毫米,日照1857小时,无霜期260多天。土壤多灰化酸性红壤,pH值4.5—5.6之间,土层深厚,有机质含量丰富,且黏性极好，晴天能保水，雨天不积水，最适于茶树生长，为亚热带常绿阔叶林区。

"外安溪"地势较低，以低山、丘陵、串珠河谷为主，年平均气温19—21℃，年均降水量1600毫米，日照2030小时，无霜期350天。土壤多残积土，水稻田以黄沙、沙土为主，具有南亚热带植被特点。全县属亚热带季风性气候，四季分明，温和湿润，但也易受台风、暴雨等侵扰，故阎雷对安溪的最初印象是"水多、潮湿"。

安溪森林覆盖率67.1%，有林地20.1万公顷，占泉州三分之一。溪流纵横，明《一统志》称安溪"水深而碧"，有晋江西溪和九龙江北溪两大水系，东部流域属晋江水系，流程320公里，流域1909.6平方公里，西部河流属九龙江水系，流程160公里，流域1103.2平方公里。安溪是晋江的源头，而晋江是福建省第三大河，全长182公里。清溪与蓝溪两条河流在城区，宋儒朱熹题名为"仙苑"的地方汇流为晋江西溪，流经南安县直入泉州出海口。西溪水流清澈见底，水质良好，泉州晋江大部分地区至今仍以西溪水为饮用水。安溪另有福前溪和龙涓溪随地形西斜，注入九龙江。全县流域面积100平方公里以上的溪流12条，总长度527公里。

水系溪流是安溪区域与外部物质能量循环的动脉。在道路不发达的远古时代，这些溪流承担着货物运输的任务，古时这里生产的大宗木材、茶叶、瓷器和铁银制品，都通过晋江西溪水运集散，而安溪日常所需要的食盐、布匹等工业品，也通过晋江西溪"动脉"源源不断转送到安溪各地。这种状况一直持续到1928年，安溪修建成通往厦门同安的公路，1958年漳（平）泉（州）铁路延伸进安溪，安溪也因此成为泉州市第一个通铁路的县份。

受地形地势影响，安溪地理因素十分复杂，纬度、阳光、降雨、风向、云雾、土壤……在绵亘高山、纵横溪流的切割下，天然形成一个个相对独立的地理单元。山产万物，它们是安溪文明发展的物质依托，安溪的城镇、村庄，数千个自然角落就散落在这些河谷盆地之中，依山而建，逐溪而居，安溪人像稳固的山峦一样，迷恋土地，淳朴厚实，山地文化的内聚性十分明显。每一个河谷盆地的环境各不相同，故安溪气候有"隔山不同风，同时不同雨"之称——但这恰好是安溪铁观音最为理想的生长环境。

历史演员

中国古书上说，"唯天地万物父母，唯人万物之灵"，意思是说，天地是万物的"父母"，养育了万物，而万物之中，只有人独得天地的灵禀。天地不同，万物不同，人也不同，因此历史演变亦不同。国学大师钱穆先生称："孔子不能生在印度，释迦牟尼不能出生在耶路撒冷，耶稣亦不能出生在中国，此有地理和历史的双重限制。"各异的地理孕育了各异的历史，不同的文明根植于不同的区域，区域文明乃是地理和历史双重因素互动的结果。

"地理变，历史亦变"，而"历史之变"的关键在于，人这个历史的"推手"，它会持久施加影响于"地理"，虽然其作用没有地质变动、气候波动那么显著，但也会对区域的植被覆盖、区域气候、水体伸缩、港口兴废、城镇盛衰等诸方面产生较大的影响。随着科技的发展，社会的进步，这种影响（积极和消极）更为广泛，不仅影响内部，也影响周边地区；是持久的，不仅影响当代，也影响未来。所以，人是最活跃的文化载体。

在安溪这个"特定的地理"，辽阔的大地之上，千百年来，生活着一代代"历史演员"——安溪人，他们在安溪这个"特定的地理"生老病死，上演悲欢离合，也上演爱恨情仇。安溪"地理"塑造了安溪人，安溪人施加作为于安溪"地理"，环境影响人而人改造环境，安溪人与安溪的交互作用，共同创造了安溪历史与文化的特质。

虽然安溪（清溪）置县之前就有闽越族古人在此繁衍生息，但他们还不是严格意义上的"安溪人"。西晋时期，爆发永嘉（308）之乱后，从中原流徙安溪的黄、林、刘、廖、陈、张、孙、詹、王、杨等宗姓，这些人开拓斯土，颇著功绩，到了唐五代安溪置县时，他们繁育的后代已逐渐衍成安溪的大姓，是早期安溪人的代表。

置县以后，安溪进入一个全新发展时期，"土之所宜者，桑麻谷粟；地之所产者，獐麇禽鱼。民乐耕蚕，冶有银铁，税有竹木之征，险有溪山之固"。经济的繁荣，吸引更多的北方人口迁入，与安溪原来的闽越"土著"、早期的移民，一道开发安溪。这些人大量繁衍子孙，子孙又瓜分散处安溪各地。安溪就像海洋一样吸纳着大小河流，又把他们汇成一个整体。

有关史料表明，宋代继续迁入安溪的主要姓氏有李、吴、苏、许、郑、高、萧、汪、周、胡、上官、徐、余、翁、施、洪、唐、冯、石、邓等姓；元代有谢、叶、蔡、柯、颜、龚、赵、裴、纪、程、蒋、宋等姓；明代有钟、傅、郭、易、何、魏、章、朱、董、梁、潘、姚、曾、马、罗、殷、钱、蓝、吕、倪、邹、方、姜、庄、阮、凌、汤、花、游、鄞、池等姓；清代有范、赖、薛、韩、万等姓。

民国期间，还有严、史、丁等姓，迁入安溪县。1949年以后，特别是1978年以来，随着中国户籍制度的改革，允许人员自由流动，安溪人口迅速增加，2016年底达到120万人，其中男性63万人，女性57万人，人口密度350人/平方公里。人口变迁也更加频繁，如1994年，全县人口迁入12532人，人口迁出14297人，是近年来安溪人口迁入、迁出最多的年份。安溪人的构成因此也更加复杂，姓氏数量在原有基础上急剧增加。

来自2007年安溪县官方资料表明，全县共有436个姓氏，其中单姓433个、复姓3个（上官、欧阳、诸葛）。人口在10万人以上的，有陈、林2个姓；人口在5万至10万人的，有王、李、黄、苏、吴5个姓；人口在1万至5万人的，有谢、许、张、刘、廖、郑、杨、白、高、詹、萧、叶、汪、周、蔡、钟16个姓；人口在5000至1万人的，有胡、柯、上官、傅、徐、颜、余、沈、翁、施、郭等12个姓；100人以下的姓氏，则多达383个，占姓氏总数的81.66%。全县人口自然增长率呈下降趋势，保持在6‰以下。

宋代以后，福建山区可耕地有限，沿海地区土地所负荷的人口压力趋于极限。宋代安溪县令陈宓称安溪"僻远而民贫"。因此，明清时期，北方汉民迁居入闽的数量比起前代有所下降。反而，明清是福建，特别是闽南向外移民的重要时期，安溪也不例外。清乾隆《安溪县志》中有"邑之业农者困矣"的记载，于是之故，安溪人背井离乡者多。元初因水旱灾及瘟疫，安溪迁出人口达数千人。明代起，安溪各族姓氏开始移居海外，渡海峡移民至台湾者尤甚。

《台湾通志》载："（安溪龙门榜头）白氏入台，始自明末。"《安溪县志》载："明万历年间，龙门榜头后裔孙白圭，移住台湾旗后（今高雄）盖寮捕鱼。"台北三大寺庙之一的三峡清水祖师庙，便是清乾隆三十四年（1769）安溪人为奉祀清水祖师而建，其庙宇雕饰繁复而细腻，被公认为台湾艺术之宫，至今台湾已有清水祖师庙一千多座。安溪移民在台湾大量沿用安溪本土的地名，如"安溪村""安溪里""安溪寮"，并传承着祖籍地的地方方言、民间信仰、风俗习惯、戏曲艺术等。台北安溪同乡会资料显示，至2015年，安溪籍在台人数约为278万，占台湾人口的11.8%。

安溪人移植到南洋各地的，亦有两百多年。至2007年，安溪侨居新加坡（23.85万人，占安溪侨胞总数的25%）、印度尼西亚（30.07万人，占30%）、马来西亚（28.01万人，占30%）、泰国等东南亚地区的侨民，有100多万人。台湾、东南亚地区以外，还有一部分安溪人移居国内各地，为江西上饶、浙江平阳、温州、福建厦门、尤溪、福安、福鼎及武夷山等地。

这些各个时期外迁海外、国内各地的安溪人，在当地繁衍人数累计达 400 多万，已超过安溪本土 120 万人数。他们沿袭祖地安溪的组织形式，以同一宗姓人口聚族而居的方式，进一步发展而成制度化的宗族组织，成为海外华人社会最基本的社区群体。

短短时间，阎雷当然无法再涉足这些地区，去"记录"下外迁安溪人他们的生活。其实，这些我们称为"安溪籍"的人，显然已经离开安溪这个"特定的地理"，并融入迁居地"地理"，他们的衣食住行、言谈举止、风俗习惯、思想信仰等，无论是物质的还是精神的，又产生新的变异。

安溪乃文化之国，历来坊间安溪人无传，诚为可惜。阎雷以镜头创作《安溪人》使人备觉振奋。画面之中，还有另一些"安溪人"颇觉亲切，他们是安溪宗祠里安溪人的祖先"神主"，安溪庙宇中安溪人供奉的"神明"等。这些画面也提醒着我们，其受到异域摄影家的关注，正因其与安溪地理的深度联结，是一个整体，也是另一层面的"安溪人"。安溪人视其为安溪"历史演员"群体的一部分，由此更说明了安溪人的文化价值观和社会生活方式。

物的中庸之道

2013 年 12 月 15 日阎雷到达安溪的当晚，出于安溪人待客礼仪，我带他到安溪的茶馆喝茶。记得那天我们一起不过喝了三泡茶，但阎雷当晚却严重失眠，以致第二天精神疲惫，之前的拍摄计划无法进行。此后在安溪的日子，任是我一番好意，阎雷则再也不敢喝茶，工作中，只喝冰镇矿泉水、零度可乐和双倍速溶咖啡。我想，安溪茶，一定会在阎雷脑海中烙下深刻印象，无法泯灭。

和福建其他地方一样,安溪文化的兴起主要源于中原文化的南播。唐至五代期间,河南、山西一带有不少文人墨客避乱来安溪潜隐定居。后梁开平三年(909),因愤慨于朱温弑杀唐昭帝及哀帝,旧唐朝廷官员廖俨与好友韩偓偕同入闽,廖俨隐于安溪小溪场,韩偓隐于南安丰州。廖俨与韩偓互访频繁,韩偓在《信笔》一诗中写道:"石崖觅芝叟,乡俗采茶歌。"可见五代初期,安溪民间已普遍植茶。

公元955年设立清溪县后,县令詹敦仁以茶为立县之本,大力推广种植技术,为安溪茶叶产业化之发端。彼时,地方上"土有茶谷桑麻之出,地多麟麑禽鱼之产"。宋初,福州人黄夷简,在北宋统一中国时称疾隐居于清溪别业,曾作诗句"宿雨一番蔬甲嫩,春山已焙茗旗香",说明安溪焙茶工艺已普及民间。

宋元时期,泉州刺桐港兴起后,安溪生产的茶叶、瓷器、铁器都是大宗出口商品。《宋会要辑稿》中载:"国家置市舶司于泉、广,招徕岛夷,阜通货贿,彼之所阙者,丝、瓷、茗、醴之属,皆所愿得。""泉、广"指泉州、广州,"茗、醴"指茶叶和酒。史料记载,宋代与安溪有贸易关系的国家有58个,遍及今东南亚、西亚、北非等地区。

元代,安溪茶叶出口量大增,安溪经济、贸易、文化的发展,人才的内外交流亦趋于繁盛。明代,安溪人发明乌龙茶制作技术,安溪茶业步入大发展时期,明嘉靖《安溪县志》载:"茶,龙涓、崇信出者多""安溪茶产常乐、崇善等里,货卖甚多"。可见,到明代中叶,安溪茶叶生产已遍布县域西部、北部和东部的大部分地区。

清雍乾年间,安溪人又发现培育了铁观音;近代,安溪人发明茶树短穗扦插繁殖技术;现当代,安溪人总结提高茶叶培育、种植、制作技术,将安溪乌龙茶销往全世界,安溪茶业开启新的时代。青山绿水、阳光雨露滋养出的安溪铁观音,经安溪人之手,百般呵护,精心浇灌,慢功慢焙出一杯杯甘美纯粹的"自然之味"。茶叶成为安溪地理"最重要的物"。

中国幅员辽阔,广袤千万里,由巴蜀而云南,由江浙而闽粤,茶叶产地可谓数不胜数,但唯有安溪对茶叶的依赖最为切实,对茶叶的流变最为巨大,对茶叶的经营最具规模。茶叶于安溪可谓兰因天缘,安溪诚为茶之原乡。

对世界茶叶界,安溪人有三项了不起的文明贡献:明代成化年间,发明茶叶"半发酵"技术,制出独一无二的乌龙茶,如今这项技术已成为国家级非物质义化遗产;清代雍乾年间(1725—1736),发现培育名茶铁观音,经中国茶叶流通协会统计,到2016年底,世界上已有2亿人以上常年品饮安溪铁观音,安溪铁观音是中国国家地理标志保护产品;20世纪30年代,对茶树繁殖技术进行革新,发明茶树"短穗扦插"技术,传播到各产茶地区,是目前世界上最先进、运用最广泛的茶树繁殖技术,安溪人因发明这项技术获得1978年中国科学技术大奖。

古人谓茶叶乃"天涵之,地载之,人育之",铁观音发现培育于安溪,源于安溪"特定的地理"和安溪人与众不同的聪明智慧。安溪是"天""地""人""种"四者兼备的茶区,气候、海拔、土壤、水质等生态环境的适宜,茶树品种的丰富及制茶技术的精湛,使安溪产茶成为必然。安溪自有茶树品种资源75份,其中铁观音、梅占、大叶乌龙、黄旦、本山、毛蟹等6份为国家级茶树良种,又引进33份国家级茶树良种,茶树品种资源达到108份,是中国茶树良种"宝库"。

中庸是儒家的一种主张,中庸即指待人接物不偏不倚、调和折中、因时制宜、无过无不及。孔子认为中庸是最高的道德标准,也是解决一切问题的最高智慧,因此中庸之道极难把握,但历代儒生却奉之为处事之道。中庸也是安溪铁观音的特色所在,它不仅口感取红茶、绿茶之中,茶性中和中正,适合一年四季品饮,使饮者始终处于内外平衡、动静协调的最佳状态,其种植、管理、制作也深得中庸之道。

安溪多山,山地面积2600多平方公里,山的屏障孕育出星罗棋布的"微域环境",这些"微域"气候各不相同,安溪铁观音就生长于其间。要种出高品质的铁观音,开辟茶园时就要考量海拔、地形、土质、光照、温度、风向、湿度等因素,但海拔不是越高越好,土质也不是越肥沃越好,一切以合适为宜;而在茶园管理中,不仅要做好耕作、填土、修剪、施肥、灌溉、防治病虫害、防寒防热等常规工作,还要保护茶树生长的大环境。安溪人认为,茶树本是一种野生植物,与其他杂草、树种相互依存,茶叶的香气才清纯自然。

安溪铁观音从鲜叶到毛茶,要经历采摘、晒青、晾青、摇青、炒青、初烘、揉捻、包揉、复烘、复包揉和烘干11道工序,这些工序环环相扣,不能中断,所以制作铁观音非常辛苦。其中晒青、晾青、摇青合称"做青",是乌龙茶"半发酵"技术的核心环节。"半发酵"不是50%的发酵,而是一个度的拿捏,考验制茶师的经验和悟性,及对天地运行规律的把握,要达到去除鲜叶中的草腥味而使铁观音特有的香气和韵味散发出来的效果。这就是铁观音的初制阶段,这个阶段一般在茶农家中进行。精制阶段则一般在工厂进行,包括筛分、拣剔、拼配、烘焙、摊晾及包装6道工序,也须环环相扣、精益求精。

科学研究表明,铁观音鲜叶的内含物质与其他茶种不同,芳香物质种类更多,含量更高。直至目前,从铁观音鲜叶共检验出200多种香气成分,其中10多种为安溪铁观音所独有,是各种鲜花和果味香气。在摇青的过程中,鲜叶中低沸点的青草气成分得以挥发、转化,高沸点的花果香成分则显露出来。同时,伴随着内含物质的一系列变化,新的芳香物质大量形成。摇青这一环节最为复杂,一般需要好几个小时。

在印度、斯里兰卡、肯尼亚等产茶国,茶叶生产已基本实现了机械化、工业化和标准化,茶叶因此也失去了个体的灵魂,沦为单调乏味的工业产品。而在中国,特别是在安溪,茶是一样美妙的事物,只有靠人类的智慧、经验和悟性才能制出,因此安溪铁观音制作技术中最关键的部分至今仍然要靠手工完成。每一泡安溪铁观音都忠实地记录着自己"身世":扎根过的土壤,呼吸过的空气,汲取过的雨露,接受过的烘焙。而对于安溪老茶人而言,一把茶叶在手,无须冲泡,它们的身世便已显露无遗。

"谁人寻得观音韵,不愧是个品茶人。"安溪铁观音独有的"观音韵"历来扑朔迷离,难以描绘。虽然海拔、水质、土壤、气候适宜才会有韵,但"观音韵"又如同中国的书法、绘画等艺术一样,所涵盖的内容已远远超过了形式本身,能将人带入一种超凡的境界。《文心雕龙·声律》篇中写道:"声音相从谓之和,同声相应谓之韵。""观音韵"就是与一种美妙的境界同声相应。

在我的个人经验中,一杯好茶的"观音韵",就如同在城市钢筋水泥、车马喧嚣待久了,只身前往安溪,独自住在安溪的高山茶园里,清早起来推开门,雾气浮荡之间,一瞬间阳光普照了全身,而新鲜空气扑面而来——那种心旷神怡,非言语所能表达。

安溪铁观音在安溪,一直被视为"天赐的神树""伟大的植物"。人类学家王铭铭说:"一个幅员并不算大的县,与一个辽阔的世界,相互之间正产生着一种值得思索的关系,而这一纽带,正是铁观音本身。"铁观音经历安溪人之手所创造的传奇,在"改变"安溪及安溪人的同时,也开始走出深山,走向世界,蔚为大观,影响越来越多的人,安溪之外,受其茶文化影响的人,对于铁观音也渐渐有了更多依赖。

宇宙观

人类创建社会,形成文明。我们可以创立并接受一些理论,编制一些大事纪年来帮助我们了解自己的过去,或者通过考古发现,去复原人类曾经创造的文明,但我们也必须回归到这样的事实:人是我们探究的基础。

在以往的历史研究中,我们往往只关注事件本身,人往往作为陪衬而处于次要地位,间或有"伟人"需要记述,我们也会着重"彰显"其与当时历史事件紧密相连的部分,至于日常的"人性",则已淹没在历史的洪流中,包括许许多多的普通人,"历史中的个体",他们在各自时代是何面貌则几乎无人注意。

而这一次,阎雷,一位来自欧洲的摄影家,凭着自己对中国文化的热爱,将目光投向普通安溪人。在他的镜头定格中,安溪"山川地理",安溪"历史演员",他们的面貌是那么的清晰、朴实,又是那么的富有动感,又不失有趣。阎雷声称只拍他认为很美的故事,这次他为安溪人绘制的"肖像",一定会吸引安溪以外的人们,来探究这个由自然与人文共同构成的世界,并从中体味中国人及其所创造的"梦一样的世界"。

每个安溪人心中都装着一个"宇宙",这个"宇宙"包括天、地、神明、祖先和人。安溪人认为,天地孕育万物,是人类赖以生存的家园,祖先埋在土地里,神明无时不在,无处不有,故安溪人坚信"头顶三尺有神明",对自然、天地、神明始终保持一颗敬畏之心,这就是安溪人的"宇宙观",亦即文化价值观念。

这种"宇宙观"主导着安溪人的生活,由这种"宇宙观"出发,安溪人向外界所展示的生活方式,颇为耐人寻味。安溪的每一村、每一角落,田间地头,厝边水边,都要兴建庙宇和宗祠,庙宇供奉各种"神明",宗祠安放祖先的"神主",甚至于家家户户也都要在家中设立佛龛和祖先牌位,一年四季恭恭敬敬顶礼膜拜。神明、祖先与安溪人构成的"人文关系",延续着安溪的人文传统,这种"传统",已成为安溪人"生活世界"的内在组成部分。

一千多年来,安溪人在他本身的原则以及他自己的法则支配下,怀抱着每一代刚出生的成员,并将他们塑造成安溪"历史演员",安溪这个"地理载体"在养育一代代安溪人的旅程中,已渐渐成为安溪人"文化母体",它源源不断地为一代代"安溪人"的成长提供养分,使其形成属于他们自己的信仰、行为模式、情感与态度。

身处广大浩渺的自然宇宙之中,信仰有时是一种需要,提醒着人们心中要有所敬畏。种茶制茶为生的安溪人,长久以来都是靠天吃饭,信仰对他们来说就跟呼吸一样必要。他们在信仰中感念天恩,从信仰中找到信心,又在信仰中寄托平安富足的愿望。同福建其他地方一样,安溪因多山而有百姓造神、泛神崇拜、佛道融合等现象。安溪人信仰众多,全县大大小小的庙宇有两万多座,供奉的"神明"五花八门,有正信宗教,也有民间宗教,但安溪人的信仰与他们的务实理性并行不悖。

清水祖师是安溪人最主要的信仰之一,被列入安溪的"三宝"——乌龙茶、乌面祖师和过黑水的侨文化。乌面祖师即清水祖师,历来随着安溪人"过黑水"向外播迁,分香到台湾、东南亚和全世界各地,如今有一千多座分炉。从宋代开始,安溪人每年开春时都会将清水祖师请下山绕境巡安,庇佑人间一年风调雨顺、国泰民安。彼时,福建各地、台湾及海外的信徒都会云集蓬莱(蓬莱清水岩是清水祖师的道场),瞻仰祖师神灵。除清水祖师开春巡游外,安溪还有城隍春巡的习俗,这尊城隍据说神格很高,管辖地域很广,平时到庙里烧香的信众络绎不绝。

安溪人供奉众多神明,每位神明诞辰,安溪人都要备办美味佳肴,并请来高甲戏、歌仔戏或布袋戏戏班演出,烧金纸,放鞭炮,虔虔诚诚、热热闹闹为它们过生日。一年到头,这样的日子一个接一个,因而安溪人总是非常忙碌;但安溪人乐在其中,敬神酬神已是他们生活的一部分。村庙、戏台是安溪人一生最重要的"课堂"和"剧场"。安溪人从小时候起,都会被祖母、祖父带到这里,接受村史教育,关于村庄、村神的那些传奇故事,自小就会在安溪人心中扎下根,这样长大后,即使人行千里也不会忘记故土；安溪的地方戏曲传承悠久、戏种丰富，一些安溪人平时种茶，闲时就粉墨登场，在村野戏台上或祖居宗祠中演戏、唱南音，既自娱也娱人。

南音，又称南曲、南乐，历史悠久，曲目丰富，有"弦歌八百曲，珠玉五千篇"之称。传说康熙五十二年（1713），在康熙皇帝六十寿诞典礼上，安溪人、文渊阁大学士李光地从家乡挑选了五位精通南音的高手到御苑献演。康熙听到南音弦管和鸣、逸韵雅致，大悦之下赏赐了"御前清客，五少芳贤"的匾额，南音因此流传下"御前清客"的雅号。"五少"中就有安溪人李仪。南音影响广泛，不仅高甲戏、歌仔戏的唱腔以南音唱腔为主，福建其他地方的戏曲也从南音中汲取了营养，并传播到安溪人迁居的地区，成为安溪人解慰乡愁的寄托。

重乡崇祖是安溪人一大传统。不仅是安溪，中国人普遍都有思乡情结。中国人可以离家很远，但他们从来不会忘记故乡。安溪再偏僻的村子里，每一宗姓都会修建一座祖祠，即使没有足够的钱将祖祠修得高大宏伟，族人们也会将祖祠整理得干干净净。岁时年节，到祖祠祭拜祖先已成惯例。一些移民海外的安溪侨亲也常回家乡祭祖，并积极捐款修建祖祠。泉州名祠之一的安溪厚安谢氏大宗祠落成庆典时，有两千多名谢氏乡亲专程从海外回乡参加。对安溪人而言，几百几千年延续下来的血脉，既是一种溢于言表的骄傲，也是内心笃定的一个依靠。

茶是构成安溪整个世界秩序的基础，在安溪，茶是一种礼仪，更是一种风俗。进入安溪，无论是风土人情、庙宇祠堂，还是节庆祭祀、人文形态，你都会发现，铁观音有超越"自然属性"之上的"社会生命"。安溪人种茶、饮茶已有千年历史，长期的生活积累，演变发展，世代的口授相传，积淀成一套独具特色的安溪茶俗。安溪茶俗涉及安溪人的衣食住行和日常交际，"安溪人真好客，入门就泡茶"，说的是只要你到安溪人家里，安溪人第一件事就是烧水泡茶，待客礼仪中传递着看似平常、实则严谨的道德观念，尊重朋友，长幼有序。一个公道杯，茶量、茶色均匀相同，示为公平公道，"关公巡城""韩信点兵"，是要更细致地检验自己是否偏颇，是否心里还在亲近远疏地掂量，所要表达的也还是平等和尊重的精神。这不就是中国人倡导的中庸之道吗？

安溪人不仅用茶叶招待远近宾朋，他们还以山川赐予的茶叶为祭品，敬奉神明、祖先和厉鬼，与神明、祖先和厉鬼进行沟通，达成某种诉求契约。茶叶贯穿安溪人的一生，茶的仪式笼罩安溪人生存的一切时空场合，从新生儿弥月用茶叶煮蛋洗澡，到人离开世间入殓装棺放入茶叶，茶叶何止是在维持一定的"礼"？而且他们还确信，即使人身已亡，忠诚陪伴一生的茶叶，死后依然要陪伴着灵魂，健在者以茶纪念祖先，当经年不辍。安溪这个茶风俗和崇拜体系，是安溪人"宇宙观"的一种体现。茶是安溪人丰富的"日常实践"，更是安溪文化民间性、社会性的深刻表现。

每一尊神明、每一座祖祠、每一个风俗，在安溪都有一个故事，而这些故事是如此动人，以至让你错觉几千年的悠悠岁月，在安溪是温情脉脉地流走的。安溪之美不仅在山川、风土、建筑、艺术之中，更在这一份浓浓的人情里。随着经济的发展，受都市文化、商业文化的影响，安溪也愈来愈现代，城镇以至乡村高楼大厦林立，商业氛围浓厚。但也许是有茶相伴，又或是忠实地继承了从中原带来的古老文化，宗祠、庙宇、南音、戏曲、民俗、祖先、神明，和谐共处其间，安溪人依然过着中国最传统的，丰富多彩、热闹喜庆的民间生活。

什么是文化？据说，目前光定义就有150或160多种，而最早的文化的定义，是1871年由英国人类学家爱德华·泰勒提出的："文化是综合体，包括知识、信仰、艺术、法律、道德、习俗以及作为社会成员所掌握的其他能力和形成的习惯。"这个定义，显然强调的是精神方面的文化，即非物质文化。但是，农作物、家畜、劳动工具、器皿等各种工具都是文化行为的产物，亦即物化的文化，即物质文化。因此，物质文化与非物质文化都是文化的组成部分。

　　以这种观点和视角来考察安溪人的文化，抑或安溪的文化，方向和线索都很清楚了。当然，探讨安溪人的文化是一个宏大课题，仅仅一篇文章远不能及其百分千分之一，只是遵从阎雷的"所见与所感"，就其所反映的部分场景，讨论安溪文化现象之一二，从中感知"安溪人与安溪"是如何通过文化这个介质，完成其双向的相互关系的。如果能通过阎雷"光影的写作"，进而感受到历史的丰富与复杂，人生的沧桑与趣味，则更是意外的收获了。

族源和村建：一个少数民族村的传说与社会

在福建安溪聚居的少数民族大部分是畲族①，主要有蓝、钟两姓，族谱记载大多是在明清时期迁入定居的。畲族蓝氏分布于湖上乡横坪畲族村、长林村的白山同角落，白濑乡长基村五龙角落和剑斗镇潮碧村的瓯村角落等地方，人口千余人。畲族钟氏分布于官桥镇善坛畲族村、湖上乡盛富畲族村，白濑乡寨坂村园潭仔角落和凤城镇祥云居委会等地方，人口近万人。其中，地处安溪官桥镇的善坛村，是安溪县内人口最多的畲族聚居地，现有人口5996人，超过安溪少数民族人口数的一半多，是安溪县最大的少数民族（畲族）村。本文拟就官桥镇善坛村的历史文化做个案性的介绍，进而探讨"闽南区域文化圈"这个自明清代以来新兴的经济与文化圈形成与发展的基本特征。

善坛钟氏的源与流

官桥镇位于安溪县东南部，距安溪县城14公里，自古以来是安溪通往厦门港以至广阔世界的必经之路，故而明清以来即有官桥籍的

---

① 1990年第四次全国人口普查，安溪全县有24个少数民族，除畲族外，还有壮族、苗族、瑶族、回族、藏族、高山族等。多民族人数比较少，迁入时间短，没有聚居的地方，大多数为女性，分布在全县各乡镇、各个角落。

乡民移居台湾和东南亚等地，为安溪台胞、侨胞主要祖籍地之一。而善坛村在官桥镇西北部，距镇驻地 8 公里、安溪县城 21 公里，东离泉州 58 公里，南抵厦门 56 公里，距离厦沙高速公路官桥出入口 6 公里，交通便利。坐落于驷马山、蝙蝠山等群山围拥之中的善坛村，海拔 300—500 米，1320 家农户分布在 8 个自然角落、31 个村民小组，拥有山地 6021 亩，茶园 500 亩，耕地 1600 亩，形成以农业、手工业为主，种养殖业为辅的产业业态，主要经济作物是铁观音、本山等乌龙茶和烟叶等。

由于地处山地，采石方便，故善坛传统建筑业非常发达，村民们四处务工，足迹遍及安溪各乡镇，乃至泉州、厦门、漳州，从事房屋、道路、桥梁等行业，拥有一支建筑大军和一批能工巧匠。驷马山、蝙蝠山上多青石（星辉岩），善坛村民建房都是就地取材，即以漫山遍野的青石（闽南俗称"青草石"）搭屋，建"青石厝"，不同于闽南其他地方的"红砖厝"。依山而建的一栋栋"青石厝"，静默在善坛蓝天碧水之间，仿佛水墨画一般。

畲族钟氏发源于汉代颍川郡（即今河南省长葛市），善坛村的"青石厝"，民居、宗祠、祖屋的匾额都写着"颍川世泽"或"颍川衍派"。颍川郡为秦王政于公元前 230 年灭韩、魏两国后建立的，所以钟姓堂名也叫"颍川堂"。在颍川郡繁衍至东晋末年恭帝（司马德文）禅让南朝宋武帝刘裕时期，因躲避战乱，颍川钟姓一门便渡江南徙，以求更好的生存场所。据善坛钟氏族谱记载，南迁的颍川钟姓后裔，其迁徙轨迹大致如下：福建长汀—江西吉安—福建漳州龙海市上屿村—福建厦门市禾山钟宅—福建泉州市安溪善坛村。

善坛钟氏始祖为钟颜德，原居厦门市禾山钟宅，他于明永乐[①]十九

[①] 另一说是明嘉靖年间，见《安溪县志》卷三十八《风俗》第四章"殊风陋习"，新华出版社，1994 年。

年（1421），自厦门市禾山镇钟宅村迁居清溪县新溪里积德乡盐坛①（今安溪县官桥镇善坛村）定居。但在善坛钟氏族谱世系表中，钟颜德并未被尊为一世祖，而是被视为二世祖，一世祖即开基祖是一个叫钟银斋的人。钟银斋为谁？村民们介绍，善坛村钟氏的开基祖叫钟银斋，但此人其实并不存在，而是一世祖（章坪翁）和二世祖（钟颜德）结拜为兄弟时共同假立的"父亲"。在钟颜德迁居善坛村之前，章坪翁已在此居住，钟颜德到来后二人情谊笃厚，不久依闽南民间风俗结拜为兰谱兄弟，坪翁为庚兄，颜德为庚弟，二人又共立"钟银斋"为其庚伯父，尊为一世祖，坪翁为二世祖长房，颜德为二世祖二房。善坛长房后来没落，人丁稀少，唯二房一脉繁衍生息，播迁各地，迄今族人已达3万人以上。

明嘉靖六年（1527），善坛六世钟可仰徙居福建惠安山腰盐场（今福建泉港区山腰镇钟厝村、鸢峰村、钟厝工业区），繁衍万余人。清末至民国期间及新中国成立后，善坛钟氏移居台湾（台北、淡水、坪林等）、香港、澳门繁衍数千人；旅居于新加坡、马来西亚、泰国、菲律宾、美国、英国、澳大利亚、印尼、阿根廷等国家繁衍数千人。十六世后移居厦门，漳州龙海、长泰等地者繁衍千余人；移居安溪本县县城，蓬莱镇新林村，福田乡，官桥镇芹石村等各地繁衍数千人。

畲族中广泛流传着这样的传说：他们的始祖盘瓠因为帮助皇帝平息了外患，得以娶其排行第三的公主为妻，夫妻婚后迁居深山，生下三男一女，长子姓盘，次子姓蓝，三子姓雷，女婿姓钟，子孙逐渐繁衍成为畲族。善坛村钟氏即是畲族钟氏的支脉，但因为久居汉地，为生存故，已经充分汉化，少数民族特征不明显。1985年，在村委和热心族人的积极努力下，善坛村恢复了少数民族村的地位，成为"安溪县官桥镇善坛畲族村"。随着善坛村少数民族成分的恢复，福建各地

---

① 善坛始称"盐坛"，因钟颜德在厦门钟宅时以晒盐为业，为纪念祖业祖地，乃以"盐"命名。清中叶，为向周边汉族村落示好，盐坛村民又呈报官府，将"盐坛"更名为"善坛"，沿用至今。

畲族钟姓（包括厦门禾山钟宅钟姓）都借助其与善坛村钟姓的血缘关系，陆续恢复了其少数民族成分。

妈祖信俗

在善坛畲族村走访，无论村两委成员，还是普通村民，都会津津乐道向你讲述，当年钟氏二房祖钟颜德"偷背妈祖"到此定居的故事：

钟颜德原居厦门市禾山钟宅，明永乐十九年（1421）筹划外迁。①

某夜钟宅供奉的妈祖托梦于他，要钟颜德用襁褓背金身外迁。钟颜德问，钟宅供奉的妈祖有六尊，何者为金身？妈祖明示，神像鼻上流汗的就是金身。第二天深夜，钟颜德做好外迁准备后，来到钟宅妈祖庙，依妈祖梦中启示寻到金身，并背负金身妈祖雕像，摸黑向山区一路进发，途经今同安，翻过回头峰、龙门岭，来到今安溪官桥镇赤岭村崩圳。在崩圳休息时，累坏了的钟颜德看到一片开阔地，心想在此安家落户。于是问卜妈祖，但妈祖不允；再问卜朝什么方向走，妈祖明示向东走。于是他又背起金身妈祖向东进发，直走到今善坛村口处。当钟颜德解下妈祖金身靠在一块石头上休息后，准备起身继续前行时，发现再也抱不动妈祖金身。钟颜德知道是妈祖显灵，于是跪下来问卜妈祖，得妈祖允准在此地落户。钟颜德一脉在善坛扎下根基后，即于当年休息处修建宫庙一座，供奉从厦门钟宅一起外迁的金身妈祖，因"妈祖庙"正处蝙蝠山山腰位置，故又名"半岭宫"。如今善坛村规模宏大的妈祖庙，正是在当年"半岭宫"原址上翻建起来的。

得妈祖明示外迁并依"显圣"神意，善坛村钟氏在此地肇基建村，因此妈祖乃是善坛村最重要的神明信仰，世世代代顶礼崇奉，又随着

---

① 关于钟颜德外迁的原因，众说不一。善坛村党支部书记钟丁山的说法是，钟颜德厌倦了渔民飘忽不定、生死未卜的"讨海"生活，想变换一种方式，到山中过安稳的生活。

后来迁居各地的善坛钟氏乡亲，分炉各处，香火鼎盛，成为维系钟氏及其他宗族间联系的重要精神纽带。数百年来，侨居新加坡、美国、印度尼西亚、阿根廷、马来西亚，成千上万的善坛钟氏后裔都奉祀妈祖、建有妈祖庙，旅居台湾、香港、澳门的善坛钟氏后裔也都奉祀妈祖、建有妈祖庙。明清以来，移居台湾淡水、坪林、礁溪、台北等地的官桥善坛人，有四千多人，这些祖籍善坛的安溪乡亲全部崇奉妈祖，坪林保坪宫、淡水福佑宫、狮潭义民庙等都是官桥善坛"半岭宫"的分香。

从厦门钟宅到安溪善坛，经过近600年的传承，官桥善坛已形成了一套完整的妈祖信俗，这套妈祖信俗经代代相传而为习俗、体系、年例，盛大隆重，又随着迁居世界各地的善坛乡亲而播扬四海。这套信俗的主要内容有：

一、做"牙"。做"牙"时要虔备五牲、供品、灯料、金箔等，由道士主持道场。一年中有24个"牙"，正月初二做"头牙"，十二月十六做"尾牙"，"初二早，十六晚"，"头牙"早上做，"尾牙"下午或晚上做。每年的"头牙""尾牙"是钟氏全房参与做，此后每个月的"头牙""尾牙"都是各房轮流，再按各房属下的各家来分，户数多的大房是几十家合做一"牙"，户数少的小房则是几房联合做一"牙"。做"牙"期间，通常要演戏酬神，正月初二"头牙"、十二月十六"尾牙"，演高甲戏（大戏），其余各"牙"，演木偶等小戏，以示区分。

二、卜炉主。每年农历八月初一在佛头厝（当年轮值、奉祀妈祖的家庭）卜炉主，把下一年轮值做妈醮的户主姓名写在红纸上，然后折叠好放在米斗里，用"掷筊杯"的方式，逐一请示妈祖，三圣杯者为炉主。炉主操办妈醮全程活动，妈醮日，炉主要比其他各家各户多供一头猪、一头羊。

三、请妈。每年在农历十二月十六后、正月初一前，择吉日举行请妈仪式。请妈即将妈祖金身，移驾到下一年轮值做妈醮的佛头厝内。

当年轮值妈醮的家庭，在请妈的前一天要供奉大圆，聘请戏班演戏。次年轮值妈醮的家庭在请妈当天要供奉小汤圆，聘请戏班演戏，并做好交接工作。

四、做妈醮。妈醮日在当年农历八月初一择定（日期必须选择在大雪节气后冬至节气前）。妈醮日前夜，由炉主或德高望重的乡贤用新毛巾沾红酒为妈祖金身净脸，同时整理衣冠，然后将妈祖移驾于佛头厝下厅，在此恭候各界神佛的到来。由道士主持做妈醮道场，期间的每一场法事，参与者、见证者均虔诚礼拜，肃穆庄严。

五、谒祖进香。莆田湄洲是天下妈祖信仰的祖庙，善坛妈祖要经常到湄洲谒祖进香，谒祖进香前善坛各家各户均要备办丰盛供品。还要训练各种民俗表演，如头前旗、香盘、大锣、条旗、五方旗、三角旗、彩牌、龙伞、蜈蚣旗、大鼓队、钉轿、刀轿、狮、龙、文阁八音、唢呐、火鼎丑婆队、军乐队、辇轿阵、十八学士队、少数民族电声乐队等，各具情态，热闹非凡。

就妈祖庙（天后宫）的一般情景而言，较多的是跨姓氏的、在一定地域内受到崇拜和管理的庙宇，而为某一姓氏家族"所有"并为之管理崇奉的妈祖庙（天后宫），则相对少些。善坛妈祖庙，作为钟氏家族的族有庙宇，从筹建到每年的祭祀管理轮值等，都是通过家族内部的组织来推行的。这种信仰崇拜的差异性，也进一步显现天后妈祖崇拜的多样性和社会适应性，而正是这种多样性和社会适应性，才是妈祖信仰能够冲破地域与时代的界限，得以永久延续的一个重要因素。

善坛村妈祖庙供奉的，乃是自厦门禾山钟宅迁出的妈祖金身。这尊金身妈祖脸部呈黑色，称"银同妈"。银同黑脸妈祖是台湾妈祖宫庙（如台湾台南鹿耳门天后宫）三大支派的祖庙之一：从湄洲祖庙分香的妈祖塑像脸部为肉色或粉红色，称"湄洲妈"；从泉州分香的脸部为红色，称"温陵妈"；从银同妈祖宫分香的脸部为黑色，称"银同妈"。银同妈祖宫亦称同安南门天后宫，位于大同镇南门街土窟墘，始建年代约为北宋皇祐年间,甚或更早,清康熙年间重建,奉祀黑脸三妈即妈祖。①最早的同安,以至扩大到后来的厦门区域所奉祀的妈祖,均属"银同妈"支派。

善坛妈祖金身本应是奉祀在妈祖庙中,但由于原先的"半岭宫"规模太小,故过去是在当年轮值的钟氏各房之间传递,随着妈祖庙重修、扩建的完成,妈祖金身已正式请入妈祖庙供奉。恐金身有失,平时,妈祖金身由每年负责做"牙"的房户保管,奉祀于该房的祠堂或大厝中。妈祖的从神是"急使爷"和"判官"。"急使爷"是"千里眼"和"顺风耳"的合成,这是帮助妈祖查救海难的重要随从。

神明社区

文化是人的一类行为,文化传播是"穿行"在人群里面,"穿行"在社会里面的。妈祖文化的传播,既是时间的绵延,又是空间的扩展,考其传播轨迹应该是先大陆后海洋。也就是说,妈祖作为一个神明,并非一开始就是海神,而是经历了一个从陆神到海神的变迁过程,正如其作为组成部分的闽南文化整体,也是在工作世界的源流与跃升中,循着先大陆后海洋的历史逻辑行进。闽南文化是以大陆文化为始基或出发点,逐渐走向海洋世界的深广之处。对于妈祖文化来说,要走向海洋、走向世界,必须先夯实大陆文化根基。大陆存在的根基越坚实,海洋世界的空间就越深邃。

妈祖被厦门禾山钟宅的民众选择为保护神,又通过一个"托梦"机缘,从海边渔村"来到"地处内陆的安溪官桥善坛,这种传说看似偶然,实则妈祖一生的修为所致,一生的功德和业绩所致,即妈祖的

---

① 连心豪、郑志明主编:《闽南民间信仰》,福建人民出版社,2008年,第161—162页。

美德、功德已经深入他们的灵魂，人们必然选择妈祖为保护神，于是借"托梦"与妈祖沟通、迁居，"卜示"定址建庙，以此显示神明的灵验。善坛钟氏深信，其族群之所以迅速繁衍，根基之所以稳固壮大，离不开妈祖金身的庇护，与此同时，善坛社会文明的发展，也是妈祖佑护赐福的结果——人们将妈祖的各种灵验故事广泛传播到民众的心灵之中。

清末年间，官桥镇驷岭村深沟角落林某因患精神病，屡医无效，病者家属前来"半岭宫"拜求妈祖为病者治病。妈祖允准，但要乩童随同前往。乩童担心前往医治如果效果不显著，会影响妈祖的声誉，于是他用饭碗作筊杯在妈祖神前断杯，三次连允，而碗竟不破。于是乩童就答应随妈祖去为患者治病。半信半疑的患者家属对妈祖设了个关局。他家大厝有十间房子，房里都点上灯，都有人，把竹门帘放下，要妈祖在这十间房中找出病者。乩童疑虑不决。此时妈祖显灵，只见一只萤火虫在他眼前盘旋几回，向其中一间房飞去，乩童随它而去，掀开门帘，患者果真藏身在此。病者家属亲见妈祖的神威，恳求妈祖为患者诊病用药，妈祖开了"露药"（就是乩童拿木尺蘸符水在纸上写的药方）。患者喝下"露药"三天后就恢复正常。这次治病轰动了十里八乡，此后人们都称妈祖为老姑婆，到"半岭宫"上香、还愿的络绎不绝。

1948年正月，妈祖到依仁里（今安溪县龙门镇）福海院进香，途经官桥镇善益村，当地人设供迎驾。法事中，善益村某一家人敬献的猪头供品被妈祖乩童用刺球打翻，引发当地人不满。这时一个妇人急忙赶到，对众人言明：猪头是她家的，本是祭奠另一尊神明，无奈错端来供奉妈祖，对妈祖实在不敬。真相大白后，当地人赔礼道歉并广为播传妈祖的威灵显赫。

1990年农历五月初八，妈祖金身被盗，辗转被卖到晋江内坑。善坛信众甚为着急，请求妈祖指明寻找方向，乩童坐乩说：妈祖金身必在妈醮日回銮观戏。信众难以置信，两三天时间哪里寻得到？但妈祖金身真的在妈醮之日被找到并回銮。原来，此事为两名盗窃者所为，他们认为妈祖金身是沉香木雕成，卖掉可赚好多钱，可是事与愿违，妈祖金身无人敢买，最终盗窃者无法出手，只好在妈醮日之前把妈祖金身又偷偷送回到善坛庙里。第二年，这两名盗贼相继命归黄泉。

从厦门禾山迁移到安溪官桥善坛后，妈祖的"工作范畴"发生了变化，相比在厦门禾山"主管渔业丰产"职能有了拓展，善坛当地人向妈祖祷告，祈求帮助的主要内容是：一、求医问药，善坛妈祖多次显灵也都与医治乡民疾病有关，所以在祛病消灾上特别灵验；二、拜求子嗣，以往善坛村相对封闭，附近村庄没有注生娘娘、仙姑娘妈的信仰，所以善坛妈祖又肩负着送子传宗的使命，村民们向妈祖祈求生子多有灵验，在十里八乡都有传闻；三、惩恶扬善，善坛妈祖庇护山区农耕，主持男女婚配，保护交通出行，维护族群团结，凡善坛民间一切事，妈祖均有神力帮助，无所不管。善坛妈祖的工作场所"半岭宫"，也因此屡次修建，而在"半岭宫"原基翻建起来的妈祖庙，规模宏大，富丽堂皇，成为善坛最重要的庙宇，分香分炉遍及闽南及台湾、东南亚地区，是安溪善坛钟氏畲族乡亲维系宗族情谊的重要精神纽带。

除了妈祖外，善坛村尚有三王、六府和闽南乡村常见的观音菩萨、清水祖师、玄天上帝、裴翁真仙等民间信仰。其中，三王和六府是善坛村地位仅次于妈祖的神明，都有专属宫庙，分别是龙山堂和龙凤堂。三王和六府的金身也和妈祖金身一样，并不放在龙山、龙凤二堂，而是在各房头之间随着妈祖金身流动，奉祀在龙山、龙凤二堂的乃是其副身。拜祀三王爷的日子是农历十月十五，拜祀六府大人的日子是农历十一月初一。村民介绍，三王和六府都是唐朝三十六遇难进士，但此处的进士不是文人而是武将。传说三十六位进士遇难，怨气直达李世民，李世民许他们"到州吃州，到府吃府"，条件是必须保护所到州府百姓平安，从此就有了三王、六府信仰。三王和六府各地都有不同，善坛村三王爷为朱、邢、李姓，六府大人为朱、赵、周、李、苏、杨姓。观音菩萨、清水祖师、玄天上帝和裴翁真仙被村民们合供在内庵堂内。奉祀观音菩萨、清水祖师、玄天上帝的日子，分别是农历二月十九、正月初六和三月初三。

善坛村还信奉董公真人、司命灶君、福德正神、七姊娘妈、黑面大仙、走马天罡等神祇，这些神祇没有统一固定的庙宇供奉，一般安放在各家各户厅堂或各房祠堂，与妈祖、三王、六府等神祇，共同组成斑驳复杂、和谐相处的善坛"神明社区"，维系着善坛民众的心灵寄托和价值取向。善坛以妈祖为主、品类众多的地方神系列，与善坛钟氏移民发展有关，带有相对独立性，更因融入汉族形成兼容并蓄的文化传统。这种文化传统贴近民间，深入生活，富于乡土气息，因其草根性和人情味而永葆其旺盛生命力。

虽然妈祖文化的传播主要靠心灵，而不是富丽堂皇的庙宇，但妈祖信仰在善坛的"族源与村建"过程中，以及之后一直承载的"工作范畴"，都说明妈祖文化是善坛乡村文明的生成起点，其绵延、升华和广大是与族群的繁衍、村庄的发展相伴相随的。"半岭宫"宫门对联"半道圣宫朝驷马，岭镇庙宇发鼎山"，妈祖庙庙门对联"脉发鼎山蝙蝠舞，堂旋三水驷马来"，都深深印证着这一点。

两个"过番客"

在闽南村庄走访调查，村民们除了绘声绘色讲述"族源与村建"各种传说外，还会向你介绍村庄发展中的各种"厉害人"，善坛村也不例外。关于这里的"厉害人"，1949年以前流传的一种说法是"一选二暖"，意思是村里最有财力的两人，一个是钟铭选，一个钟因暖，但钟因暖的故事，村里人却不能给出多少。还有钟鑫、钟焱，《过番歌》

《营谋概要》《昔时贤文》等村庄里许多古籍的编辑者。新中国成立后，善坛的"厉害人"，有厦门房地产大鳄钟江波，祖籍善坛的台湾《中国时报》记者钟俊升，以及出生在台湾，后到日本求学，荣获医学博士学位，退休后定居阿根廷，先后创办"中国文化语言专门学校""中国医药专科学校"的钟清教授等。善坛钟氏历经600余年发展，终成一方望族，"产出"众多"厉害人"，乡民们将此归功于妈祖的庇佑和肇基祖钟颜德墓地的好风水。

钟颜德的坟茔（即钟氏祖墓）所在的山地，原本并非善坛村地界。村民说，当年"颜德公"看到那是一块"虎子跳墙"的风水宝地，就立意要选址那里作为日后安息之所。钟颜德去世后，钟氏后裔为了把"颜德公"葬在这个墓穴，而又不与人争执，着实费了一番心思。他们杀了几只鸡，将鸡血从"颜德公"住的屋子一路滴到那块墓地，然后谎称"颜德公"是被老虎咬死，叼去那里，以此来求取那块风水宝地。这样一来，邻村人出于道义也就应许给善坛村这块墓地。

不仅如此，在善坛村向市、县报送发展"美丽乡村"旅游项目的相关材料中，这里的风水地理一再得到描述："地处闽南金三角腹地，三面环山，地貌形如畚箕又似玉交椅，故有'太师椅'之美称。""三条溪流自北而南在和尚潭汇聚，在青山绿水、蓝天白云间，与保存完好的青石厝和妈祖庙等传统闽南古建筑相互辉映。""东边的圣泉岩松涛流水，西边的驷马行空，南边的金龟背玉印，北边的三鼎山、茉莉尖等名山，和号称'善坛之水天上来'的滴水坑瀑布的自然景观和生态茶园，形成一道靓丽的风景线。"村民们确信，善坛几百年繁衍发展，人才辈出，离不开妈祖的大爱荫庇和这里的山水滋养、人文熏陶，故而他们投入数千万元，志在将善坛打造成为"集旅游朝圣、民俗风情、特色生态、文化交流、体育养生、休闲度假为一体的畲乡'香格里拉'"。因为对土地、神明的敬畏，善坛的生态环境确有"小桥流水""田园牧歌"之美，实施新一轮"村建"，未来舞动乡村旅游一定不是梦。

关于善坛的"厉害人",重点来说说两个"过番客"——钟鑫和钟铭选。

钟鑫(1871—1933),善坛人,他在二十多岁时,曾从家乡远渡重洋,到达马来西亚的实叻坡(即今之新加坡)、槟榔屿(即今之槟城)等地谋生,受尽艰辛。失望回国后,以自己的亲身经历,撰写闽南语歌谣《过番歌》①,流传甚广。《过番歌》是一首七言民歌,全诗760多句,从头到尾可用安溪民间茶歌调配曲,通俗易懂,哀婉深情,一百多年来,在闽南、港澳、台湾及东南亚一带广泛流传。新加坡口述历史馆、厦门华侨博物院、华侨大学华侨历史研究所等,各有不同版本的馆藏,可见影响之大。

钟鑫其人其事,田野调查中,善坛族人并不能提供更多的信息,善坛钟氏族谱对其也无章节记载,但学界对其《过番歌》的研究却很早就进行,至今意犹未尽。就目前所知,较早系统研究《过番歌》的学者应是福建省社科院教授刘登翰,其至少发表四篇论文,探讨《过番歌》的产生和流播,版本、流传及文化意蕴,追寻中国特别是闽南海外移民的民间记忆。刘登翰发现,《过番歌》约有五种版本,由歌中所叙主角的籍贯可分为"南安本"(2种)、"安溪本"(3种)。"安溪本"除笔者在作者祖籍地善坛村和《安溪民间文学集成》(下)中读到的外,还有1983年由新加坡林姓华侨带回的铜版刻写油印本。略作鉴别,3种资料内容无异,个别方言记录用字有别,这三种"安溪本"实际上是一个本子,或来自同一母本。

台湾成功大学教授陈益源则从刘登翰研究发现的另外两个版本入手,即"南安本"《新刻过番歌》(厦门会文堂)和《特别最新过番歌》(厦门博文斋),找到台湾目前所藏的5种《过番歌》版本②。陈益源认为,

---

① 薛世浩主编:《安溪民间文学集成》(下),中国民间文学集成福建卷安溪分卷,作家出版社,2004年,第178—202页,吴圭章、杨世膺校正注释。
② 陈益源、柯荣三合著《闽南文化札记》,乐学书局印行,2013年第51—67页。

不仅目前所知的"南安本"的最早印本存于台湾,目前所知的"安溪本"的最早印本也存于台湾。而"过番歌"之所以版本众多,乃是闽南移民拓展的足迹之广,"安溪本"流传到异地后发生变化后之最佳例证。

"南安本"中所叙的主角"过番"后,曾在异国他乡寻花问柳,散尽家财,幸而浪子回头,痛改前非,奋发努力,小有积蓄后顺利返乡;"安溪本"的主角虽因环境困顿,未能发迹变泰,但能洁身自爱,最终在强烈思乡情绪的驱遣下,不畏耻笑,毅然返乡与亲人团聚。早年闽南人移民南洋地区会因为沾染恶习,导致衣锦还乡梦破碎,又担心颜面无光而选择留居海外终老一生,或系当年普遍现象,而我们却在钟鑫《过番歌》所叙"过番客"返乡的结局中,见到同一时代中其实还有另一群"过番客",在异国他乡谋生之途未尽人意之余,选择回到原乡,继续为自己的人生寻找出路。

所谓"过番",系早年闽粤侨乡先民出洋谋生之称,出洋谋生的人则被称"过番客"或"番客"。闽粤两地曾经留下许多诉说与"过番"心酸血泪有关的歌谣作品,篇幅或长或短,不一而足。如果说钟鑫《过番歌》中所记的"过番客"(亦可能是作者本人)是一名失败者,那么善坛的另一位"过番客"钟铭选,就是一名成功者。钟铭选(1893—1985),出生于安溪县新溪里积德乡盐坛,幼年家庭生活并不富裕,父亲钟志柑在钟铭选很小时候就去世了。钟铭选在家乡读过私塾,1921年往新加坡打拼事业,四年后回国,与堂亲钟清风在厦门开设振华银楼,经营首饰,生意兴隆。事业首获发展后,钟铭选决定扩大经营,令长子钟江海、次子钟明辉,分别前往上海、香港开设银庄,经营金融业务。抗日战争爆发后,厦门沦陷,钟铭选回善坛故里避居。

抗战胜利后,钟铭选重回厦门开设银庄,恢复上海、香港的分支机构,并经营侨批、典当等行业,他经营有方,事业不断发展,财力逐渐雄厚,遂成为安溪的一名巨商。1948年,国内政局动荡,钟铭选即确定以新加坡和香港为商业据点,在两地继续发展金融业及其他业务，先后创立了维东、维华、益大、鸿福、凯联、溢元、天德、侨益等公司。在新加坡，钟铭选开办了建筑、房地产、股票、旅游等行业。在香港，钟铭选则以经营房地产和建筑业为主，以金融业为辅，成为港澳地区及新加坡实力雄厚的家族地产商财团。

新加坡许多高层建筑物、私人住宅区、公租房，都是在安溪人手中建立起来的。钟铭选经营的侨益行，则是新加坡最早从事地产发展业的商行之一，其建成地产有凯联大厦、凯悦酒店、美丽园，武吉知马的永康花园，巴德申的金陵花园和里峇峇利路的太平洋大厦等。20世纪70年代，新加坡有36家经营金融的企业，属安溪人经营的有4家，钟铭选经营的侨益金融有限公司，是其中之一。它与另一安溪人经营的同美金融有限公司，同是老字号的信贷组织，对新加坡工商业界的资金帮助贡献很大。

钟铭选对家乡善坛桑梓情深，抗战爆发后他避居安溪祖宅，看到乡亲们生活困难，即出资购买大量粮食济困。三年自然灾害时期（1959—1961年），钟铭选从海外进口一批大米、面粉和食油，捐赠给家乡亲人，帮助乡亲渡过难关。村民回忆，当时每人分到手有一斤白砂糖、一斤椰子油，孕妇还可多分得一斤麻油助产，这在凭票供应的困难时期，真是一笔"巨额馈赠"。此外，钟铭选还出资捐建家乡的桥梁、公路、小学和祖祠，助建官桥赤岭芦汀大桥、戏院和侨联会所等。1927年，钟铭选参与由旅厦安溪公会发起的创办"安溪民办汽车路股份有限公司"，踊跃认股投资，任首届董事，公司成立后，开辟全县第一条公路安同公路（安溪至同安）。1935年春，钟铭选与印尼华侨陈丙丁等人捐资、合献大米550担，从海外寄回药品创办泉州地区最早的侨办依新公立医院，钟铭选任首届董事长。1985年，钟铭选在香港病逝，享年93岁。

钟铭选一生有三位夫人，育有"一斤儿子（16个）""一打女儿（12个）"，大多继承父业从商，儿子钟江海、钟明辉、钟正文、钟琼林、钟辉煌、钟炯辉、钟燊南等,在香港、新加坡等地经营房地产业。事业有成后,钟氏昆仲继承父亲钟铭选回馈桑梓的传统,一次次地捐赠巨资在家乡兴办公益事业,先后全资捐建安溪铭选医院、铭选中学、铭选大桥、厦大钟铭选楼,助建龙门隧道,重建善坛小学,拓宽改造善坛公路,升级官桥医院等,可谓善坛钟氏望族的典范。

从安溪善坛数百年发展的实例里,我们看到了闽南地区一些偏僻乡村"族源和村建"的特有方式,而民间信仰崇拜与村庄各种传说的相互联系,以及由此所启示的中国传统文化的传承与传播,无疑是应当引起我们进一步注意的。在闽南,家族聚居、乡族聚居的延续,民间宗教信仰的传承,风尚习俗的保存,都随着一代代人的言传身教,艰难存继,而呈现出顽强的生命力。在此基础上奠基与建构起来的社会,其文化根脉之薪火相传、生生不息,其所向外辐射并与祖地共同组成的"闽南区域文化圈",在21世纪的今天,尤具其历史的研究价值和现实的启示意义。

林燕愈与岩茶"江湖"

某年冬天,我出差在北京饭店住了几天,那阵子首都雾霾正重,室外灰蒙蒙一片,不敢开窗,室内又连续开着暖气,空气干燥,喉咙干渴,嘴唇起泡,心情烦躁,整个人犹如困兽,是一刻也不能再待下去了。

那次出发前走得匆忙,没来得及带上茶,只好一路念想着茶,加之北京烦人的天气,这心头的火势愈发的旺,无法浇灭,于是,只好求助北京的朋友连夜送茶,直到那熟悉的香气飘起、弥漫,醇厚的茶汤入喉、入身,整个人这才恢复了元气,脑子霎时清爽起来,浑身上下每个细胞都熨帖无比。

有茶相伴、天天喝茶的人也许不会觉察茶对于自己的好,这次出差的经历使我开始思考,一个身处都市的现代人所不可或缺的自然之道,以及这种自然之道的获取之途。

也正是从彼时起,我开始踏上茶的探源之路。我清楚,仅仅在布置精致华美,哪怕是意图营造自然的书斋茶室里喝茶是远远不够的,自己寻找茶源并非出于好奇心,应是得茶滋养多年的我对于茶叶,以及生长茶树的土地的最起码感恩,是本心驱使我攀上那些种植茶树的山头、崖壁,感受一杯茶中蕴藏着的山川之气:土壤,植被,云彩,雨露,溪涧,沟壑……我对朋友说,如何在30层的高楼接上地气?

喝茶吧，当那甘醇的自然之味、天真之味入喉，入身，你何止是接地气？茶这来自山川的精灵，如上善之水，荡涤你的心灵，五脏六腑，你登时与自然天地融为一体，成为山林的一部分……

茶是我们既熟知，又难以捕捉的文化"湿地"，如果你无法感知、体味，一杯茶它在怎样的景象里生长，经历了怎样的故事，你就始终无法抵达真正的茶韵，接受茶的洗礼。更不消说，获得情感沟通与诗意生活的修炼了。

茶，是自然之道，那些难以用文字描述的茶的味道，其实蕴藏着的是整个自然。茶，亦是文化之道，其制作之法，品饮之仪，无论古法今道，既可以让我们知晓"当下感"，又能够在徇古和创新中追求"无限境"。

茶的故事，就是中国人最值得叙说的文化故事。本文所要回溯追记的，就是一段武夷岩茶的时光之旅。

林燕愈其人

首次到武夷山访茶，是 2010 年春节过后不久。大抵闽北冬天漫长严寒的缘故，此时的茶园依然一片萧瑟，枝头不见丁点新绿。在各地春茶中，武夷岩茶开采最迟，一般要到 5 月中旬茶树新梢叶片长到中开面时才能采制。70 年前的史料记载，九龙窠那几棵大红袍茶树头采是 5 月 17 日，如今则普遍提前。虽然如此，我到达的时间，距离头采依然遥遥，幸好此行目的，不是观摩当地人采茶制茶，而是踏访一位安溪茶人在异乡留下来的故迹。

这位安溪茶人与我非亲非故，是我所进行的一个文化项目在田野调查中偶然获取的线索。当时我就预感，其是一座值得深挖的"富矿"，但遍查安溪史志并无所获，倒是在闽北茶乡武夷山找到直接史实。《武夷山市志》记载："清嘉庆初年（1795），安溪人林燕愈流落在武夷山岩茶厂当雇工，后来购买幔陀峰、霞宾岩、宝国岩茶山茶厂，积极开荒种茶，所产岩茶运至闽南出售。"

《武夷山市志》及《武夷茶经》①还记载："同治年间，林燕愈的后代林心博在泉州创立'林奇苑'茶庄"，专营武夷岩茶。清末在厦门设立茶栈，将武夷岩茶运至香港、澳门、新加坡、马来西亚、泰国、缅甸等地销售。"民国初年，又在云霄县设立茶栈，运茶漳浦、诏安、东山等地，其主营的"三印水仙"远销东南亚，在闽南一带享有盛誉。鼎盛时期，"林奇苑"茶庄开出的茶票曾一度作为银票，在闽南及东南亚一带商铺间流通。

林燕愈的传奇故事，我在安溪作家林筱聆的《武夷岩上安溪茶》读到更多细节。该文披露，其祖上西坪雾山林氏曾是非常显赫的家族，十一世祖林燕愈曾在武夷山十八岩开过荒种过茶，并拥有茶山茶厂等众多业产，富甲一方。林燕愈生有两个儿子，分别开出幔陀东、幔陀西两个子孙世系，一留在武夷山发展，一回祖地安溪繁衍。

据林筱聆介绍，青年林燕愈当年外出谋生前，曾在家乡三安寨关圣帝面前求得一灵签，称外出发展必大福大贵，便辗转来到武夷山岩茶厂当茶工。后来，一次梦中为一匹白马所导引，他意外挖得几坛银子，并用这些银子买下天心岩永乐禅寺周围的幔陀峰、霞宾岩、宝国岩等几个山头，慢慢开垦成茶园，引种家乡的水仙、肉桂、奇兰等茶种，建造茶厂，精心制作武夷岩茶，在闽南、潮汕及海外销售，盛极一时。

林燕愈书写的传奇，特别是他在武夷山意外发财，固然有小说家的想象与加工，有后人对祖先不假思索的顶礼与膜拜，但耐人寻味的是，其也恰好暗合中国近代商业海外贸易的轨迹，有待史家进一步研究。岁月飘然远去，这位传奇茶人不见诸安溪任何官方记载，反倒是

---

① 《武夷山市志》，中国统计出版社，1994 年；《武夷茶经》，科学技术出版社，2008 年。

武夷山一方山水于其人其事还感念不忘，不仅明载于史册，还盛传于民间，给予了一位异乡茶人可贵的尊重与敬意。

我的这次武夷之行并无多获，只在当地一位经营着"奇苑"茶行的朋友徐茂兴的带领下，来到天心岩永乐禅寺，登上幔陀峰、霞宾岩、宝国岩，走入林燕愈当年劳作的茶园中，与爬满青苔、地衣的各种名枞，与武夷山水合影留念。林燕愈建造的岩茶厂业已倾圮，只剩断壁残垣和遗弃的米臼焙灶，依稀之间，可见"林奇苑"茶号当年的繁盛。

有了这番实地踏访，此后再品武夷岩茶，尤其是产自这些山场的茶叶，茶汤一下便在舌间活泼、在心中生动起来。而武夷山水、林燕愈故事，犹如逢春的茶苗，也开始在我的心中深深扎下了根。

岩茶"山场"

探访武夷岩茶的茶源，首先要理解"岩茶"。

武夷山产茶已有1500多年的历史。关于武夷茶的最早记载始于唐代。康熙年间，曾在天心岩永乐禅寺修行、传习茶艺的同安人释超全所作《武夷茶歌》已出现"岩茶"二字。到了康熙末年，王复礼（明著名理学家、教育家王阳明六世孙，清康熙四十七年，应邀到崇安修志，十年乃成，终老于武夷）写《茶说》，文中有采后晒青，摊而摇，等香气散发再及时加以炒焙的记述，这种青茶（乌龙茶）制茶法延续至今，没怎么变过。

而"岩茶"之"岩"，你一旦进入武夷山境内，便豁然开朗了。闽北多山，或挺拔或袖珍，或高峻或清秀，各有胜景，然一进入武夷境内，景象又为之一变，大王峰、三菇石，一座座黝黑高耸的山峰，隔着一道浅浅的崇阳溪，就在城区的人间烟火旁拔地而起。

进入景区，原本极其粗砺的丹霞岩体，浸润在山间溪涧和雨雾里，生出层层叠叠的青苔、野草、灌木和茶园。山体的粗犷与山间万物的清秀结合得这般完美，产自如此佳境的茶叶，品质自然绝佳。

武夷山产茶历史悠久，古人在山岩间种茶，代代相传，他们还总结出什么地方种的茶味最好，什么地方要差一些。乾隆年间任崇安县令的刘靖《片刻余闲集》中说："武夷茶……其生于山上岩间者，名岩茶；其种于山外地内者，名洲茶。岩茶中最高者曰老树小种，次则小种，次则小种工夫，次则工夫花香，次则花香……"光绪十二年（1886），郭柏苍在《闽产录异》中的排列为奇种、名种、小种、次香、花香、种焙、揉焙、岩片。此外，梁章钜的《归田琐记》、施鸿保的《闽杂记》也都对武夷岩茶进行了分类。

嗣后，"岩茶"再分为"正岩"和"半岩"，传统上的"三坑两涧"，即慧苑坑、牛栏坑、大坑口及流香涧、悟源涧流域，称正岩（大岩），九曲溪边所出称洲茶，二者之间称半岩。近几十年来扩大种植，则核心景区70公里范围内，36峰99岩出产，皆可称正岩。过去只能叫"外山"的曹墩、星村等地，如今也能叫半岩了。

武夷山人把茶园叫"山场"，正岩产区称作"岩上"，过去正岩山场，贯穿于武夷岩茶的栽种、制作与运销过程中，不管是茶工、岩主还是在本地设立茶行的茶商，都是像林燕愈、林心博这样来自武夷山之外的"他者"。清嘉庆十三年（1808）由魏大名纂修的《崇安县志》中说："负贩之辈，江西、汀州及兴、泉人为多，而贸易于姑苏、厦门及粤东诸处者，亦不尽土著。"这些"他者"都是清朝时从闽南、江西、浙江等地迁徙而来的，此后便世居此地，种茶制茶，繁衍生息，拥有80%以上的武夷正岩山场。1999年，为配合武夷山申报"世界自然与文化遗产"，村民们集体搬离，组建"天心岩茶村"，茶园、山场却还是各家各户的。

这些年来，武夷正岩茶价格飙高，谁家岩上山场多，谁家足可保证富足，真正实现了靠山吃山。林燕愈当年开垦的茶园，都地处武夷正岩核心区，幔陀峰、霞宾岩、宝国岩、葫芦岩、马头岩……随便哪一个山头、地块，皆是适合茶树生长的绝佳风土。

武夷山地势错综复杂，为了充分利用空间，"林奇苑"茶园除了采用一般茶园的梯段作、斜坡作与平地作三种形式外，还创造了特有的"石座作"及"寄植作"。即选择岩壑断崖处，或于临涧怪石之顶，或于悬崖半壁之上，利用仅有之凹缝地位，砌筑石座其间，凿阶运土于其上，种植品质良好之茶枞，谓之"石座作"；石裂岩缝之处，其间多积有若干土壤，且较润湿，此时植入茶苗一二株，或播以茶籽三五粒，听其自然发育生长，谓之"寄植作"。

依靠这种耕作方式、在这种茶园中生长的茶树，根系深入岩石风化而成的砾壤，吸取养分，表层则年年培新土，增加肥料。茶园四周植被葱郁，山坡陡峭，丹霞岩体坚硬，白天吸收热量，夜晚散发热量，雨天吸收水分，晴天蒸发水汽，茶树生长其间，沐浴阳光雨露，与自然、天地共同融成优异生态链条。

有了得天独厚的茶树生长环境，加之林燕愈来自安溪茶乡，有利于选育优良品种，制茶技术精湛，其生产的岩茶品质优异，颇受市场欢迎，产品供不应求。1983年3月，漳州市《文史资料选辑》第五辑刊登的《漳州茶叶的历史概况》一文称："在漳州经营'夷茶'（指武夷茶）的老茶庄——奇苑和瑞苑两个茶庄都创业于清嘉庆末至道光初。他们在经营'夷茶'中独出心裁，以奇制胜。奇苑茶庄年销售茶叶数十万斤，占漳州全市茶叶的一半以上。自从奇苑来漳设庄，引销'夷茶'打开局面之后，利之所在，原以经营'溪茶'（指安溪茶）为主的其他茶庄亦纷纷采运'夷茶'来漳销售。于是'夷茶''溪茶'在市场上并驾齐驱，互争雄长。"

武夷十八岩主

2014年底，安溪西坪镇发现一份写于清嘉庆六年（1801）的"阄书"。这份由西源村林水田精心保管的"阄书"，清楚地记载着，两百多年前，西坪雾山林氏十一世祖林燕愈，在建宁府崇安县武夷山制茶创业，拥有幔陀峰茶厂、茶山等事实，也为安溪人的移民播迁、安溪茶文化的对外传播提供了实证。

阄书是古代民间分家的一种契约，即先将家产均分成数份载入文契，诸子（孙）再以随机拈阄的方式，确定各自所能继承的那一份祖业。林燕愈为雾山林氏十一世，析分家产的是十三、十四世叔侄两代，林水田为林氏二十世。阄书的原持有者是林水田的二伯父林庚申，林庚申去世前特意把它转交给林水田，嘱咐侄儿林水田光大先祖"幔陀公"林燕愈当年创立的茶号。

林水田是林燕愈开出的雾山林氏幔陀西系之后，1989年开始经营茶叶，为人诚恳谦和，生意做得风风火火，他所创立的"幔陀"茶号（商标）缘于先祖林燕愈托梦，虽经过一番的波折，但终究还是注册下来了。1999年以来，崇仰先祖的林水田几上武夷山，踏尽幔陀峰、霞宾岩、宝国岩的沟沟壑壑，茶田山场，遍访生活在武夷山的雾山林氏幔陀东系宗亲，是最熟知林燕愈传奇故事的人。

幔陀峰，原来叫"馒头山"，林燕愈购买后认为山名不雅，便请教天心岩寺院住持，改名"幔陀峰"。据林水田介绍，林燕愈当初选址幔陀峰这一创业宝地，是受一位风水师傅的指点，而幔陀峰的土壤、气候特别适宜种茶，最终帮助林燕愈走上发家致富之路。为了纪念这位风水师傅，武夷山雾山林氏每年扫墓时，都会同时祭拜这位风水师傅，感念当年的点化之恩。

登上幔陀峰顶，放眼四望，高峻伟秀的幔陀山恰有东西二峰，犹如鹰之两翼，无怪乎当年"奇苑茶庄"的注册商标，是一只雄踞地球振翅欲飞的雄鹰。以幔陀峰为中心，林燕愈的实力迅速扩张，不久成为"武夷十八岩主"，即幔陀峰、宝国岩、霞宾岩、葫芦岩、芦柚岩、罗汉岩、竹窠、马鞍岩、马头岩、筼岩、九井岩、北斗岩、鹰嘴岩、刘官寨、笠盘岩、黎道岩、玉华峰、碌金岩等十八座岩峰的实际拥有者。而林燕愈与妻子杨惠顺有了下一代后，奇思妙想以幔陀峰这座山的山形，命名子孙后嗣的血脉世系，寄希望一个家族和品牌的荣光，能够像稳固的幔陀峰永远屹立。

林燕愈武夷发家后，返回安溪西坪故里建造"蔚美楼"。这楼历经两百多年的岁月洗礼，依然还在，厅堂正中悬挂着清嘉庆帝御赐的"潜德幽光"牌匾，彰显着当年的辉煌。长子林秉深（幔陀东）在西坪草莓岭下建造"活水厝"，厅堂大柱的对联"幔岭参天七品龙团辉宝国；陀峰插地千嶂雀舌灿霞宾"，嵌入武夷山的幔陀峰、宝国岩、霞宾岩等名山和龙团、雀舌等名茶，讲述着林燕愈北上武夷山创业的故事。同治年间，林心博（幔陀西）继承祖业，创立"林奇苑"茶庄，将乌龙茶的芳香播撒全世界。

林奇苑茶庄

五口通商以后，武夷山的茶叶被卷入资本主义世界体系，许多外地茶商纷纷到崇安县开设茶号或茶行，将武夷茶贩卖远销至海外。至民国时期，这些茶商或茶庄的经营者，依照乡土和方言的关系，主要分为三个帮派：讲闽南话的"下府帮"[①]，包括泉漳所属各县及旅居潮汕的闽南茶商，代表性茶庄有奇苑、集泉、泉苑三家；讲潮汕话的"潮汕帮"，代表性茶庄有兴记、瑞兴等；讲广东话的"广东帮"。三个

[①] 元代在福建设置八府，福建故称"八闽"，建宁、延平、邵武、汀州为"上四府"，福州、兴化、泉州、漳州为"下四府"。下府也即为闽南地区。

茶帮中，以"下府帮"势力最大。

闽南籍茶商的势力之所以最大，首先，是眼光超前的他们均在武夷山正岩区，拥有自家的茶园基地。泉州素负盛名的张泉苑茶庄，自清中叶以来，即经营武夷岩茶。民国十九年，茶号继承人张伟人以3万余银元高价购买到慧苑岩茶园后，得意地向族人说："得此可安天下矣！"林奇苑（奇苑）茶庄在更早时就派人到武夷山的名岩经营茶园，林燕愈号称"武夷十八岩主"，控制着正岩茶山的核心资源和岩茶货源，又善于生产管理，确保茶叶质量，因而占据市场主动。其次是连年经营盈利，积累了雄厚资本，茶季开始时，他们派人莅至武夷山监制茶叶，大量收购茶叶，几成垄断之势。第三，是销售渠道畅通，均在南洋各埠或设立分号，或设特约代理处，推广今天的连锁经营和加盟经营模式。

而最为重要的是，闽南籍茶商牢固树立品牌经营理念。每年茶季结束后，他们将自产或收购的茶，载运至各自茶号所在地，称为"原庄茶"，但极少就此发售，多数加以拼堆，即官堆，各茶号均有特立的茶名和品牌，如惠安集泉之铁罗汉，泉州泉苑之白鸡冠、水仙种，漳州林奇苑（奇苑）之三印水仙，漳州林金泰之老枞水仙，厦门杨文圃之各色种。

官堆时，按照既定标准，每堆茶叶颇称一律，品质和口感稳定，故消费者对其信用极为认可，老茶号历有百数十年不变，不易为新的茶号所动摇。同治年间（1862—1874），林心博在漳州创立"林奇苑"茶庄，专营自家茶山生产的武夷岩茶。清末开始在厦门设立茶栈，将武夷岩茶运至东南亚各国销售。民国九到十九年（1920—1930）处在全盛时期，每年从武夷山运出武夷岩茶和其他乌龙茶、红茶3000多箱（约1000担）。在这段时间，林奇苑在厦门、漳州、云霄三处营业额每年达30万元，漳州批发和零售占70%。民国二十一年（1932），"三印水仙"已成为老少皆知的名牌茶。

据《武夷山市志》记载，民国三年至二十三年间，崇安县只有三年、十三年和二十三年有茶产量的数据统计。民国三年为26.5万斤，民国十三年年为10万斤，民国二十三年至二十七年降至0.65万～2万斤。这是一个不连续性的年产量统计，对当中的趋势变化，应将其置于此时崇安县的地方小时局和中国大时局中去分析、理解。政局稳则茶业稳，民国十九年，福建境内爆发刘卢战争（政府官员刘和鼎和土著军阀卢兴邦之间的战争），茶叶年产量降到1万公斤以下。至民国二十四年，红军进入崇安县，国共双方在闽北山区展开了多次战斗，致使外地茶商、茶主纷纷离厂而去，茶山荒芜，武夷山茶业陷入低谷。民国初年，全县茶园面积近8000亩，民国二十三年后锐减至5000亩，产量缩小至1.75万斤。清以及民国初年茶叶鼎盛时期，武夷山36峰99岩之间，均有茶厂，达130多家，民国三十年，仅余茶厂55家，听任茶山荒芜者13家，并入其他茶厂者22家。①

民国二十七年（1938）2月，马头岩、天游岩、碧霄洞三岩道院住持向崇安县政府提出申述，要求减轻上缴县财务委员会的捐税，一个重要的理由就是，"庙中别无出息，全资茶叶生活，奈近年茶山失败，茶价又跌……核计每年出具，入不敷出"。道士所言需要进一步查核，却也从一个侧面印证武夷茶市已从盛况走向萧条。

20世纪30年代，武夷山围绕茶叶生产经营发生了很多争讼，这些争讼的焦点，集中在地方财产的清理、征税、摊派各方面，以及僧道、茶商与地方乡绅等各群体对于茶山的归属权和利益纷争上。武夷山自古以茶闻名，战乱（就崇安县的具体时间而言，当为民国23年）以前，武夷岩茶热销，茶农、茶商每年的收入极为可观，因之富有的茶商不在少数，自然也就成为地方财税征收觊觎的对象。

崇安县财务委员会1936年6月28日出具的一份收据表明，当时，

---

① 《武夷山市志》，中国统计出版社，1994年，第283—284页。

地方政府的临时开支均直接摊派给茶商，名气越大摊派越多，奇苑、金泰、集泉等8家茶号中，奇苑独自承担650大洋，占摊派总额的四成多，可见负担之重。[①] 当然，这也从一个侧面反映了奇苑茶庄在武夷茶市场中的"江湖"地位。民国三十年，在武夷茶业陷入最低谷时期，奇苑在武夷正岩区依然拥有宝国、上幔院、下幔院、下霞宾、岭脚、龙珠（莲台岩并入）、磊石东等7家岩茶厂，产量2805公斤。正因为此，才发生了民国二十七年5月，为反抗财务委员会抽收的教育捐，以奇苑茶庄为代表的十几家青茶商，和以义兴泰联合茶号为代表的红茶茶商，联名向崇安县政府提出减轻捐税的请求一案。

国家政权的动荡，内忧外患的加剧，曾经名震武夷岩茶"江湖"近200年的林奇苑（奇苑）茶号最终落败下去。新中国成立后，历经土地改革，茶农再次分得茶园，曾经归属幔陀林氏的武夷名岩，都有了新的主人。1956年农村实现集体化后，山场新主人进行个体生产和经营，集体茶园仍实行集体种植集体所有。1978年以后，农村实行生产责任制，带动茶叶生产责任制建立。这些主人在分享岩上名枞带来的财富和美好生活时，依然还会忆起一位安溪茶人当年的传奇，林燕愈的名字永远镌刻在武夷山的名岩之上……

武夷"茶源"

在闽北山区，人们首先在地域空间上将其分为两部分：九曲溪下游为武夷岩茶产区，九曲溪发源的桐木为正山小种红茶产区。无论是岩茶还是红茶，在空间的内分布上同样具有等级之分，即正岩、洲茶、外山，正山、外山之分，"正"代表着正宗、正品，意即味道纯正和

---

① 《武夷山市档案馆馆藏档案》，全宗2·目录5·卷18。

等级最高等一系列价值判断。这种对山场的"正与外"之分，是由不可改变的原生性自然环境决定的，同时又是当地人在历史过程中建构的一种文化图式，是人们赋予自然环境以文化的意义。

武夷岩茶的空间结构，是历代文人对武夷茶的"描摹"，结合当地民众对茶叶的分类而逐步形成的。在较长的一段历史时期里，诗词文赋的文本表达，乡野传说的口述传播，"地面景观"的历史记忆，士绅与民众不断地对"岩茶"的口感差异进行文化的解释，在感官刺激与地理空间分布上建立起一套对应关系，逐步勾勒出九曲溪内的茶叶产区为"正岩"的范围。茶叶的等级与山场空间分布具有对应关系，其等级排序的依据是茶叶的口感和香气，而对口感和香气的评价最终沉淀为武夷岩茶的"个性语言"：岩韵或岩骨花香。

据陆羽《茶经》的分析，种茶的环境，"上者生烂石，中者生砾壤，下者生黄土"。民国时期，林馥泉对武夷山茶叶进行调查时，也认为"举凡地势、土壤、气候等天然条件，均足影响产茶之良莠。以论地势，武夷岩茶可谓以山川英气所钟，岩骨坑源所滋……山腹岩罅之处，每多腐质肥土流入，肥分既多，气水透通，此均适宜于根深植物如茶树之丛生"。[①] 正岩范围内，首先，遮阴条件好，谷底渗水细流，夏季日照短，冬季又挡住冷风，气温变化较小。其次，土壤通透性能好，矿物质丰富，酸度适中，因而茶品的岩韵明显。正岩之内，36峰99岩，"三坑两涧"生长的茶树最好，岩韵最佳。

对于什么是"岩韵"，什么是"岩骨"，几乎每一个武夷山人都有自己不同的理解。所谓岩韵，就是"土地香""泥土香"，就是"岩石味""石头味"，就是"青苔味""水蜜桃味"，就是"豆浆香""粽叶香""品种像""焦糖香"……一杯浓香醇厚的茶汤里，有山场香、品种香、工艺香、炭火香和种茶人、制茶人日夜的守护。而"岩骨"

---

① 参见林馥泉：《武夷茶叶之生产制造及运销》，福建省政府统计室，1943年。

一词最早见于苏东坡的诗作《和钱安道惠寄建茶》，赞美建茶"森然可爱不可慢，骨清肉腻和且正"。清乾隆皇帝在评价贡茶时，题诗咏道"就中武夷品最佳，气味清和兼骨鲠"，其实也是在说一种"岩韵"。"厚重""有骨头""不轻飘"等，说的就是"岩骨"。

除了正岩与外山的区分外，武夷茶的花名也数不胜数。林馥泉在20世纪40年代调查时，对"三坑两涧"中的慧苑坑岩茶厂的茶树花名进行了记录，共计830多种。如此名目繁多的花名，对应各不相同的口感，更指向茶叶不同的风味，但大都与茶树品种无关，更多是为了销售时名目好听。

由此可见，无论是"岩韵"，还是"岩骨花香"，都是武夷岩茶的一种文化范畴，并没有非常客观和科学的定义，但又牵涉到其基本内核和茶叶等级秩序，而怎样解释这一文化范畴，则又必须综合个人经验进行选择、排列与重组。即武夷岩茶的等级与山场空间分布具有一定的对应关系，但其等级排序依据依然是茶叶的口感和香气。

岩上出产的茶，比半岩、洲茶价格要贵，主要贵在"岩韵"，"岩韵"是武夷岩茶最重要指标，无怪乎当年林燕愈仰赖幔陀、霞宾、宝国等正岩茶山，坐拥"武夷十八岩主"之名，将武夷岩茶市场挥动得风生水起。今天，当我们端起茶杯，品饮林水田"幔陀"系列的武夷正岩茶，那柔中带刚的水仙，饱满霸气的肉桂，丰满内敛的红袍，都会把我们带往武夷山那一方山水，自古及今，寒暑往来，时间流转，这些源源不断弥散"岩韵"的山场，就是滋养我们精神之魂的"茶源"。

感念武夷茶源。

探访云林县安溪里

"安溪各业人才多，日头耀光照咱家。士农工商拢及第，妈祖中军赛老伯。起庙历史立头个，大家欢喜平安兮。安溪校长老师齐……"这是台湾云林县虎尾镇安溪里的一首"里歌"，编词者为里长蔡朝忠。在安溪里，无论男女老幼都会吟唱这首"里歌"。我们到达的当天，蔡里长指挥着安溪里的一帮乡亲们，站在村口，高唱着"里歌"，欢迎我们的到来。

安溪里，也称安溪社区、安溪寮，由虎尾镇的庄头、五块厝仔、顶头庄仔、大厝内、顶竹园仔、过车路仔、叶家庄等七个片区（相当于自然村）聚集而成，现有人口2300多人，其祖先全部是明朝末年，从福建安溪县长泰里田底乡埔后渡海来台，拓荒垦殖，定居繁衍，迄今已逾300年。

为铭记祖籍地，数百年前，安溪里的祖先们乃以安溪为迁移地的地名，包括祖祠名称，数百年来都不曾易名，社区居民以林氏为大姓，其次是蔡姓，还有叶姓等。安溪寮清朝时属嘉义县土库支厅大坵田堡，日据时代更为台南县虎尾郡虎尾街，台湾光复后实施地方自治，将第一至十邻合并为安溪里，今属于云林县虎尾镇管辖。

明嘉靖《安溪县志》载，安溪置县之初，析为归善、积德、金田、修仁四乡，统16里，18都，长泰里居归善乡第一都。明清时安溪分上中下各六里，计18里，长泰里居上六里，下辖18乡（员潭、虎尾、镇抚、洋阿、渊兜、官岭、参内、后山、钟洋、岩前、罗渡、曾坑、坂洋、田隙、罗洋、南山头、参内岭边），即今之福建安溪城厢镇经兜（渊兜）、经岭（官岭）、南山（南山头）等区域，和参内乡员潭、镇抚、罗内村一带。田底即田隙，在今安溪县参内乡参山村。当地族谱记载，明末年间，颜思齐、郑芝龙开辟台湾时，不少安溪人因闽南灾荒，生活困顿，便跟随他们的部队往台，或入伍担当部属，或落籍开垦拓荒，并在那里建家立业，繁衍生息，印证了安溪里迁台的说法。

清顺治十八年（1661）三月，郑成功率400船舰东征台湾，历经九个月（1662）艰难奋战，迫使荷兰殖民者投降而收复台湾。郑成功此次东征台湾的军民有2.5万人，加上后来迁眷和乡亲结伴往台，大约带了5万人，其中有许多安溪人参加了他的队伍，仅官桥赤岭就有500多人。在堂兄弟或堂伯叔互相引援和乡亲结伴迁台者中，参内是一个比较突出的乡里。清初至清中叶，参内黄氏单二房族人往台者，即有近千人。他们或父子相携，或兄弟同往，或举家迁徙，比比皆是，较之他姓尤为典型。

安溪里乡民沿袭祖地的生产方式和风俗习惯，全里以农为主，种植蒜头、花生、玉米、稻米，培育菜苗、花卉园艺，也发展火龙果等水果种植业。到访时，笔者看到，社区中心周围的田畴种植花生，尚未收成，放眼望去，一派葱茏。事农之余，安溪里还生产毛巾日用品，形成中小家庭式的传统毛巾产业，因参与户数众多，有虎尾镇"毛巾故乡"之称。

移居台湾的安溪乡民，不仅带去祖地族谱、神主牌，也把家乡顶礼膜拜的神明请去，建起庙宇，作为保护神虔诚敬奉。安溪里信奉天上圣母，中军班阵头表演闻名遐迩。天上圣母又称天妃、天后，是中国沿海地区、台湾、东南亚沿海华裔居民对妈祖的尊称。安溪里信奉"海神"，而据笔者调查，其祖地安溪长泰里并无妈祖信仰的庙宇，供奉的是"医神"保生大帝、"雨神"清水祖师和关帝圣君、罗内境主（谢枋得，南宋抗元英雄）等，之所以呈现不同，大概是安溪里祖先当年追随郑成功，自金门料罗湾起碇渡海东征台湾的原因吧。

安溪里的传统节日、婚丧喜庆都与安溪故土一样，以中元祭为例，最初只是居民们于农历七月十五日中元节当天，以集体大祭拜的方式，聚集在街道旁，祭拜阴间无家可归、漂泊在外的孤魂野鬼，目的只是向鬼魂们示好及超度往生者，祈求合家平安，生意兴隆。后来的安溪里中元祭全里会划分为若干区域举行，每年从七月初一日起，各区就开始搭建普坛，准备各种香案及祭品。各个普坛都设有拜亭，摆置纸糊大士爷、翰林所、同归所、孤衣山，以及长达数百米的供桌，以供参拜民众放置供品。最近几年，安溪里乃至虎尾镇的中元祭排场越来越大，祭品也越来越丰富，成为地方上的一大盛事。

我们到访安溪里的当天，安溪社区正在举办"安溪儿童青少年民俗文化传习营"，组织乡里的青少年开展交通安全、环境卫生、法律知识、民俗文化、伦理道德、手工制作等活动。里长蔡朝忠为我们介绍社区管理、产业发展以及儿童、老人、妇女的福利保障情况，还介绍安溪里LOGO寓意（取"安"字象形，太阳是安字一点，太阳之下，两边有山，山间有溪流，喻"太阳光普照安溪山川，安溪男人如山峰阳刚帅气，女人似水流阴柔俊美"），并当场吟唱《安溪里歌》，歌声发自肺腑，曲调情真意切，听者莫不为之动容。

临别之前，蔡朝忠特别邀请我们一行，到设置于安溪里村口榕树下的村标处合影以作纪念。这是一块镌刻着"吾爱安溪"四个大字的石头，石头边恰好是供奉天上圣母的庙宇。石头文字刚健有力，又充满温情，表达了世代安溪人自强不息、勤劳拼搏、善良美丽、热爱家乡的情怀。握手道别，乡情酽酽。虽分主客，其实一家。言谈之中，安溪里的乡亲们对祖地安溪充满向往，表示一定要组团回乡谒祖，亲眼感受原乡安溪的好山好水，在祖祠祖庙虔诚敬上三炷香，告慰安溪里列位祖先……

有安泰富无安泰厝

台北民间流传着一句俗语:"有安泰厝无安泰富,有安泰富无安泰厝。"这并非夸口,说的是一个家族的传奇故事,倘若你到台北游玩,旅行社一定会推荐你到这里参观。安泰厝是一座精雕细刻的闽南古大厝,位处滨江公园西北角的滨江街5号,古厝临街,它原本位于台北市敦化南路与四维路区域,后因道路拓宽改造,在主人与专家的奔走下才迁至现址重建。安泰厝虽不比雾峰林家花园宽阔奢华,但其建筑格局与木石雕饰相当精致,是台北市现存年代最久远的古厝之一。倘若是安溪人来到这里,你心中还会涌起与其他游客不同的情感,因为它由安溪人亲手创建的,是二百多年前安溪人过"黑水沟",迁居台湾,胼手胝足、砥砺垦荒的见证。台北"民政局"的工作人员介绍,安泰古厝已成为台北市最重要的观光景点,每年接待游客15万人次。

安泰古厝因建造者姓林,故又称林安泰古厝。林志能,父亲林钦明,世居福建省安溪县积德乡新康里大坪保(今大坪乡),于清乾隆十九年(1754)七月,携妻子詹氏渡海来台,在沪尾(今淡水)登陆。彼时,艋舺(今万华)一带已居民密集,以泉属五邑(晋江、南安、惠安、安溪、同安)人氏为最。林钦明将随带来的有限资金,在林口庄(今汀州街三总附近)开设一家杂货店,林钦明虽然出身农家,却读了几年私塾,加以为人诚厚，甚得人缘，不到几年，就购置田产，建筑房舍，雇用长工，帮助耕种。

等到林钦明五十岁时，家中已人丁兴旺，家业亦蒸蒸日上，成为艋舺一方大户，五个儿子林对、林都、林回（林志能）、林章、林贵，个个聪明伶俐，其中以三子林回最为聪颖，二十出头就在艋舺创立荣泰商行，经营粮食布匹日化等。当年的艋舺，是水陆码头，商业繁盛，林回服务勤快，童叟无欺，于是生意日隆，财富累积上升，古亭、大安、松山一带肥沃良田，渐次归入荣泰商行名下。

乾隆四十八年（1783），林回选择在其田产的中心地带陂心（今建安国小附近）"起厝"（闽南话，意思是盖房子），从家乡泉州聘请唐山师傅，木石技匠，并在泉州和安溪选购砖、瓦、花岗岩等建材，复在福州选购福州杉、乌心石等梁柱及雕刻木材，利用载运粮食到福州销售的回程空船，将盖房之需的建材装运返台，由淡水溯河而上，在基隆河泊岸，再用小船分装由大圳运至工地。经过十余年的精雕细琢，至嘉庆初年，一座占地3000多平方米、建筑面积360多平方米，燕尾脊，三落两护龙（护厝），前池塘，后花园的闽南大厝，宣告建成。

为纪念根脉来自安溪，而经营的商号曰荣泰，林志能乃将这座大厝命名为"安泰厝"。台北安溪同乡会蔡青云老先生介绍，安泰大厝是林家当时引以为豪的两件事之一：一为"有安泰厝无安泰富，有安泰富无安泰厝"；另一件是"自古亭庄的新店溪，走到松山庄的基隆河，不需踩到别人的土地"，谓购置地产良田之多，富甲一方，林家之鼎盛可见一斑。

1976年，为开辟敦化南路林荫大道，台北市政府决定拆除安泰古厝，消息一经发布，举众哗然。台湾建筑界、艺术界及民俗专家们十分关切，纷纷上书市政府，陈述保护安泰古厝的理由，都认为这座不可多得的古厝必须予保留，以便后人从此得知二百多年前台湾社会的结构和文化经济状况，孝思伦理和时代精神，加深中华民族文化的认同，其价值是无可估量的。但工程单位认为，敦化南路林荫大道是市政建设的重大工程，为保留一座古厝而绕道，或穿凿地下道，或走高架，都有失工程的美观；在高楼大厦中保留此厝，亦显得不协调，而拆迁亦有技术上及客观条件的困难。一时间，各界各执一词，议论纷纷，成为全台当时的一件大事。

众议之中，1976年8月5日，台北市市长林洋港邀请数位专家到四维路现场勘察古厝，之后也觉得其有保护价值，但敦化南路工程又必须进行，为求两全其美，翌日宣布测量编号，以原貌拆迁后于木栅头廷里重建，与新建的动物园并存。林家族人闻讯，对市政府花费巨资以保护其先人遗迹，至为感奋，于是召集家族会议，宣布放弃二百多万元的地上物补偿，将古迹无条件捐献给台北市政府处置。在施工单位及古建专家的严密监督下，安泰古厝构件被一一拆除，编号、包装、搬运，顺利迁移至仓库保管。但这一保管，又搁置了5年，其间虽有改建于青年公园及"中研院"附近民俗村之议，均因故不能执行，直至1984年滨江公园开建，才决定将安泰古厝按原样迁建于公园内，维持原墙壁、隔板、颜色、图案，至于破损部分，以相同或类似者更换之，不得任意更换旧有材料，力求整体气韵之生动。经过精密"组装"，安泰古厝重又绽放光彩，呈现在台北市民面前，成为一处古迹观光景点。

坐落在台北市中山高速路南侧的林安泰古厝，于闹市中偏安一隅。朱红色的院墙方砖，错落有致的屋檐瓦当，散发着古香古色的闽南文化气息。古厝虽不是华丽的建筑，但其格局谨严，主从分明，选料及手工非常精致，尤其是匠师技艺高超，石块墙基、清水红砖、石板窗柱的雕刻叠砌，都巧夺天工，堪称台北市最精致的民宅。

虽然是民间宅院，但因为林志能经商有成，再加上捐了大笔钱财给清朝政府，获得了官爵，所以在建材上特别选择了福州杉、观音石、青斗石，并从福建聘请工匠来台建盖，屋檐也以"皇宫起"燕尾脊方式呈现。大门两侧青斗石柱写有"安宅惟仁知其所止，泰阶有道奠厥攸居"对联，方形马背下吊挂着的卷轴装饰，象征着林氏以书卷传家的家风。

　　穿过斑驳的木门走进院落，碧绿的园林景观与精致古朴的建筑相得益彰，满园的鸟语花香与门外的车水马龙形成了鲜明的对比。走进门厅，左右各有两个房间，为会客之所，中埕两边过水亦各有两房，作卧房。登大厅，正中长方形匾额，书"九牧传芳"——"九牧传芳"乃林氏宗派堂号，据说九牧始祖林茂，唐玄宗时任饶州刺史，生三子，曰韬、披、昌，披又生九子，皆曾任刺史，一州之长曰牧，世称"九牧"（亦为妈祖之祖先）。安溪新康里林氏是九牧支派之一，故古厝正厅悬挂"九牧传芳"之匾额，以示祖自安溪、孝思不匮。匾额之下为神龛，原祀各房祖宗神主，已为安泰各房分迎奉祀。

　　古厝之美，在其精细的雕刻。以门厅门框旁的团龙炉透刻为例，两条龙在当中盘成香炉的形状，两条龙在香炉下抢珠，另两条龙在香炉上对望，整个雕刻就是由六龙的肢体交错盘结而成，极具创意。这六条龙，代表的就是林回的六个儿子，组成宝瓶状，和蝙蝠、盘牌都具有富贵的象征，也成为古厝的重要标志。古厝里，无论是院墙上方的雕刻、传统特色的斗拱，或是正厅中央的神龛、匾额和家具摆设，处处洋溢着传统的闽南风情。这里的建筑陈设，展示的各种文物，族谱、印鉴、地契、账本等，和我小时候在老家看到的，几乎一模一样。

　　大厅两边，各有大房、边房二间，为主卧室，房中保留着承尘式红木古眠床、踏斗、镜台、面盆架、衣橱等。后厅以游廊通两边护龙，护龙每边有7个房间，为卧房及厨房、膳厅之用，餐桌、菜罩、木制饭桶、碗盘橱柜、厨灶餐具一应俱全。护龙左右复增建外护龙，供放置农具、仓储及饲养牲畜之用。屋后的水井、洗衣漕、猪圈牛栏，每一物都是林家子孙的生活记录，也见证着闽南原乡人当年移居台湾奋斗拼搏的艰辛。

　　进入古厝前，我发现大树下有座小小的土地公祠，石造的庙身泛着青绿，增添些许古意。燕脊上雕刻着几个吉祥的图案，庙门前的对联写着"福绵施四境，德泽荫千村"，两只可爱的小狻猊则在香炉两侧守护着，陪土地公庇荫这里的风水。而古厝的外埕，则铺设了所谓的红普石，是当时渡海来台的大陆商船置于船底的压舱石，优点是不长青苔以及防滑。林安泰古厝的外埕其实不算宽阔，当年也只将古厝主体、内护龙、外护龙以及书房迁移重建，因此难以窥见当年辉煌之全部。

　　2000年，台北市政府将林安泰古厝规划为民俗文物馆，重现二百多年前林家的生活样貌，目的即是想让人们步入这里，不仅能观赏到古老的闽南式的精美建筑，感受福建祖先们的生活智慧，更能引发参观者回忆过去，憧憬未来，而对于来自古厝主人老家安溪的我们，穿梭古厝房间，手抚光滑的石雕和门框，抬头眼望精致的斗拱和雕花，则有不知身在台湾抑或闽南之感了。

会馆与崇拜：家邦之光

2017年9月间，笔者两次前往东南亚，为年底即将在福建安溪召开的第十届世界安溪乡亲联谊大会，向居住在东南亚各国的安溪乡亲捎去消息。其间，我专程拜会二十几个安溪会馆、公会、宗亲会、宫庙，拜访部分安溪乡贤、侨领，参观考察他们创办的工厂、酒店、学校、剧场，得以通过会馆、宫庙和"安溪人"这个窗口，获取对于东南亚华人社会的若干印象。

华人移民在完成迁徙过程后仍然以各种方式、途径，与家乡保持着密切联系，被认为是有别于其他移民群体的最大特点。这一点在包括安溪人在内的闽南人身上表现的尤为突出。安溪人、闽南人在迁入地永久地定居下来了，但不管际遇如何变化，中华传统文化的"根"却仍然深植于其心间。正是文化的恒久不变，使得他们与家乡的关系依然紧密，往来照样密切。而这当中，会馆、宗亲会乃至于宫庙所起的作用，是不言而喻的。

华人社会的组织架构

福建和广东是东南亚华人的主要迁出地，两省的华人移民在东南亚的人数不相上下。闽南是福建最主要的侨乡，东南亚的"福建人"大致可以说就是闽南人，"福建话"即是闽南话。福建籍华侨、华人90%以上居住在东南亚，其中又以印度尼西亚、马来西亚、新加坡、菲律宾、越南和缅甸较多，约占全球闽籍华侨、华人总数的92%。①

第二次世界大战以后，"东南亚"这个名词，逐渐被用来说明中国和印度半岛间的亚洲大陆及附近的巨大群岛，包括菲律宾、印度尼西亚、新加坡、马来西亚、泰国、缅甸、越南、柬埔寨、老挝等国家。这些国家就是吾人所广称的"南洋"。南洋地处富庶的热带地区，具有相当好的移民条件，"农林矿产资源丰富，适于农工商业发展；殖民国为建设殖民地，需要木工、石工、铁工等各种技工，土人不能胜任，而华侨勤俭耐劳，长于经营；华侨习惯海上航行，且具有冒险的精神和高度的理想"②，因此吸引中国东南地区闽粤两省居民，大量前往垦殖或经商，这些移往外国之中国移民及其后裔，世代繁衍，但大体上仍保有与祖居国经济和社会上的联系，吾人称之为"华侨"③。华侨中的闽侨则以闽南泉州、漳州所属的各县居民为主。

安溪隶属于泉州，安溪人之祖先，乃于西晋时代，避永嘉之乱，自中原迁居而来，至今已有1700多年。明清以后，安溪人开始向外移植，外移地区可分国内及海外两方面：移居国内之地域，为福建省内之厦门、尤溪、福安、福鼎及武夷山；浙江平阳、温州；台湾之台北、台中、台南、高雄等地。移居海外者，则为新加坡、马来西亚、印度尼西亚、缅甸等地。其中以移居台湾者为最多，播衍至今有近300万人，其次为东南亚地区，超过100万人。④考古学家庄为玑曾从安溪蓬莱侨乡

---

① 福建省地方志编纂委员会：《福建省志·华侨志》，福建人民出版社，1992年，第26页。
② 林再复《闽南人》，台北三民书局，1987年增订三版，第十二章《闽南人在东南亚》。
③ 第二次世界大战前的海外华人普遍具有双重国籍，因此，"华侨"和"华人"的概念是相同的。第二次世界大战后，海外华人普遍加入外国国籍，西人把华侨、华人或华族统称为"海外华人"，本文沿用这种说法。
④ 庄惠泉：《安溪居民向外移植经过》，转引自《雪兰莪安溪会馆成立六十周年纪念暨大厦落成开幕典礼特刊》（1989），雪兰莪安溪会馆编，第453页。

的族谱中考查到,安溪人南迁最早在二百年前,是先到菲律宾,再到新加坡、马来西亚、缅甸,最后才来到印度尼西亚。印尼华文作家廖彩珍在其《安溪人在东爪哇》一文中记载,清代进士、安溪人黄培尧,生于嘉庆辛酉年(1801)、卒于同治辛未年(1871),葬于泗水。由此可见,安溪人移居东爪哇起码也有二百多年的历史了。[①]

至于迁入台湾的原因,一者与郑成功、施琅有关。清顺治十八年(1661),郑成功破荷兰,进据台湾,时有不少安溪人投靠在延平郡王麾下,荷戈从征。康熙二十二年(1683),施琅平定台湾,康熙起用施琅,是出于安溪人李光地之保荐,施琅军中必定有不少安溪人;二者台湾种茶,亦在清初开始,其种植者均安溪人,由安溪带茶苗到台湾垦殖。日据时代,提倡种茶,对茶农入境手续特予简化,故安溪人迁入居者仍多。台北等处均有清水祖师庙,历史最悠久者已达二百余年,可知安溪人迁居台湾是在二百年前甚或更早。

鸦片战争前,安溪人直接到南洋谋生者并不多,亦以由台湾转徙者为多,因已具备航海经验,从安溪到台湾,再从台湾到南洋诸岛。鸦片战争后,厦门开辟为通商口岸,闽南各县开始以帆船乘风破浪向南洋谋求发展,安溪人加入其中。太平天国起义后,咸丰三年(1853),安溪陈圣响应太平天国失败后,其本人及一同起兵者纷纷逃亡南洋,陈圣居住在新加坡,余人或往缅甸及印尼。安溪人之大规模南迁,亦自此始。光绪年间,清政府腐败无能,国家衰落至极,战火绵延不息,安溪僻居内地,山多地少,粮食欠缺,实业不兴,无数青年人为生活所迫,远渡重洋。安溪人所遇之灾害,在闽南居第一位,因而出外避难谋生者亦较他县人为多。

帆船时代,闽南人远涉重洋,与惊涛骇浪相搏斗,所历艰险,难以尽述,到达异国他乡后,一首广为传唱的《过番歌》[②],催人泪下,

---

[①] 《泗水东爪哇安溪公会会刊》(2008)
[②] 参见本书《族源与村建:一个少数民族村的传说与社会》。

扣人心扉，一段心酸的华侨史，言者已众，尽人皆知。更不幸者，被诱骗卖充"猪仔"，驱送至荷属东印度，终身劳役，生不得与亲人通音讯，死后更无人知其踪迹，惨绝人寰，比比皆是。当然，更多的闽南人，秉承中华民族勤劳俭朴、艰苦奋斗、合群互助、爱乡行义之美德，忍辱负重，千锤百炼，奠基立业，成功成名。"最先一辈获得地位后，后来者乃增其可以成功之信心，时亦有人藉重提携而上进者，但均以坚强无比之勇气，在困难环境中极力奋斗，乃得崭露头角"①。闽南人在东南亚各地的拼搏和业绩，是他们在当地立足并组成华人社会的基础。合群互助、扶植同乡、热心公益，是闽籍华人社会长期发展、不断进步的核心。正基于此，闽籍各种会馆、同乡会、宗亲会、同业公会及综合性社团应运而生。

东南亚华人社会大致形成于 19 世纪下半叶，地缘和血缘是构成华人社会的两大组织法则，所以同乡会和宗亲会就成了所在地华人的两大组织架构。有以中国原籍所在地的省、府、县、乡或村为名称和单位的组织，这类组织多称会馆，如福建会馆、广东会馆、潮州八邑会馆、漳州会馆、安溪会馆、永春会馆等。会馆亦称同乡会，最初的组织常称为公司，如丰永大公司、南顺公司、香山公司、丰顺公司等。马来西亚最早出现的第一个地缘性组织，是 1801 年在槟榔屿成立的仁和公司，它是槟城嘉应会馆的前身。在这一年于槟城成立的还有广东暨汀州会馆。在马六甲，最早成立的地缘性组织则是惠州会馆，时间是 1805 年。新加坡的第一个地缘性组织，则是成立于 1822 年的台山籍的宁阳会馆。新加坡、马来西亚、印度尼西亚、缅甸等东南亚地区，由华侨创立的地缘性组织，至今有百年历史以上的，超过 100 个。②

所谓血缘性组织，是指氏族宗亲的团体。血缘性组织有称为"馆"

---

① 刘永建：《邑人南迁之过去现在与将来》，转引自《雪兰莪安溪会馆成立六十周年纪念暨大厦落成开幕典礼特刊》（1989），雪兰莪安溪会馆编，第 464 页。
② 林远辉 张应龙著：《新加坡马来西亚华侨史》，广东高等教育出版社，2008 年 5 月，第 257 页。

（如曹家馆、黄家馆）、"堂"（如江夏堂、宝树堂）等，有称为"宗祠"（如陈氏宗祠、闽王祠、胡氏宗祠）。还有一些称为"公司"（如颖川堂陈公司、植德堂杨公司、太原堂王公司）。新加坡、马来西亚地区最早的华人血缘性组织为1819年成立的新加坡曹家馆，接着，马六甲的江夏堂黄氏宗祠、槟榔屿的江夏堂黄氏宗祠等也纷纷创立。血缘性组织大多数是由同一姓氏组成的，也有个别是由两个或两个以上的姓氏联合组成，如创立于1866年的新加坡古城会馆，即以刘、关、张、赵四姓组成，故又称"刘关张赵古城会馆"。联合各个府县、甚至是打破闽籍粤籍的某一姓氏总会也开始出现，如黄氏总会、谢氏总会。1878年，新加坡保赤宫陈氏宗祠成立，起先加入组织的陈姓华侨都是闽籍的，后来粤籍的陈姓华侨也加入，这也是南洋地区最早出现的姓氏总会。

　　会馆、宗亲会之外，还有众多以业缘为基础结成的各种行会组织，如木工、建筑、打铁、制革、制鞋、裁缝以至茶叶[①]、胡椒、咖啡等的生产、加工和贸易，都有各自的行会组织，以及各种综合性社团，如印尼巴城中华会馆、新加坡中华总商会、新加坡宗乡会馆联合总会等，并通过综合性社团，把各地缘性、血缘性和业缘性群体的华人聚合到一起，使华人社会兴办的各种事业（如华文学校、华人医院、华文报纸等）有了行为主体。经济活动与社会组织的发展相联系，闽粤籍华人就以这种经济活动和社会组织相互支撑的方式，维持着自己的生存空间，依靠顽强的生命意志，在异国他乡坚持下来，发展壮大。即使是在一些国家政府和土著民族发动的"排华运动"期间，华人仍然抓住政策的空隙绝地求生，前进在崎岖不平的社会发展道路上。

　　1965年印尼"九·卅"事件后，1966年4月，印尼政府取缔了华人社团，华人受歧视，华文被禁止，"政局突变，华人处境如风雨飘

---

① 参见本书《安溪人打下南洋一片天》。

摇，人人自危。所有华人社团被严禁活动，华人学校被迫停办，华社、华校、华语、华俗从此封上句号，成为历史"。① 但是根据 1967 年第 37 号法令，印尼籍华人可以组织宗教、慈善、医药和体育娱乐等团体，所以先前的华人社团有的改为以祭祀地方神明的宗教组织出现，有的则以丧事互助、慈善福利为宗旨的基金会出现，华人更是成立了各种名称的基金会。1989 年，李尚大与十六位安溪乡贤创建了印尼自"九卅"事件以来的首个华人社团"安溪公会"，鉴于印尼政府相关条例的限制，只好用"印尼安溪福利基金会"进行登记注册。② 1966 年，占碑安溪公会停止活动后，坚持保留福利部，继续帮助公会乡亲办理丧事工作。泗水东爪哇安溪公会复会后，于 1979 年 9 月在公证处注册，以丧事互助的名义成立"安溪互助基金会"。③ 前辈先贤不畏艰险推进乡谊之事的睿智和勇气，让我们由衷的佩服。

华人大多来自农村，对家族、乡土的观念极为浓厚。同乡团体和姓氏宗亲团体建立的目的，乃为敦一本之亲，联同宗之谊。身在异邦，举目无亲，孤苦无助，为了求得华人社会的生存和发展，东南亚华人只有采取地缘、血缘、业缘等各种形式自我组织起来，这是一种和衷共济，谋求同乡、同宗、同业共同利益的互助组织，它们的作用主要是联络同乡、同宗、同业间的感情，收容初到的同乡、同宗，推荐职业，资助老病无助者返归家乡，以及兴办教育，举办慈善事业等。

1992 年，印尼侨领李尚大到巨港、占碑等地拜访乡亲时得知，很多华人（大部分是安溪乡亲）仍处于无国籍身份，马上联络林绍良等社会贤达，以印尼安溪福利基金会的名义向印尼政府提出交涉，并协助政府指派的工作小组，为巨港、占碑、西加里曼丹、西爪哇等地 18

---

① 廖彩珍：《安溪人在东爪哇》，转引自《泗水东爪哇安溪公会会刊》（2008）。
② 《印尼安溪福利基金会成立二十五周年银禧纪念特刊》（2014）。
③ 《泗水东爪哇安溪公会会刊》（2008 年）。

万户无国籍的华裔进行调查登记工作，最终使他们免费获得国籍证。①新加坡茶商公会开创之初，为节省开支，又因为公会安溪人居多，便租借新加坡安溪会馆二间屋室为办公场所，平时，允许会员介绍后到南洋的亲朋"借宿"落脚，"借宿"期限为三天。早年，缅甸安溪会馆、马来西亚雪兰莪安溪会馆、马六甲安溪公会、柔佛州安溪公会除去基本的活动场所外，楼阁的大部分空间被"隔断"成若干小单间，用来"收容"初到的同乡、同宗。当年的这些小单间如今都已拆除，但墙壁上的痕迹依然存在，是不绝如缕的安溪人垦荒南洋的见证。

南迁华人通过会馆、公会及各种业缘性行会互相提携、互相援引的旧事，为不可磨灭之史实。先辈在某一事业中得到成功，后来同乡均因其提携帮助之故，在这一事业中也取得成功，并奠定各种业缘性组织成立的深厚基础。"新加坡邑侨多数经营五金、出入口、茶叶，马来西亚邑侨多数经营锡矿、五金、树胶，雅加达邑侨多数经营纱笼、布途、土产，缅甸邑侨多数经营米厂、土产，曼谷邑侨多数经营茶叶，越南邑侨多数经营砖窑、瓷窑，即为明证"②。与地缘性、血缘性组织相比，业缘性组织出现最迟，这类组织财力虽然不及前二者，但影响力并不逊于它们，具有以某一种方言为特征的垄断现象，所以它也具有方言地缘的色彩。新加坡茶商公会1928年成立时有会员茶庄25家，其中16家的经营者来自安溪，这与安溪是中国茶叶之乡、安溪人种茶制茶历史悠久、技艺超强有关，更与南迁邑侨互相援引、互相帮助有关，因此公会甫一成立，南洋地区茶叶的加工运销权就牢牢掌握在安溪人手中。

生死事大。闽粤华侨冒险远涉重洋时，都希望多至三载五载，便能衣锦还乡与家人团聚，但实际上能如愿以偿者，千中无一，大多数是渡过了数十年艰辛的生活，而客死他乡的。因此华侨先辈对这个百

---

① 《泗水东爪哇安溪公会会刊》（2008年）。
② 《雪兰莪安溪会馆成立六十周年纪念暨大厦落成开幕典礼特刊》（1989年）。

年后的归宿问题，极为重视，所至之处，即先购买土地建立公塚、义塚，为同乡谋一块长眠吉地。1961年，马六甲安溪会馆乡亲在清水祖师当年诞辰宴会中，商讨建一座公墓即安溪义塚以纪念旅甲先贤，获得一致响应后，公推以陈冬贵为首组成筹委会去推动，并在翌年完成。安溪义塚完成后，会馆议定每年三月初一为春祭日，举行拜祭祖先及同乡聚餐会。①1975年，马来西亚柔佛州安溪公会乡亲商讨，将之前购买充作公会资产的25亩橡胶园申请转做义山，之后开始为此事奔波，直到1978年才获得政府批准。义山及义山大伯公亭建成后，会馆又成立义山小组，每年举办春秋两祭，是日，上午9点，公会乡亲一同前往义山祭拜，晚上于酒楼设宴聚餐。②1984年，泗水东爪哇安溪公会再次扩大理事会组织，同年7月开会决议购买2350平方米义山一座，供经济贫困、家丁稀薄的安溪乡亲安葬先人，持传统，尽孝道，公会福利部则鼎力协办葬礼。之后，又积极响应侨贤孙乐铭、叶应琦的倡议，由华人华社联合集资三亿盾（其中安溪公会及安溪乡亲捐献一亿盾），建成为泗水全体华人服务的殡仪馆。③随着时代的发展，有些会馆、公会组织，如印尼占碑安溪公会、苏南巨港安溪同乡会，甚至连火葬场焚烧炉设施的建设都替乡亲们考虑到。占碑安溪公会的火葬场焚烧炉已经建成，巨港同乡会2016年计划建设的火葬馆已经买好土地，正在筹备建馆，预计2018年竣工。④

仰光的华侨公塚当与中国码头同时设立，有公塚必有同乡团体的组织，我们现在仅知道广东观音古庙（下文还会谈到）于道光末年即已存在。也许在当时，还未分闽粤，不过初期仰光的华人内部，粤侨占大多数则是事实。⑤既然同是天涯沦落人，对倒下去的旅伴，就应

---

① 《马六甲安溪会馆成立廿五周年纪念特刊》（1990年）。
② 《马来西亚柔佛州安溪公会跨越千禧年纪念特刊》（1983—2010年）。
③ 《泗水东爪哇安溪公会会刊》（2008年）。
④ 《苏南巨港安溪同乡会简历特刊》（2017年）。
⑤ 《旅缅安溪会馆四十二周年纪念特刊》（1963年），F30-F31。

表示同情,所以初期的华侨公塚,是无分畛域的。后来随着地缘、血缘和业缘的的重新融合,现在的华人公塚、义塚也是无分畛域的。华人是崇祀祖先的民族,虽然远隔重洋,慎终追远、崇敬祖先的观念,至今仍是浓厚。清明节前后,当地闽粤华人以团体组织方式,前往坟场"春祭",将金猪、三牲、香花鲜果等摆上香案祭桌,仪式隆重。在"大伯公(土地公)"牌位前,除金猪等祭品外,并有八音鼓乐吹奏。到了晚上,各会馆、公会还有"祀清"的宴叙,吃的是家乡菜,说的是家乡话,聊的是家乡事。粤籍华人称坟场为"大伯公山",这恐怕是南洋各帮会在坟场上奉祀"大伯公"而得,闽籍华人则称之为"义山""义塚",但一样会在坟场边供奉"大伯公"。

为传承祖居地文化,东南亚各会馆、公会、宗亲会所作努力可谓大矣,时机一旦成熟后,他们又组织成立各种综合性组织,把地缘性、血缘性和业缘性的各种团体的力量汇聚起来,创办华文学校、华文报刊,筹赈家乡灾黎,支持交通、医院、学校等公益建设,参加抗日救亡运动[1],不遗余力传承中华传统文化。以缅甸为例,第二次世界大战前,缅甸华侨仅在仰光兴办的华校就有:中华义学(中华学堂)、益商学校(共和学校)、林振宗中西学校、福建女学校(福建女师)、育德学校、缅甸华侨中学等,教材都是《三字经》《千字文》和各种中华文献等,创办的华文报刊有:《仰江新报》《光华日报》《商务报》《进化报》《缅甸公报》《仰光日报》《缅甸晨报》《缅甸新报》《兴商日报》《中国新报》《侨商报》及其他刊物等,投入大量的人力物力。闽粤华侨的子女虽然从小生活在东南亚,但他们仍然保留着中国人的文化、语言与风俗习惯,社会礼仪、婚姻丧葬、祭拜祖先等,也完全按照中国的传统方式。华人捐建创立的庙宇,它们的建筑模型、亭阁、

---

[1] 抗日战争期间,陈嘉庚号召东南亚华人参加"南洋华侨机工回国服务团",通过滇缅公路,运送战争物资前往中国,支持中国抗日运动,极大鼓舞了抗战军民;另一位闽籍华人胡文虎捐款支援国民革命军第十九路军将士抗日的义举,值得称颂。

雕工，是百分百的中国宫殿式，里面的匾额、碑铭、对联，清一色都是用华文书写。为生存计，华人子弟也要上当地学校接受英文、马来文、缅甸文、印尼文等教育，但许多华人仍然接受华文教育，有的还回到中国读书。他们接受当地文化教育的同时也接受华文教育；华文学校一般也都是实行双语教学的。

饱经沧桑的南洋华人社团组织，历时已一个半世纪以上，今日，它仍然活跃于东南亚社会经济舞台，与时俱进地调整着自身的结构与功能。从移民社会转变为定居社会，它仍然会遇到文化适应的问题。可贵的是，革新善变的华人从来不乏创新创造的精神，在从传统到现代的不可抗拒的历史潮流中，他们及其率领的华人社团始终围绕着文化调适这一轴心运转，从而在各种错综复杂的利益关系中求得生存，求得发展，并将中华传统文化延续下去。至此我们可以说，东南亚华人社团的历史，就是一部文化适应的历史，不论时代如何变化更迭，其内在本质却始终是文化的。

生活方式之信仰与崇拜

陈达是清华大学社会学系的创始人，1923年从美国哥伦比亚大学获得社会学博士学位回国后，在许多领域开展了调查研究和写作，其中人口、劳工和华侨这三个彼此密切关联的领域是他最主要的关注领域。1934年夏季起，陈达与厦门大学、岭南大学、中山大学的一些社会学教授合作，开始在福建、广东华侨迁出地相对集中的地区开展了实地调查，随后又赴印尼、新加坡、泰国、越南等地调查。1938年，这次调查研究的成果汇成《南洋华侨与闽粤社会》一书，由商务印书馆出版。《南洋华侨与闽粤社会》是我国学者关于华侨问题的最早研究成果，它在中国华侨史、华侨社会史中的地位是具有开创性的。同时，由于它的英文版随后在美国出版,也使西方世界开始关注中国的海外华侨问题。①

在《南洋华侨与闽粤社会》中,陈达选择三组可供开展比较研究的对象作为具体调查地点,即作为迁出地的闽南和粤东的华侨社区、粤东的非华侨社区,以及作为迁入地的南洋华侨社区;调查的角度是"生活方式的变迁"。所谓生活方式,陈达进一步解释,就是人群对于环境的适应与顺应,而"环境",包括三个方面,即自然的、社会的、心理的。自然(地理)环境影响迁民的供给,如沿海的便利、天灾的流行、土壤的贫瘠等。社会环境包括社会治安、文教设施、卫生条件等。如果与上述两种环境有适当的调适与顺应,则人群的生活就有适当的发展。陈达发现,以往的社会学者和经济学者在此问题上,"对于情感的发抒尚有欠缺",因此《南洋华侨与闽粤社会》中,尚有对于心理环境(如信仰与崇拜)的探讨,"三方面的调适与顺应,实是整个生活方式的表现"。②虽然书中多数呈现的是华侨迁出地"生活方式"的内容,但对于华侨迁入地,来自自然的、社会的、心理的"调适与顺应"即生活方式的变迁,同样完整呈现于东南亚华人社区中。

我国的海外移民运动,本质是生存竞争,既是生存竞争,就有一个与自然的(人—自然)、社会的(人—人)、心理的(人—神)环境相调适过程,换言之,"调适成功",就落地生根、繁衍生息,"调适失败",就左右碰壁、生存维艰。中华人民共和国成立前,我的外祖父曾跟随其堂兄前往南洋谋生,几年后他因各种原因又返回国内,而其堂兄则在南洋扎根,娶妻生子,置业安家,此可分别看作是移民运动中"调适失败"和"调适成功"的例子。与自然的、社会的环境"调适"非常不易,与心理的环境"调适"更为困难。心理环境是虚无缥缈的,

---

① 北京大学韩明谟教授在《中国社会学名家》(天津人民出版社 2005 年版)一书中,将陈达 1929 年出版的《中国劳工问题》、1934 年出版的《人口问题》和 1938 年出版的《南洋华侨与闽粤社会》这三本书并列为陈达的主要代表作。

② 陈达著:《南洋华侨与闽粤社会》,商务印书馆,2011 年 9 月第一版,第 7 页。

来探讨"信仰与崇拜"就相对容易得多。

闽南本身也是一个移民社会，由于独特历史、地理诸因素的作用，其"信仰与崇拜"既传承了中原的传统，又带有鲜明的闽南地方特征，而闽南移民在向外迁徙的过程中，又把闽南"信仰与崇拜"传播到台湾和南洋各地。东南亚移民以闽粤为最，与闽南关系尤为密切。东南亚华人信奉的神祇亦大多与闽南崇拜有关，这是东南亚华人社区文化最重要的特征。在东南亚民间崇拜的众多神祇中，以观音、妈祖、王爷、保生大帝、临水夫人、清水祖师、开漳圣王、三平祖师、广泽尊王及关帝、城隍、福德正神等最具典型，这些民间信仰神祇最能体现东南亚与闽南民间信仰之间的历史渊源关系。东南亚闽南籍移民以泉、漳二府占绝大多数，泉属移民多奉祀妈祖、清水祖师、广泽尊王，漳属移民则奉祀开漳圣王、三平祖师。至于观音、关帝、城隍等全国性显赫神祇，亦随着东南亚移民奉入移居地，作为团结本府、本县移民的乡土保护神。随着社区的扩大与融合，这些来自中国民间的"信仰与崇拜"又突破移民"府县"籍贯的限制，为华人社区所有居民所接纳，成为一种"共同信仰"。大体而言，闽粤华人的信仰崇拜，遵从道教的习惯，采取佛教祭拜方式，混合了儒道释三者而加以信奉。

南洋华人还有特别属于他们的神祇，如三保公和大伯公，三保公是郑和，郑和下西洋后，许多闽粤华侨私自闯关，移往东南亚各地，使原已有中国人的地方更为繁盛，而一些荒野也由中国人开垦，他们正是今日东南亚各国华人的滥觞。在华人社会中，大伯公是最孚人望的神明，在印尼，农历正月十五左右，大伯公出游，鼓乐喧闹，善男信女摩肩接踵，道路为之拥塞。大伯公即土地公、福德正神，其由来概因早期到南洋的闽粤先驱们，曾遭受许多艰难困苦，后来人们为纪念这些拓荒英雄，乃加以人格化，称为"大伯公"。"大伯公"之外还有"二伯公"，也被人顶礼膜拜，敬若神明。

但凡有安溪移民聚居的地方，必有清水祖师庙。19世纪中叶，安溪人有一次较大规模"下南洋",在广泛迁徙南洋诸国的过程中,他们携亲带友,随身携带家乡主神清水祖师的佛像或香灰,作为护身符,在居住地安家崇祀,立庙供奉。明万历二年(1574),安溪华侨就在泰国北大年建造庙宇,供奉清水祖师,称为"祖师公祠",这是东南亚最早的清水祖师庙。明代以后,闽南人开始移居马来半岛,马来半岛人口中的闽南籍华人占大多数,清水祖师成为马来半岛最主要的信仰。19世纪30年代以后,新加坡、马来西亚、印度尼西亚、缅甸、泰国、菲律宾、越南等地,陆续建起供奉清水祖师的庙宇,《清水岩志》[①]收录清水祖师在东南亚地区已知分炉有28座,其中新加坡5座,马来西亚8座,印尼7座,泰国5座,缅甸2座,菲律宾1座。

在东南亚考察期间,笔者发现这里供奉清水祖师的庙宇远超上述统计之数,并且有一个特别现象,就是每一个安溪会馆、安溪公会,凡有永久会址之地,均在会馆、公会内设立清水祖师神龛,供会内乡亲虔诚供奉。每逢清水祖师正月初六诞辰,会馆、公会都会依照原乡的规格、程序,卜出炉主,举办盛大的祭祀活动,既联系乡亲感情,不忘故祖,又互联信息,互济互助,促进合作,共勉为社会公益努力。新加坡安溪会馆、马来西亚雪兰莪安溪会馆、马六甲安溪公会、柔佛州安溪公会、印尼雅加达安溪福利基金会、缅甸安溪会馆……无一例外。马六甲安溪公会、柔佛州安溪公会四楼的蓬莱殿中,供奉着清水祖师。泰国曼谷主祀清水祖师的顺兴宫,建于1872年。1911年,曼谷福建公所改组为福建会馆,该馆接手管理,重建顺兴宫,并作为会馆的核心宫庙。泰国福建会馆属下的34个分馆,主要分布在泰国南部,多以供奉清水祖师为标志,或在会馆内设清水祖师神像供奉。据载,缅甸安溪会馆当年是以设立"清水祖师庙"的名义,向仰光政府申请立案而建立的。祖师公是缅甸安溪乡亲的保护神,会馆第五层楼也设

[①] 林园主编,清水岩志编纂委员会,中国文化出版社,2011年。

龛供奉着祖师公,每年正月初六,安溪侨亲都来庆祝、联欢,联络乡谊,亲情洋溢。

马来西亚槟城有座蛇庙(祖师公庙),闻名世界,吉隆坡云顶高原蓬莱殿虽然建成较晚(1993年),却已经和云顶高原一起成为全世界重要的旅游胜地。林梧桐在《我的自传》[①]中介绍了岩殿的兴建过程,虽然文字简短,却见证了云顶集团缔造者林梧桐及其他旅外安溪人拓展南邦的坚忍不拔之精神。新加坡《联合早报》指出,安溪华侨在新加坡开发乡村社区,做出巨大贡献。全岛的一半耕地是由安溪人开发的。在开发东南亚的过程中,安溪人能够"筚路蓝缕,以启山林",胼手胝足,沥血流汗,与自然斗争,积极融入社会,心中坚定的信念便来自家乡的一尊神明、一炷香火。有赖于此,他们冒险犯难,艰苦卓绝,团结奋斗,溯本追源,愈挫愈坚,愈挫愈勇,凭着一股顽强的意志力,创出一片天地。

城隍庙向为官设,虽然京城与省、府、州、县城隍爵秩品位有差,但各地城隍都有固定的辖境,互不干涉,因此城隍信仰并无分炉、分香之说。但闽台、东南亚的城隍崇拜却打破了这一惯例,屡屡出现分炉、分香之举。安溪(清溪)城隍庙是福建省最早兴建的城隍庙之一,始建于唐五代后周显德三年(956)。相传明太祖朱元璋曾对全国有名望的城隍加级加封,安溪城隍因保护五邑(安溪、南安、晋江、同安、惠安)百姓免受灾害之苦,二度受封,天子赐金冠、龙袍、玉印,褒封显佑伯,而全省其他县级城隍则无此殊荣,故安溪城隍被称是"八闽第一""五邑无双",信众广播,现有海内外分炉三百多处。

明末郑成功入台,安溪张、施乡民迁居台湾的中寮村和施寮村,带去安溪城隍的"二舍"和"三舍"两尊,称为"二城隍"和"三城隍",在台建庙作为保护神,并随着安溪移民开垦的脚步陆续有了分香,

---

[①] 林梧桐著:《我的自传》,Pelanduk Publications,2004,第一版,第81页。

现台北大稻埕、嘉义、屏东、花莲等地均有清溪城隍庙。据《中寮安溪城隍庙沿革志》记载,安溪城隍庙自明末至清代在台湾衍传至今,其分炉庙宇已达295座。新加坡、马来西亚、印度尼西亚、文莱等国,也有不少安溪城隍庙的分炉,当地信众时常组团前来安溪祖庙拜谒,并常捐款修缮安溪城隍庙。安溪城隍庙今址,即是新加坡安溪侨亲陈美英女士于1989年首捐60多万元、1991年建成前三进殿堂的。此后,新加坡韭菜芭、杨桃园两处分炉的侨亲又捐资数十万元,续建第四、五进殿堂,海内外诸多信众陆续捐建其他配套设施。

新加坡最为著名的韭菜芭城隍庙,也是分香自安溪城隍庙。《韭菜芭城隍庙奉祀清溪显佑伯主九十周年纪念特刊》[①]记载,1917年,为募集维修城隍庙善款,安溪城隍庙的一位法师与城里的一位秀才,带着庙里的一尊城隍神像(第五副身),相约一起下南洋。来到新加坡后,在安溪同乡张乌文、张简的帮助下,很快筹集到一笔修缮资金。即将返程前,众人依依不舍。此时,城隍降临乩童之身,谕示将长留新加坡佑护这里的安溪人。神像留下后,先供奉在张乌文、张简创立的"老泉安掌中班"内,后因张乌文另创"福泉安掌中班",而新戏班没有宽敞的地方安置神龛,便搬到"凤梨山"的一座"天公坛"中奉祀。"凤梨山"居住着许多从事种植业的安溪人,他们虔诚奉祀城隍,随着地区的发展、居民的增多,城隍的香火逐年旺盛。1926年,受树胶翻种计划影响,一批安溪人离开"凤梨山"迁往西部巴西班让一带开发山芭,那里有一片树林,俗称"杨桃园"。迁往"杨桃园"的安溪乡民,临行前从"天公坛"带了一包城隍的香灰,这包香灰就是杨桃园城隍庙分灵之始。第二次世界大战爆发后,新加坡卷入战争风云。英殖民者为备战,占据多个山芭设立兵营基地,"凤梨山"一带也不能幸免,当地村民不得不搬离家园,来到一块俗称"韭菜芭"的地方

---

① 徐李颖博士主编,韭菜芭城隍庙联谊会出版,2008年12月。

安顿，随村民一起迁出的还有他们供奉的神明。很快，韭菜芭建起了新的庙宇，这就是"韭菜芭城隍庙"的由来。

杨桃园、韭菜芭两处城隍庙的兴起过程，与安溪人开垦新加坡的轨迹是重合的，它们是安溪人对迁入地自然的、社会的环境的"调适与顺应"，也是心理环境的"调适与顺应"。近百年来，旅新安溪族群不断发展壮大，以安溪人为主要信众的两处城隍庙香火鼎盛，亦可视为人群"调适与顺应"环境的成功例子。近百年来，这两处城隍庙又突破移民"府县"籍贯的限制，即不仅仅由安溪人所供奉，而吸引越来越多的信众，成为当地所有华人的"共同信仰"。

新加坡道教总会会长陈添来兼任韭菜芭城隍庙理事长，他介绍，1978年后，因新加坡政府开发之需，韭菜芭城隍庙又经历搬迁重建，借此之机，庙宇管理也进行规范，先是成立韭菜芭城隍庙联谊会，后又将法定社团申请注册为慈善机构团体。在新庙（现址）建设的过程中，韭菜芭城隍庙还把一间由安溪人供奉清水祖师的"阆苑岩"（祖庙也在安溪）也接收进来。在城隍庙大殿里，除供奉分炉自福建安溪的清溪显佑伯主、清水祖师外，闽南随处可见的各种神祇均在这里供奉。大殿中"四点金柱"上的两幅对联也是从安溪祖庙中复制的："宠锡袍冠八闽第一，褒封伯爵五邑无双""做个好人心正身安魂梦稳，行些善事天知地鉴鬼神钦"。前者宣扬安溪城隍身披黄袍、封号"显佑伯主"的与众不同，后者以心理"调适与适应"规劝世人多行善事，积德纳福。

故土文化的延伸及在新的土地上对自身命运的担忧，使"信仰与崇拜"成为早期华人移民最重要的精神生活。蓬莱殿、韭菜芭城隍庙便是东南亚安溪人这种精神生活的物质载体。共同的祖居地和神明崇拜，使来自闽南的华人聚集到一起。地缘唤起"根"的意识，神明崇拜则超越了经济利益和社会地位的差异，为本族群提供了一个共同的宗教信条。二者都产生了巨大的凝聚力，在此基础上诞生了会馆制度和神明庙宇,并通过这两种"移民组织"发挥其政治上的作用。会馆的前身是庙宇,华人移民早期多在庙宇集结,借助庙宇办公,时机成熟后才独立建馆。会馆与庙宇是相互关联的,会馆是人的集结,庙宇是神的道场,背后依然是人的角力。会馆是显性的,庙宇是隐性的,庙宇是会馆的扩展与网络的延伸,它的影响力又往往越出会馆的范围,对整个华人社会都具有广泛的影响。

华人社团"是不以牟利为主要组建目标的民间志愿团体"①,这一性质决定了它的功能是非营利性的。然而,社团的运转和活动的展开又需要大量经费。解决这一矛盾的办法,一是会员的会费和富商的捐助,二是在法律允许的范围内获取有限的经营性收入。出租会馆部分盈余空间(包括土地、房产等其他馆业)的租金是会务经费的重要补充,来自会馆辖下各庙宇的香火收入,数额也十分可观,有效保障了会馆的正常运转和持续发展。会馆和庙宇均建立健全的财务制度和监督制度,有严密的执委会、理监事会,华人在会馆和庙宇中的主导地位从未发生过动摇。

缅甸的华侨庙宇,以丹老的天后宫为最早,其余即为仰光的庆福宫(福建观音亭)、广东观音古庙与勃生的三圣宫(供奉观音菩萨、天后元君与关圣帝),号称缅甸的四大古庙。②庆福宫位于仰光市拉塔区,是市内最大、最古老的妈祖庙,同时供奉观音佛祖、保生大帝、协天上帝。该庙以福建海澄霞阳社的庵庙为样本建造,于1861年起建、1863年完工,所有建材都是从福建用帆船运来的,雕梁画栋,石刻陶塑,有着很浓厚的闽南特色。值得一提的是,庆福宫也是缅甸仰光福建人的"同乡会",③许多闽籍的老华侨们都喜欢坐在庆福宫下棋聊天、

---

① 李明欢:《当代海外华人社团研究》,厦门大学出版社,1995年,第290页。
② 陈钟清主编:《旅缅安溪会馆四十二周年纪念特刊》(1963),F.22—24。
③ 1961年,庆福宫创立100周年庆典筹委会专门在庙里立了一块碑,由"南阳堂"代表叶雪樵撰写碑文,根据碑文,当年参与筹备庆典的福建各宗姓共有陈、李、叶、周、杨等23家,各家均派出代表,印证了庆福宫是福建人的"同乡会"的说法。

喝茶消遣。与庆福宫相邻的观音古庙，则由缅甸粤籍华侨主导，为仰光粤籍人士烧香拜佛、祭典之场所，也是粤籍人士联谊聚集之地。观音古庙是广东公司"资产"的一部分，广东公司是粤籍各宗乡社团的最高领导机构，成立于1831年，由仰光粤籍各姓氏会馆派代表组成，拥有观音古庙、坟场、房产等，资金实力雄厚。

庆福宫与观音古庙分属于不同祖居地的族群，其实际控制权掌握在他们的手中，但庙宇的影响力又大大超出福建会馆、广东公司的范围，因为，到这里朝拜的信众早已不分是福建籍或是广东籍的了，甚至于当地民族亦有人到此顶礼膜拜。位于仰光北郊的高解，还有一座福山寺，是由庆福宫掌理的，创建于同治十三年（1874），内供奉清水祖师，又称"祖师公庵"。《旅缅安溪会馆四十二周年纪念特刊》记载，"每年旧历正月初六为祖师公诞，闽粤妇女于是日前往进香者，络绎于途，甚为热闹"，说明庙宇的影响力极大。在上述庙宇进行调查时，笔者在福山寺看到，作为庙产之一的广场，已建成对外开放的固定戏台和室内篮球场，添建亭、台、楼、阁和花园，成为北郊高解民众一处难得的公共活动场所，受益的又何尝只是旅缅福建人？"帮的存在把华人社会划分为各自独立的几个部分，每一个帮都形成了自己的世界，有它们自己特征的寺庙、墓冢和学校。"[①]一直延续下来的这些机构，尽管在每个时期发挥的作用是不同的，但都显示其作为地缘组织的内在组成单元，是如何以网络化的方式覆盖整个东南亚华人社会的。

---

① 颜清湟著，粟明鲜等译：《新马华人社会史》，中国华侨出版公司，1991年，第166页。

宗族、祠堂、谱牒及其他

宗族制度是中国文化的根基之一，具有十分悠久的传统。何谓宗族？按照中国传统的观念，同一高祖的血缘群体称为家族，也叫"五服之亲"或"五属之亲"。高祖以上某代祖之下的血缘群体称为宗族。[①]家族是家庭的扩展，宗族是家族的扩展。家庭分为核心家庭和扩展家庭，核心家庭也叫小家庭，指一对夫妻及其未婚子女所组成的家庭。扩展家庭也称扩大家庭，一般分为两个类型：主干家庭，包括一对夫妻及其子女和夫的父母；联合家庭，包括一对夫妻及诸子、甚至诸孙的生育之家。这里指的是父系继嗣家庭。[②]闽南地区的宗族除了地缘性的聚居宗族外，还有许多异地宗族组合的超地缘的大宗族。除了血缘性宗族外，还有同姓整合而成的虚拟性宗族。本文拟以安溪县域同一宗姓的宗族为对象，重点考察明清以后，其在组织和管理上的精神凝聚和物质体现，以及从国家的视野而观，具有相对稳定的宗族社会如何随着历史进程展示出纷繁而有序的样貌。

[①] 杜正胜：《传统家族试论》，中国大百科全书出版社，2005年，第2页。
[②] 郑杭生：《社会学概论新编》，中国人民大学出版社，1989年，第73页。

安溪的开发和聚族而居

安溪的开发开始于闽越人，汉晋以后，北方汉人多次大规模南下迁入闽南、流徙安溪，加速安溪的开发——这是继发性的开发，而继发性开发的深入又带动了移民的续来。唐末五代福建人口空前剧增。移民入闽的第一波为王仙芝、黄巢起义引发的人口迁徙，流民南下是陆续进行的。第二波是光启元年（855）由河南光州南下的武装移民。王绪"悉举光、寿兵五千人，驱吏民渡江"[1]，当年入闽，"有众数万"[2]。这支南下队伍，经赣州入粤北，再南下潮阳，往东入闽南。队伍行至南安后改由王潮领导，攻克泉州，数年后占领福州。王潮死后，其弟王审知建立闽国。这是福建历史上最大规模的移民潮。昌盛期的闽国政通人和，吸引了众多北方士民来闽。北宋初太平兴国五年至端拱二年（980—989），泉州人口有96581户，比唐中期增长一倍，占福建总数的20.6%。[3]

闽南人口的大量增长促使一些新县设置。五代后唐长兴四年（933）泉州增设同安、桃源（永春）、德化三县。五代南唐保大十三年（955）增设长泰、清溪（北宋末改名为安溪）二县。宋太平兴国四年（979），莆田、仙游二县从泉州划出，另立兴化军。宋太平兴国五年割长泰县属漳州。宋太平兴国六年设惠安县。自此，泉州领七县：晋江、南安、同安、德化、永春、清溪、惠安。此后泉州地区县份变化不大。清雍正十二年（1734）永春升县为直隶州，领德化、大田（从延平府划入）二县。

安溪于后周显德二年（955）建县，但早在新石器时代，就有人类在这块土地上生息繁衍。考古人员在安溪参内乡员潭村的内田山遗址，

---

[1]《资治通鉴》卷二五六，中华书局。
[2]《新五代史》卷八十六《闽世家》。
[3] 徐晓望：《闽南史研究》，海风出版社，2004年，第6页。

蓬莱镇大潄村的杨厝山尾遗址、金谷镇金谷村的暮云山遗址、湖头镇郭埔村的郭埔遗址、横山村的横山遗址、龙门镇科榜村的科榜遗址①等17处，采集到大量的生活用具残陶片和生产工具石锛、石斧等显示，步入青铜时代，约相当于中原的商周时期，闽南内陆安溪山区就有古越族在境内、蓝溪两岸繁衍生息，为后来的继发性开发奠定了坚实的基础。

唐中叶以前，安溪人口稀少，数量无考。唐中叶以后，随着北方人群的南迁，安溪人口逐渐增加。唐咸通五年（864），从南安县西界析出两乡设置小溪场，启动早期安溪的建制开发史。后梁开平三年（909），自光州固始入闽的廖俨首莅小溪场，亲为长官，召集流民，以陈潼为都将，戍溪南（今城厢镇砖文村），开发蓝溪两岸。后周显德二年（955），詹敦仁任小溪场长官，同年，詹敦仁向清源军（今泉州）节度使留从效申请建县获准，清溪县"析为四乡一十六里，通计一邑几三千余户"②，县署设在今县政府所在地凤城，詹敦仁为第一任县令。

据嘉靖《安溪县志》，洪武二十四年造册考至嘉靖三十一年，宋代，安溪人口基本维持在千户左右，淳祐年间（1241—1252）进入人口兴盛期，并一直持续到宋末元初。元代后期，人口又逐渐衰减。明代，维持在两千余户的静止时期，不过景泰三年（1452）和天顺六年（1462），人口又降至千户。这个阶段，不仅安溪，就是泉州、漳州和全省户数，都呈现令人诧异的跌落，户数与真实情况存在很大差距。清康熙五十二年（1713），实行增益人丁归入《盛世滋生册》，永不加赋的政策；雍正二年（1724），实行摊丁入亩的制度，康雍的丁税改革，促进了社会生产力的发展，民众安居乐业，刺激人口自行繁衍。乾隆三十一年（1756）以后，安溪人口急剧增长，至道光九年（1829），全县共54242户，254765人。泉州和永春州共有577473户，3027942

---

① 福建省文物局：《福建晋江流域考古调查与研究》，2010年5月，第50—53页。
② 詹敦仁：《五代初建安溪县记》。

人。① 闽南泉、永（春）、漳、龙（岩）四州人口约占全省的一半。②

上述是从州县设置，要览安溪人口增长与经济开发，以下则以姓氏源流来体现宗姓人口的逐渐聚居。

西晋永嘉二年（308）入闽者有林、黄、陈、郑、詹、邱、胡、何八姓，辗转流徙，其中一部分移居安溪今域。唐总章二年（669），岭南行军总管陈政与其子陈元光受朝廷委派，率河南固始58姓3600多名将士入闽平息"蛮獠骚乱"，后镇守闽东南，其中一部分流入安溪，卜地定居。安溪（清溪）于公元955年置县，唐、五代置县之前流入安溪的姓氏有黄、林、刘、廖、陈、张、孙、詹、王、杨等，这些人开拓斯土，颇著功绩，他们的后裔逐渐衍成安溪的大姓：

唐垂拱二年（686），安溪紫云黄氏一世祖黄克纲自武荣州（今泉州）迁今安溪县城东门葛盘开基，后又迁参山（今参内参山），为紫云黄氏安溪房始祖。光化元年（898），林珊（号二郎）携父林一郎，自永春迁居小溪场西头井兜（今官桥镇莲兜美村）开基，为安溪林氏金紫派始祖。天祐三年（906），刘四十三郎自福建宁化县迁居小溪场，先居龙涓举溪东山刘厝垵（今龙涓乡举源村），后徙居鸿都桥头堡（今芦田镇鸿都村），为鸿都刘氏始祖。后梁开平年间，率众开拓小溪场的廖俨功成弗居，籍于今官桥镇上苑村，为官桥上苑廖氏始祖。后晋开运三年（946），陈光绪自永春小岵迁居感化大亭（今湖头镇后溪村）开基，为湖头后溪陈氏大成派始祖。后汉乾祐三年（950），张尔翘自晋江陈埭湖中迁入小溪场清家渡（今湖头）开基。后周广顺三年（953），陈逸溪打猎至小溪场依仁山头（今龙门镇山头村），建笋山堂（现称笋山宗祠），为龙门山头陈氏一世祖。公元953年，孙顺仁自河南固始入闽，后定居小溪场狮渊（今城厢镇经兜村）开基，为城厢经兜孙氏始祖。公元956年，首任县令詹敦仁卸任后，迁居崇

---

① 《安溪县志·人口》，新华出版社，1994年，第130—131页。
② 徐晓望：《闽南史研究》，海风出版社，第15页。

信里多卿（今祥华乡美西村）佛耳山下，兴建"清隐堂"，为安溪詹氏始祖。王直道为詹敦仁的继任，未几，辞官归隐于崇信里招卿（今芦田镇招坑村），为王氏招坑派始祖。同年，与詹敦仁一起入小溪场的杨明朱，携眷迁居新溪里赤岭（今官桥镇五里埔）开基，被尊为芦田三洋杨氏二世祖。①

置县以后，安溪发展进入一个全新时期，"土之所宜者，桑麻谷粟；地之所产者，獐麈禽鱼。民乐耕蚕，冶有银铁，税有竹木之征，险有溪山之固"。经济的繁荣，吸引更多的北方人口迁入，这些人站稳脚跟后子孙大量繁衍，又瓜分散处安溪各地。至宋，全县设4个乡，统辖16里18都。安溪民间撰修的姓氏族谱和有关史料表明，宋代继续迁入安溪的主要姓氏有李、吴、苏、许、郑、高、萧、汪、周、胡、上官、徐、余、翁、施、洪、唐、冯、石、邓等姓；元代有谢、叶、蔡、柯、颜、龚、赵、裴、纪、程、蒋、宋等姓；明代有钟、傅、郭、易、何、魏、章、朱、董、梁、潘、姚、曾、马、罗、殷、钱、蓝、吕、倪、邹、方、姜、庄、阮、凌、汤、花、游、鄞、池等姓；清代有范、赖、薛、韩、万等姓；民国有严、史、丁等姓。②1949年以后，特别是1978年以来，随着户籍制度的改革，安溪人口变迁更加频繁，安溪的姓氏构成也更加复杂，姓氏数量在原有基础上急剧增加。

来自安溪县的官方资料表明，2016年底全县总人口为120万人。另据安溪县公安部门人口统计资料，安溪县现有436个姓氏，其中单姓433个、复姓3个（上官、欧阳、诸葛）。人口在10万人以上的有陈、林2个姓；人口在5万—9.7万人的有王、李、黄、苏、吴5个姓；人口在2万—3.2万人的有谢、许、张、刘、廖、郑6个姓；人口在1万—2万人的有杨、白、高、詹、萧、叶、汪、周、蔡9个姓；人口在500—1万人的有钟、胡、柯、上官、傅、徐、颜、余、沈、翁、施、郭、孙、

---

① 凌文斌主编：《安溪姓氏志·大事记》，方志出版社，第7—8页。
② 同上。第3页。

易等14个姓；人口在1000—5000人的有洪、唐、龚、何、魏、章、朱、董、梁、赵、潘、冯、裴、温、姚、曾、马、邱、罗、殷、蓝、钱等22个姓；人口在500—1000人的有卢、吕、江、倪、卓、石等6个姓；人口在100—400人的有邹、纪等22个姓；100人以下的姓氏则多达383个，占姓氏总数的81.66%。①以上迁入安溪的姓氏，个人或家户徙居一地，是宗族的滥觞。他们聚族而居于安溪各地，以姓氏作为识别同宗的主要标志，并形成各自独立的宗族社区，有些社区几乎是单姓，但更多社区的宗姓人口是以松散混杂的形式存在，并不断以迁于新居地而展开衍派的流布。

以黄氏为例。黄氏何时入闽目前尚难考订，但肇安时间比较确定，唐垂拱二年（686），定居泉州的黄守恭舍桑园、宅第建泉州开元寺，并派经、纪、纲、纶、纬等五子，分居于南安、惠安、安溪、同安、诏安，称"五子分五安"，黄守恭为紫云黄氏始祖，尊称"五安公"。黄守恭三子黄纲自唐代迁入安溪葛磐（今安溪一中附近）肇基后，聚合繁衍，支派分布安溪各地，黄纲为紫云黄氏入安始祖。黄纲原配柯氏，生子五：和、平、昭、穆、序，其后裔均外迁，后黄昭的一支后裔再迁入安溪感德槐植；次配王氏，生子良谋，良谋生子廷章、廷业，传至十世，又有孟仁、孟义、孟信、孟礼四子；三配吴氏，生子三：圣明、圣珠、圣宝，后裔外迁。目前，定居于安溪的黄氏主要衍自紫云黄氏，少数为莆田黄氏及燕山黄氏。其主要支脉有感德槐植派井边黄氏，参内乡参山派黄氏，魁斗镇凤山派黄氏，蓝田乡后清村绍老派黄氏，珍琅派（城厢镇霞宝村、龙涓乡半林村及长泰县枫洋镇）黄氏及剑斗仙荣、湖头下坑、城厢路英、金谷美洋、官桥碧一、参内坑头、凤城凤山等其他派裔黄氏。历史以来，安溪黄氏外迁发展甚多，往周边各县、国内各地及东南亚各国为数极多。1988年，浙江苍南、平阳等地区的黄氏联

---

① 凌文斌主编：《安溪姓氏志·概述》，方志出版社，第3页。

修族谱，收集民间黄氏旧族谱100多部。据统计，由泉州紫云黄氏迁入该地繁衍的人口目前已达30多万人，其中安溪黄氏支派占70%以上，浙江凤卧湾的2万多黄氏均为安溪派下。蓝田乡后清村黄氏是黄纲的十二世孙黄绍老后裔，称绍老派黄氏，其支分该村后清、东山二支派，清代中期后，东山支派全部徙居台湾，至今衍传人口5000多人，是蓝田后清村黄氏人口的三倍多。

宋代以后，福建山区可耕地有限，沿海地区土地所负荷的人口压力趋于极限。因此，明清时期，北方汉民迁居入闽的数量比起前代有所下降。相反，明清是福建特别是闽南向外移民的重要时期，安溪也不例外。元初因水旱灾及瘟疫，安溪迁出人口达数千人。明代起，各族姓氏开始移居海外。《台湾通志》[①]载："（安溪龙门榜头）白氏入台，始自明末。"《安溪县志》[②]载："明万历年间，龙门榜头后裔孙白圭，移住台湾旗后（今高雄）盖寮捕鱼。"台湾白氏同乡会资料载述，安溪白氏族人渡台，大部分定居在彰化、台中、南投等地，目前，此三县市白氏人口约占台湾白氏族人的一半以上。白姓在台湾"百家姓"排序第64位。在台榜头白氏乡亲达3万多人。虎邱竹园周氏，自明末起就陆续有人迁往台湾，如今已繁衍数万人，仅台北市就达几万人。清顺治末年，康熙初年是安溪人迁台的"小高潮"，郑成功率兵复台时期，仅官桥赤岭就有500多人随郑往台。康熙二十二年（1683）施琅率兵收复台湾，此期，安溪又有不少民众随总兵林孺（安溪湖头人）迁台。据安邑海外同乡会引证，在"台北25姓族谱叙例"中，记载有10姓乃源于安溪。安溪凤城北门外"魁田吴氏"35批后裔在清雍正至咸丰年间（1723—1861），先后迁往台湾淡水等地，共计100多人；同时，东门外"金山吴氏"族谱记载，雍正、乾隆年间迁往台湾彰化、金门谋生的有吴绳五、吴皇锦、吴皇吉、吴皇孟、吴皇雅、吴皇承、

---

① 《台湾通志》，1969年6月版。
② 《安溪县志》，1994年4月版。

吴皇旺、吴武举等人。民国时期，社会动荡不安，再次掀起乡民迁台热潮。民国十五年，日本驻台总督府官房调查，当时安溪籍在台湾44万人。台北安溪同乡会资料显示，至2015年，安溪籍在台约278万人，占台湾人口的11.8%。

安溪人很早起就迁移到海外各地。龙门山头陈氏笋山宗祠大门楹联为"君恩荣勒令，臣节使琉球"，显示笋山陈氏曾受朝廷委派，出使琉球。迁移到南洋各地的，亦有两百多年。考古学家庄为矶曾从安溪蓬莱侨乡的刘姓、柯姓族谱中查出如下的记载：刘仕干，生康熙五十六年（1717）卒乾隆卅五年（1770）葬南洋；刘世居，生雍正癸卯年（1723）葬吕宋；刘祖禁，生道光甲辰年（1844）游实叻；柯聚传，生道光丁未年（1847）葬实叻。由这些史料可知，安溪人南迁，最早在二百年前，而且是先到菲律宾之吕宋，再次到新加坡、马来西亚、缅甸。目前，侨居新加坡、印尼、马来西亚、泰国等东南亚地区的安溪籍侨民，有100多万人。

台湾、东南亚地区以外，还有一部分安溪人移居国内各地，如江西上饶，浙江平阳、温州，福建厦门、尤溪、福安、福鼎及武夷山[①]等地。江西玉山县紫湖镇有2万多人口，15个行政村，全镇村民除干坑村和紫湖琴山邵氏外，其余都是在清朝顺治、康熙年间从福建泉州迁移去的，至今全部说闽南话，保留闽南生老病死、婚丧嫁娶、逢年过节、红白喜事等风俗习惯，号称三清山下"闽南人第一镇"。300多年前，福建安溪和永春的颜、林、陈、张、吴、王、苏、刘、黄、尤、郭等18姓义士，在闽南结为异性兄弟，反抗清朝统治。后遭清政府迫害，18姓义士便举家跑到玉山紫湖定居。据紫湖《怀玉张氏宗谱》载，川桥张氏张时夏，于清康熙五年（1666）从福建安溪县湖头镇公卿坊华美山脚迁至川桥定居，后又迁至铅山，在铅山住了八九年后，又迁回

---

① 参见本书《林燕愈与岩茶"江湖"》。

川桥定居，是为川桥张氏始祖。据紫湖《林氏宗谱》）载，林应国于清朝康熙癸丑年（1673）从福建安溪迁至玉山北乡大徐坞（今属紫湖张岭村）定居。

这些各个时期外迁海外、国内各地的安溪人，在当地繁衍人数累计达400多万，已超过安溪本土，他们沿袭祖地的组织形式，以同一宗姓人口聚族而居的方式，进一步发展而成制度化的宗族组织，成为海外华人社会最基本的社区群体。

宗祠家庙的演化与表征

在闽南，祠堂是非常普见的景观，它们通常是两落三开间，风格古雅，气势宏大，雕梁画栋，肃穆神秘，静立在田间地头，村头村尾，维系着一个个宗姓家族的认同、情感和荣耀。一个姓氏血缘群体成为宗族的关键，在于形成共祖的认同，祠堂的建设及每年例行的祭祖仪式，从显性上在宗族成员之间确立了这种认同。正是祠堂的设置使自发性的宗族开始转变为自觉性的宗族，从此出发，宗族就会通过建立相应的组织、制度来进行宗族社会的运作，因此祠堂是宗族观念、组织、制度的空间形态表现，是宗族本质的表征。

目前尚没有资料说明安溪第一座宗族祠堂始建于何时，是否为最早迁入安溪开基的紫云黄氏也未必可知。依据祠堂文化的形成理论，参内紫云黄氏、官桥上苑廖氏、莲兜美金紫派林氏、祥华詹氏等条件最为成熟。商代开始，即有宗庙之祀，但那都是天子、王侯、士大夫的特权。所祀之祖，天子七代，王侯五代，士大夫三代。这种"权贵有等""礼不下庶人"的礼制规定，一直延续到唐代。那么，庶人如何祭祀祖先？《通典》卷四十八的"诸侯、大夫、士宗庙"条下，以"庶人祭寝"作为附注。所谓"庶人祭寝"，即老百姓祭祀祖先的场所，仅限于日常居所，一般只能祭祢（考、妣也附祭）。这种"礼不下庶人"的规定，到了宋代遭到理学家的挑战。

张载最早认识到家族与社稷的重要关系。他说："公卿一旦崛起于贫贱之中，以至公相……造宅一区，及其所有，既死则众子分裂，未几荡尽，则家遂不存，如此则家且不保，又安能保国家？"以深邃的政治眼光，将乡土文化视为国家的根基。张载因此主张，"管摄天下人心，收宗族，厚风俗，使人不忘本，须是明谱系世族与宗子法"。

程颐认为，士大夫应在家庙祭高祖以下的祖先，时祭高祖之上的祖先。他说："每月朔必荐新，四时祭用仲月。"时祭之外，更有三祭："冬至祭始祖，立春祭先祖，季秋祭祢。"程颐的祭始祖之构想，是祠堂宗族制度的思想源头。

到了朱熹，他打破了贵族与平民的礼制藩篱，不囿于程颐所限的"士大夫"，而用"君子"一词将官方和民间尽收其中。朱熹设计的祠堂，只是家族祠堂，尽管祠堂神龛只奉四代神主，但首先提出设神位的始祖、先祖的时祭（地点、时间明确），与程颐所说的"祝"即以言告祖（形式），有着本质的不同。朱熹设计的尽管还只是家族祠堂，但在祠堂举行的始祖和先祖的时祭，包含着宗族祠堂的基本因素，这就为家族祠堂向宗族祠堂的发展架设起观念的桥梁。

朱熹的理念当时并不受重视，一直到了重视民间基层组织和教化的明王朝，才渐渐成为国家意识形态的主导，并延续至今。明洪武三年（1370）礼书修成，朱元璋赐名《大明集礼》，其中的祠堂制度深受朱熹《家礼》中祠堂之制的影响，规定品官可建祠堂，祀四代祖先；庶民祀二代祖先于寝室，后来改为可祀三代祖先。嘉靖朝对官民祭祖开始弛禁。嘉靖十五年（1536），"诏天下臣民祭始祖"。尽管该诏令规定官民祭始祖不是设木主常祭而是冬至日临时设祭，但却引发了重要的变化。因为品官一旦可以在家庙祭始祖，那么其原本只祭四代的家族性家庙，就开始向宗族祠堂转变。临时祭祀时始祖牌位为纸质牌位，在家庙常祭时就慢慢演化成现在的木质牌位（神主牌）。而民间一旦得到祭始祖允许，族人便联合祭祖，进而择地建祠堂。自此，一个属于祠堂宗族的时代宣告来临。①

据此可以推测，安溪宗姓公开化、大规模建设祠堂常祀祖先，应在明嘉靖后。但事实也未必，因为明后期中国东南的宗族祠堂多如群星，在"山高皇帝远"的闽南，个别宗姓突破朝廷的规定，在明初甚或更早偷偷建祠堂祭祀祖先也不是没有可能的。事实正是如此。长坑福春上官氏族谱记载，该宗姓宗祠"敦荸堂"始建于宋建炎年间（1127—1130）。长坑衡阳苏氏燕子祖宇，又名显福祠，系衡阳苏氏开基祖祠，始建于宋熙宁五年（1072）；衡阳苏氏魁多祖宇，始建于宋元丰八年（1085）年；剑斗屏山郑氏宗祠，由入闽郑凝远的十三世孙郑子荪始建于宋淳熙年间（1174—1189）：这些都是安溪突破朝廷"规矩"在宋代就建设祠堂的宗姓。

对有功于朝廷与地方的名宦先贤，一般由官方在城署内建名宦祠、乡贤祠，以集体方式"祀之"，旌表其生前厚德伟功，"示不忘也"。

明嘉靖版《安溪县志》记载：安溪名宦祠原建在文庙东侧，旧名"福民祠"；嘉靖七年，知县黄怿改为名宦祠；嘉靖十七年，知县殷骛改建于县治内谯楼西。祠中奉祀后周县令詹敦仁；宋代宋文炳、许君佑、杨干、陈宓、赵彦侯、钟国秀、周肆、谢履、黄朴、孙昭先、颜振仲；明代潘靖、戴玠、路亨、黄怿等。这些"名宦"均历任安溪县令或其他职位，"生而有功与民者，死则民思而祀之"。乡贤祠则祀安溪籍名贤，如宋代张读、余克济，当朝（明代）李亮、詹靖等。②

如果说名宦祠、乡贤祠首先是由官方直建，再迅速向民间延伸，演化成该奉祀者整个宗姓的祠堂，那么有一些安溪籍的名贤，则一开始就是以宗姓祠堂的方式被塑像奉祀。"廖公祠，廖公名俨，唐大顺

---

① 郭志超、林瑶棋主编：《闽南宗族社会》，福建人民出版社，2008年。
② 明嘉靖《安溪县志》卷之二《规制类》。

中长官。召集流民，有功于地方，邑人德之，建祠崇祀。乾隆二十二年，令庄成重建于县头门内西偏。"①"詹公祠，在县鼓楼东，祀开先县令詹敦仁。正统三年，知县潘靖重修。嘉靖九年，知县黄怿始举祀典。嘉靖十七年，云南道监察御史詹源重建。"②廖俨、詹敦仁二人是安溪县的"奠基者"，其为官方和民间广泛认可和推崇，也是官桥廖氏、祥华詹氏始祖，整个安溪廖氏、詹氏宗族的荣耀。其中，詹氏宗族，"又有灵惠庙在崇信里，宋咸淳八年敕赐"，祀"靖惠侯"詹敦仁、"靖贞侯"詹琲父子。

先由官方主修并举行公祀，逐步向族人联建并举行家祀，宗族祠堂迅速在闽南发展起来。纂修于清乾隆丁丑年（1757）的《安溪县志》，已有"祀典"（卷二）"礼制"（卷四）专章，详述安溪文庙、社稷坛、山川坛、先农坛厉坛、关帝庙、忠义孝悌祠、节孝祠等集体致祭（公祭）仪规及祭文，官宦之家和士绅庶民的祠祭、忌祭、墓祭之别。可见彼时安溪的宗族祠堂已非常普遍。有了祠堂的始祖之祭，才有宗族在始祖认同进而宗族认同的状态下的自觉的整合，与之前缺乏组织结构和制度形式的姓氏群体有着严格的区别。在嘉靖朝祭祖礼制改革的推动下，聚族而居的自在性宗族，到了有清一代，因宗族祠堂之建而转变为自为性的宗族。

闽南宗族祠堂往往采用庙堂式建筑形式。其中，供奉祖宗、鬼神或有功德的人的建筑称祠堂。人死为鬼，鬼升级为神，子孙不忍说已死的祖或父是鬼，所以称之为神。祠堂里有每一位祖先的牌位（亦称神主木牌），写着"×世祖××公之神位"或"先考××公之神位"，就是这个神字。也有一些宗祠称为庙，但与供奉神佛或历史上有名人物的地方也称庙又不同，庙的级别高，皇帝家祭祖的庙叫作太庙，这是至高无上的庙。书法家颜真卿家历代都是大官，他

---

① 清乾隆《安溪县志》卷之一《城署》。
② 明嘉靖《安溪县志》卷之二《规制类》。

有家庙,是祭颜氏历代祖先的地方。安溪祥华詹氏宗祠亦称灵惠庙,是因为詹敦仁有功于安溪历史发展,又受过朝廷敕赐庙号,其他宗族则只能称祠堂不能称庙了。这也说明修建祠堂的等级之限,皇帝或朝廷封侯过的姓氏才可称"家庙",其余称宗祠。安溪还有湖头李氏宗祠是明代湖头李氏六世祖李森倡建,亦称家庙,庙里尚保留明英宗敕赐文和清康熙皇帝表彰李森"急公尚义"、表彰李光地"夹辅高风"的匾牌等文物。其余如城厢镇砖文村的厚安谢氏家庙、官桥莲兜美金紫西头井林氏家庙、虎邱镇虎邱村林氏家庙、参内乡大厝村黄氏尚德堂家庙、尚卿乡翰苑村李氏家庙等,其对外固然亦称"家庙",但与颜真卿家庙、祥华詹氏灵惠庙及湖头李氏家庙等,已是有质的区别了。

闽南祠堂的建筑格局,通常是两落三开间,有的还有两边护厝。前落实际上是门内厅廊,后落中为厅堂,厅堂中间安装神主龛,龛中放置神主牌,两侧各一小房间,供奉土地公、观音或当地其他神祇。前后落之间是天井,两旁是庑廊。厅廊、庑廊墙面往往镌刻祠堂修建记及捐资名录,厅堂上方梁柱悬挂各种宗族牌匾,向外界显示历代先祖学优则仕的各种荣耀。祠堂最重"门面",用功最多,大门旁都置一对石鼓,面墙墙根砌以平整条石,墙面砌以红砖或用六角形红砖拼砌。为了显示规整,两侧和后墙也是下条石、上红砖。墙面四周及屋顶则装饰有人物、花鸟等大量彩绘,色彩丰富,雍容优雅,和青石质料的浮雕、镂雕、透雕,石雕题材以龙、凤、鹿、鹤、麒麟等祥瑞动物及"二十四孝"传统美德故事为主,华丽庄重,栩栩如生,花费用度极多。祠堂前有门埕,用平整条石铺砌,门埕或有竖立"旗杆"(闽西客家祠堂称"石笔"或"石龙旗"),那是给取得科名的族人立的记功碑。祠堂重视风水,择地讲究,有条件的宗族还会在祠前修建泮池(一般为半圆形或方形),祠后养护草坪和风水林;因为水源稀少和土地紧缺的缘故,闽南祠堂目前已少建设泮池和风水林了。

祠堂往往是该宗族在物质和精神力量上的体现，最直观的是建筑艺术，最精华的则是祠内的匾额、碑记、联文，这些匾额、碑记、联文形成系统，凝聚着该宗族历史、文化、规范和观念。如尚卿科名黄氏家庙，始建于明朝，历代修葺重建，内存有明代柱础四方，清代石雕柱础四方，清代武状元黄培松所立"亚元""会元""状元"匾额。碑记记载修建宗祠始末，联文通常是门联、柱联，多刻在石柱上，也有刻于联板，挂在石柱或木柱上。内容则为彰示宗祠风水宝地，勾勒宗族迁徙历史，颂扬祖先道德、伟绩及科第功名，以及对族人子孙的训诫、劝勉等。官桥上苑廖氏宗祠始建于宋初，由廖俨的长子廖君平主建，大门楹联"汝南钟祖德，极北拜君恩"，上联意指祖籍地汝南，下联意指其父避乱隐居斯地，但始终忠于皇帝。部口柱联"县志叙官推第一，溪场著绩属开先"，赞颂廖氏始祖廖俨对安溪早期开发的历史贡献。

以安溪陈氏、林氏两个人口超过10万的宗姓祠堂（均为分支祠堂）为例。凤城虞都陈氏宗祠坐落于凤山西麓、凤城镇吾都村中部，背靠贡山。始建于明末，2001年重建。大厝式，两旁有护厝，门前有月眉池，门埕竖立三副旗杆盘石。厅堂悬挂"进士""解元""文魁""武魁""父子典邑""连捷登科""登科"等匾额。联文主要有"虞祖欣居凤麓，都祠诚觐观音""父慈子孝千秋继，兄友弟恭百世传""成才裔应勤工立业，好儿孙宜奋发兴邦""虞宗德业宜长继，都裔人龙应永培""百代孝慈高仰止，万年支派承流通"等，记录心理，也阐释观念。虎邱林氏家庙位于虎邱镇湖邱村，是肇基始祖林源孙的祖居地，始建于明洪武年间，明正统十四年（1449）至清嘉庆十三年（1808）期间四次重建，清康熙十九年（1608），进士林可煌率众重修，在原址按三进皇宫式构建。2003年就原基按原样再建。坐庚向甲兼酉卯，风水上称"蜈蚣形"。林氏家庙前挖半月池塘，两边立旗杆旗台。联文主要有"祖宗忠厚肇基，父慈子孝兄友弟恭，愿世世恪遵礼本；子孙诗书衍庆，春颂夏弦秋学冬读，期人人竞弈儒林（林可煌撰题）""龙蟠八仕无二本，虎邱三贤同一根""明绍一家四举子，清徵二代五将军"等，褒扬先祖，同时寄望后宗。上述两座宗姓祠堂，是安溪陈、林宗姓无数祠堂中的两座，它们以及其他祠堂的建筑艺术、文化阐释等，点点滴滴，丝丝缕缕，无不印证着闽南祠堂的形貌及工艺特色，是古人表达其文化理念和未来向往的象征符号。

凤城虞都陈氏宗祠、虎邱林氏家庙两个宗姓祠堂的联对，和所有闽南宗姓祠堂的联文一样，写景状物叙事抒情，无不是在寓意耕读传统，弘扬礼义孝悌，由这些颂祖联文，我们自然会联系到宗族历史记忆的建构。近几年来，闽南各地都在纷纷新建或重修宗姓祠堂，安溪谢氏宗族先后重建谢氏家庙、长房尚志祠、二房纯菴祠，精雕细刻，美轮美奂。笔者所在的谢氏长房第十四世祖所建宗祠，位于城厢镇南坪村大坪角落，20世纪80年代重修，限于当时经济条件，建筑构件均系就地取材，年久月深，损毁严重，面临倾圮之危。2015年底，第十四世祖派下宗亲商议重修，决定在保留原基原墙基础上，只翻修屋顶，更换原大门、厅柱及部分木构件等，并净化美化周围环境。2016年，历经9个多月的修葺，祠堂整饬一新，当年农历十月十日举行进主点梁、十月二十三日举行醮酬神庆。这次重修，宗亲们参照谢氏其他宗祠相关办法，重新为祖厝命名"国珪祠"①。此外，笔者还邀请楹联家陈坤玉编写祠堂楹联6对："国运方兴龙起舞，珪璋特达凤来仪""宝树芝兰长绕宅，功名事业每从心""数里徜徉诗隐近，经年俯仰午峰高""檐外砚田罗笔架，祠中木石悦书声""国赖家兮和且贵，珪成器也慨而慷""国字当头昭穆顺，珪璋执手桂兰馨"等，详述宗族认同，

---

① 国珪为厚安谢氏长房第十四世祖亶迁公的名号。

寄意未来向往。同时，邀请书法家胡长炬、黄建福、易曙峰、黄昭文、王乃通、陈坤玉等六人，各挥毫撰写一对联文，镌刻在国珪祠大门及祠内石柱上，蔚为一道文化景观。历史在不断积累沉淀，也一直在不断创造之中，颂扬祖先的筚路蓝缕，其实也是在表达后裔的立志和远图。我希望这些精心编制的联文也会代代相传，成为族人一份共同文化记忆。

祠堂既是宗族祭祀、议事、司法的场所，又是宗族神圣的象征。除供奉祖先牌位外，"凡世族于祠堂祖龛傍立东龛，祀有爵及科目者，曰衣冠；立西龛祀孝悌、忠义及有功于祖者，曰功德。"① 对于那些有科举功名和有德行贡献的族人，均在祠堂（包括族谱）中特加宣扬，彰显宗族势力。因此，有力之族，大兴土木；乏力之族亦勉力而为，唯恐落后于他族。清代以后，安溪有族无祠者，已很少见。

据 2015 年安溪户籍资料，安溪凌氏仅 193 人，明正德年间（1506—1521）始修莲园凌氏宗祠于城厢镇光德村内园，现存建筑为 2000 年仿古重修。安溪游氏仅 164 人，全部聚居于蓝田乡后清村游厝自然村，现存后清游氏宗祠三座：大存宗祠、德阳祖宇（二房）、当阳祖宇（三房）。安溪褚氏仅 47 人，聚居于湖头镇美溪村新路自然村，建有褚氏宗祠"永思堂"，厅中悬挂雍正元年进士李清芳题写的"天赐福""人平安"两方匾额，可见始建年代久远。个别宗族或因人口稀少无力建祠，就暂且以始祖居住的房屋作为祀先之所，俗称"祖厝"。宗族内各房支多由"祖厅"演变而来。祠堂是宗族的本质表征，清人倪元坦说："亲亲故尊祖，尊祖故敬宗，敬宗故收族。凡宗族离散，皆由不设义田、宗祠之故。"可见，用于祀先敬祖的祠堂对于宗族是何等重要。

---

① 清乾隆《安溪县志》卷之四"礼制"。

族谱家训的建构与诉求

2014年9月19日,笔者应邀参加由福建人民出版社整理出版并举办的《闽南涉台族谱汇编》新书发布会。这部大型图书,分为100册,共收录闽台两地100部族谱,书以"闽南涉台族谱"命名,正好说明了它的性质。它所收录的族谱根植于闽南地区,以当今台湾人数排名在前的宗姓为主要的搜集整理对象,再根据某些宗姓如连、辜等在台湾社会的重要影响程度,适当予以增补,以资了解台湾的政治社会生态。

这100部闽南涉台族谱,"生以表年,没以知寿,葬以着地,娶以明配,子以重传,女以大婚,有则书之,无不妄补",生动地记载了一个个家族的传承与迁变。有的族谱亦详述了历史上知名的大事件,让我们看到了这些事件对普通百姓的深刻影响,而不只是历史书上一段平板的叙述。它们体例完备,凡姓氏源流、堂号、世系表、家训、家传、先辈艺文著述、祖先图赞、风水图等,无不历历在目,且富含闽南民间特色。分开来看,是一个个家族、一个个个体的拓荒史和发展史,合起来看,则是浩浩荡荡的华夏文明之传承。

笔者注意到,《闽南涉台族谱汇编》所收录的100部族谱中,有40多部精品来自安溪[①],包括安溪各地宗姓——这些族谱见证安溪与台湾关系之密切,明清以来,安溪人频繁迁台,在迁入地繁衍生息,也使他们的姓氏支派不断壮大,从而开出了一片新天地。也说明自明代以来,安溪民间从不间断的续修族谱风气,以及浓厚的"尊祖、敬宗、收族"情结。翻动纸页,读者仿佛可以看到一代代修谱者的用心,更能见出其背后所显示的宗族文化认同、文献意识、雄厚的财力或权势。

[①] 1974年,美国犹他家谱学会(1894年成立,总办事处设在犹他州盐湖城)开始在台湾区做族谱调查,1985年完成台湾全省各县市的采访工作,7年中共收集172个姓氏10600种族谱,其中来自安溪的宗姓有44个,族谱总数超过600种。转引自陈美桂:《台湾区族谱目录(安溪部分)自序》。

乱世藏黄金，盛世修家谱。这些珍贵的历史叙述，在建构宗族集体记忆、规范族众行为的同时，有着当今的文化诉求，现实的价值取向。

族谱也叫世谱，即世代系谱，通过说史志今，将宗族成员整合在一个祖先衍派的系统里，是同宗共祖的血缘群体记载其家族或宗族世系和事迹的图籍。周代的《世本》是族谱的开山之作。战国时代的《春秋公子血脉谱》开以"谱"为名之先。东汉以后士族门阀势力兴起，世家大族世袭的门第特权须要谱牒依据，因此自魏晋至隋唐，朝廷都设有图谱局，掌管士族谱牒的撰修和收藏。唐末五代士族门阀制度崩溃后，谱牒也随之衰绝。宋代以后，族谱的编撰方式，与家族的祠堂建设一样，开始由过去的官修演变为私修，功能也逐渐与政治脱离，而集中在亲睦族人的目的上，但这种修谱活动远未普及。

有关宋代前后谱学的变化，清溪厚安《谢氏宗谱》在卷首《联谱序》中说："盖唐以前，意在别离品、备选举、通婚姻，故宜百家诸姓之谱。宋以后，意在溯渊源、分疏成、序尊卑，故宜一家一谱之牒也。"说明唐以前修谱的目的在于别士庶，用以作为政治、婚姻上的依据，属于官修；唐以后，宋代，这种政治上的目的已不存在，而转为追溯渊源、分别亲疏尊卑，以维系宗族的团结。

明代以后，修谱活动开始出现普遍化的趋向，安溪不少宗族都是在这一时期内首次编修族谱的。如，感德镇槐植村黄氏《槐黄族谱》，宋绍定六年（1233）由荆州吴子良始修，明万历二十八年（1600）由黄吉庵二修；《长坑衡阳苏氏族谱》，始修于南宋后期，明隆庆四年（1570）续修；大坪坪洲《天山张氏族谱》，宋淳祐四年（1244）由张员宗修成，明洪武八年（1375）二修；《清溪厚安谢氏宗谱》，始修于明正统元年（1436），由四世谢仙举编撰；《湖头陇西李氏族谱》自明及清共有八次修纂，明天顺三年（1459），由李翠岩首修。根据记载，上述宗族中，感德槐植黄氏或为安溪最早编修族谱的宗族。

清代，康熙、雍正、乾隆三朝号称"康乾盛世"，是社会经济的繁盛时期。社会安定和经济繁荣为修谱活动提供了良好的基础。自康熙中后期始，闽南许多宗族进行了族谱的重修工作，不少宗族的族谱一修再修，体例和规模也日益完善和扩充，出现了族谱细分化和通谱的兴起流行两个特点。一个较大的宗族，除了总谱之外，往往还修撰了房谱、支房谱。如，李氏自五代迁入安溪定居繁衍后，目前主要有湖头陇西李君达、龙涓仙景李嘉龙两个支系。其中，君达支系下有湖头陇西李氏、半山李氏、汤头李氏、半岭李氏、高山李氏，湖上黄武李氏、飞亚李氏，感德龙通李氏，虎邱双都李氏，龙涓玳堤李氏，蓬莱鸿福李氏，及蓬莱美滨村路尾、凤城上山村上场、东北居委会前后李、蓝田进德村田埔林、金谷汤内村柳楠、参内美塘村等其他乡镇李氏；嘉龙支系下有龙涓仙景李氏，湖头竹山李氏、福寿李氏、上田李氏、东埔李氏、蓬莱新坂李氏、漈内李氏等。此外，还有尚卿翰苑、凤城榕脚、凤城北石、城厢玉田、参内瑶山、蓬莱竹塔、魁斗尾溪等数个李氏小支系。由于房支是多层次的，这些李氏支系在编修房谱或房支谱时，往往要冠以房支村域地名以示区别，如《湖头陇西李氏族谱》《湖头仙景李氏族谱》《福寿李氏族谱》《竹塔李氏族谱》《玉田李氏族谱》等。

所谓通谱，就是把各居一方的同一姓氏的人群，用族谱合编、联编在一起，从而形成"合千万人于一家，统千百世于一人"的大宗谱。如安溪《谢氏宗谱》，除了收载泉州地区有真实血缘关系的谢氏族人外，也把华南许多泛血缘关系的谢氏群体均认为"同宗"而总汇入谱。为什么会出现超地域的宗谱、联谱？这与清代以后乡绅的兴起与社会活动是紧密联系在一起的。乡绅有着较为广泛的社会交游和声望地位，修纂超地域的宗谱、联谱，自然非他们来倡导和组织不可。

康熙年间安溪出了一位大学士、朝廷重臣李光地，福建其他地方的李氏家族多引以为荣，并有攀龙附凤之意。于是，许多李姓家族纷纷请李光地为族谱撰词作序，联宗认亲。比如，汀州李氏与泉州李氏本无联系，但汀州李氏家族的士绅们不远千里，到北京请李光地作序，经一番联络，认定双方祖先都是出自李唐宗室，因此，两地李姓互认宗亲，视为同一血缘。借助同姓名流以提高本族的社会地位，这也是清代民间认宗联谱现象的重要原因。安溪谢氏能够编纂超地域的《谢氏宗谱》，有其他泛血缘关系谢氏群体"联宗认亲"的原因，也有谢氏宗族自身族群强大、财力雄厚和文化认同感强烈的原因。对于一般的宗族，这不仅难以企及，甚至有很多宗族，连编修比较规范的族谱都做不到。而这种以姓氏为认同符号整合虚拟血缘的趋势，在20世纪以后的海外华侨华人社会中方兴未艾。

族谱的实质就是宗族史志，因此其编修，一般参照方志体例，清代以后，族谱的体例格式逐渐趋同成熟，除谱序、凡例外，通常有这些内容：源流、世系、人物、规范、文献、祠墓等。

"谱序"一般由本族人或邀请外族人撰写，内容包含修谱缘由、家族的渊源传承等。随着族谱撰修次数的增多，序跋也不断增多。"凡例"又称谱例，主要说明族谱的纂修原则，旨在强调宗族血缘的纯洁性、重要性以及族谱记述的真实性。

"源流"主要考述本姓来源、本族的历史渊源以及始祖、世派的分支迁徙情况。闽南族谱的宗族源流，大多难以考辨，有时还会随意嫁接，表现在郡望的依附，存在着攀附显荣、扬善隐恶的弊端，"言李必陇西，言张必清河，言刘必彭城，言周必汝南，郡望之别复失"。家族的命名，同样存在着为显耀门第而攀附显荣的倾向。对此，清代大学士李光地批评："自汉晋隋唐之间，韦孟、陶潜、王勃、杜甫之流，皆盛推远系，至联数姓而为弟昆者，其果有所考耶？其仅据氏族之书而传致之也。……恐有藉之以依附明德之苗裔，攀缘贵盛之宗支者。"[①]道出这种现象由来已久，久而久之，各家族谱的撰写，出现了一种相

---

① 李光地：《榕村全集》卷十二《徐氏族谱序》，第18页。

似的模式，亦即先阐述本族出于名门之后，继之则言战乱之故，典籍丧失，迹不可循，最后才论及始迁本地之祖。

"世系"各宗族血缘传继的直接表述，是族谱的主要内容。世系一般可分为两种方式：一种是世系传录，详细记载从一世祖开始到修谱止，宗族所有成员的姓氏名号、生卒年月日、简历、妻室子女以及葬地封赠；一种是以世系表或世系图的方式，记载该宗族的血缘传继情况。闽南族谱中的世系图，大多沿用宋代欧阳修所创的谱图，即五世一图（页），取五服之义。"人物"部分，依照"尊功尊爵"之则，一般有本族名人传略和历代登科名录，有些族谱会因某一族人功业显著，所撰的传记相当冗长，如《湖头陇西李氏族谱》，载有清代大学士李光地的年谱，长达万余字。《刘氏大宗谱》，载有宋代名将刘琦的传记，亦几近万言。《舻传魏氏通谱》是魏田郎派下西坪镇松岩村、后格村蔡坑魏氏总族谱，松岩村魏荫于清雍正三年（1725）发现、培育茶树良种铁观音，该族谱对此作了详细记述，并载有魏荫的传记，是安溪关于铁观音来历的最早记载。"规范"主要记述家礼（祭祖礼仪）、排行（字辈谱、行第谱）及族规等，族规的内容十分庞杂，是宗族制定的约束和教化族人的家族法规。"文献"包括艺文（著述诗文）、皇帝和官员对宗族成员的封赠，以及族产产权的契据等。"祠堂"和"坟墓"是宗族进行敬宗祭祀的主要场所，凡族谱对此都有或详或略的记载，甚至配图进行说明。

以上是闽南较大型族谱的基本体例格式，这种体例格式与中国其他地区的族谱大体相同，表现在不同宗姓族谱中各有侧重，但它们所组成的族谱"内在系统"，无一不是在强化着修谱的目的，在于"总一族之人，收一族之心"。李光地在为该家族族谱撰写的序文中就明确地指出了这一点："吾家之谱其为善亦有三焉：本以宗法而联之，所以长长也；标其爵命而荣之，所以贵贵也；系之传纪而彰之，所以贤贤也。……观谱者，识长长之义，则知所以尊祖焉；识贵贵之义，则知所以尊王焉；识贤贤之义，则知所以尊圣焉。夫能尊祖、尊王、尊圣，其材不蕃、家不大者，未之前闻！"①

下面以清溪厚安《谢氏家谱》个案为例，对族谱家训的文化诉求做个探讨。《谢氏家谱》肇修于明朝正统年间，编撰者为谢氏四世谢仙举。据乾隆《安溪县志》②，谢仙举，字师乔，清溪永安里人，明乙卯乡荐，任德庆州学正，迁（陕西）郑王府伴读、少傅。既而年老告归，王授金赐杖，致仕家居。正统丙辰年（1436年）归田后，谢仙举结室课督儿孙，肇修家谱，定规立训，对后世影响极大。谢仙举治学严谨，在编撰厚安《谢氏家谱》时，他不仅仔细考证谢氏源流、分派以及清溪厚安谢氏的迁徙、分布，而且援笔撰谱作序，制定二十条族训家规，以"告于后之人"。这些"族规家约"，是典型的儒学规范的体现，被不同历史时期的谢氏族人奉为家族的道德规范和生活准则，在家族的繁衍递嬗过程中做出不小的贡献。《谢氏家谱》不仅是反映谢氏家族变迁的一部历史，对研究安溪县的人口、社会、民俗、经济和家族制度等，也具有较大的价值。

首先，体现编撰者从谢氏家族出发的尊卑长幼、贵贱亲疏的"爱"。而这个"爱"，亦即"仁"，正是为了维护好以孝、悌、忠、信为核心的正统的社会秩序。谢仙举一生从事着学习、阐发、传播儒学的职业，"仁""爱"已完全融化在这个读书人日常的行为、生活、思想、感情中，为了"家道昌大""族类繁衍"，他谆谆告诫后世子孙时刻要"谨守礼法"。其次，清晰地突出着"自强""进取"的主题。如，族训之十四认为，"为子弟者当其勤励不息自强"；族训之十三认为，子孙必"居其（士农工商）一，然居其一，又当克勤毋怠"，这样，才能"无愧于祖父，不失其贻谋""不沦于困辱，庶可称成人之名"。谢氏家族在"国势骚然，人心靡定，家道不无萧条"的状况下，徙居清溪厚安，

---

① 李光地：《清溪李氏族谱序》。
② 卷之八《人物下》"仕迹一"。

之所以能够振作奋起，迅速繁衍壮大，与族训的戒勉、警醒有莫大关系。第三，具有超越于家族亲子情感之上的人际关怀。祖训要求，后世子孙须明白"根生干，干生枝，枝生叶，次第相生而不乱"的道理（族训之二）；子孙立身行事应恪守规范，力挽不正，否则"人之一身五伦紊乱"（族训之九）；有财而相争，"此不义之甚者"，若无甚利害，"则幼当让长，尊当让卑，各相含忍"（族训之十二）；衣食殷实丰足的子孙，遇饥馑之年，当"借以赈鳏寡孤独无依无倚者"（族训之十）。第四，依稀可见儒家倡导的简朴生活态度与博大襟怀。编撰者对世俗富贵者的一些做派，如"为子孙表名奇，绝不与贫贱齿""深恶痛绝，予甚病之"（族训之八），认为"人富不能长富，贫不能长贫"（族训之十），富当施惠于贫；提倡过俭省清苦的生活，甚至在族训中规定，子孙家常只当朴素，"成人毕婚之日，止用苎丝衣服一套，备礼而已，嫁女亦然。器皿只是酒盏用磁，首饰只是钗环用银。珠玉无益之物，悉宜禁绝"（家训之十六）。其于清贫生活甘之如饴、安贫乐道的襟怀，跃然纸上！

闽南族谱中所记载的家训族规，虽然内容差别很大，但就其所指向的内部管理的最基本精神，不外是"敬宗"和"收族"两大方面，其最终都是为了维系宗族的团结、威望和发展。宗族是基层社会自治组织，其实现"自治"和"发展"目标，主要靠礼治和法治，礼治主要依据家训、族规、乡约，法治主要靠族政，即以族长、房长为首的宗族领导层，主持祭仪和处理分家析产、婚嫁丧娶、土地纠纷等各种日常族务，"礼法互济"，以维系宗族社会的正常秩序。家训属于礼教的范畴，族规属于法治的范畴，而清溪厚安《谢氏家谱》的二十条族训，显然是二者的融合，其于修身齐家的道德伦理倡导，要而不繁，于违反规定的惩治方式，目细而详，堪称闽南族谱家训、族规中的经典。

族谱的宝贵为世人所珍视，古今中外都是一样的。如美国犹他家谱学会在台湾地区广泛收集谱系文献，并转摄成微缩胶卷，这对谱学资料的保存、研究贡献极大。这些族谱文件的微缩胶卷，保存在美国洛杉矶山脉一个在数百米厚的花岗岩山下所凿成的记录库里，记录库有六个巨大的贮藏室，三个出入口都装有巨型金库式的门和极为安全保密的设备，其中，中心洞口内的门重达十四吨。这个全世界独一无二的家谱记录库，据称是"完全不受到地球及人类灾害所能蹂躏的安全地区"。而这项特别的家谱保存技术，美国犹他家谱学会开展于1938年。目前，这里保存了来自全世界四十多个国家和地区，总数超过1400多万卷、30多亿页的家谱微缩胶卷；除了保存在美国盐湖城主要图书馆外，还拷贝成副片提供给遍及北美、南美、欧洲、非洲、东亚、东南亚和太平洋二十四个国家里超过600个家谱图书馆分支馆，免费供人们使用。美国犹他家谱学会超越国界、民族和世界大同的作为，所付出的人力、财力和心力，特别是高瞻远瞩的眼光、继往开来的胸襟，叫人钦佩、崇敬和感谢。

乡土文化的延续与发展

从意识形态的角度来审视，作为组织严密、结构完整、制度完善的中国宗族组织，到 20 世纪 50 年代已画上了句号。但这种宗族制度化的消失，并不意味着基于血缘和文化机制的宗族关系的解体。随着 70 年代末中国农村政策的转型与体制的突破，以家庭为中心的经济单位的确立，以地缘为基础的村落功能的相对弱化，农村的宗族组织又以其固有的文化传统和特有的屏蔽色彩，展现在我们眼前。这一宗族组织的重建和重构，主要是在民间力量的推动下，一方面对固有的宗族传统及其文化仪式在某些方面进行"复制"，另一方面对固有的文化传统进行"创新"和"生产"。而祖先崇拜作为宗族存续的根本所在，依然"根深蒂固"地存在于宗族组织中，与此相对应的民间信仰近年来有所抬头，有时还会成为宗族势力整合并得以张扬的一个窗口。

闽南宗族组织建祖祠修族谱，举办各种祭祖活动，首要的任务都是为了延续宗族的发展。在中国的传统文化中，儒家的思想占统治地位。在儒家祖师孔子的思想中，"仁"是核心，"孝"是根本，而"孝"又是以"子嗣"为主，"不孝有三，无后为大"。这意味着人生的意义和血缘的延续紧密地相联，生命的意义在于把祖宗的"香火"延续下去。传宗接代是农民最为根本的本体性价值追求，一旦传宗接代不存在问题，农民进而就会将社会性价值的追求放到更加重要的位置，有更多的追求和更大的事业心，比如追求财富、声誉等。而一旦断子绝孙，人生就"失去意义"，不再有希望，也不再值得期待，今朝有酒今朝醉，现世的享乐就变得重要。

祖宗虽远，祭祀不可不诚。祖先崇拜为什么是宗族存续的根本所在？祖，甲骨文、金文都作"且"，即象征男性生殖器，用男性生殖器作为人类祖先的文字符号，恰好说明在古人的眼中，祖先的首要功绩就是繁衍后代子孙。对于每个家庭或家族来说，逝去的祖先将会保佑家庭或家族人口的繁衍、生存、安宁和兴盛。殷周时代，祖先被奉为神明，以此形成的祭祖传统在汉族社会一直延续到近现代。祭祖是宗族最重要的仪式，尊祖敬宗才能收族，对本宗族祖先的祭祀是宗族的头等大事。唯有祭祖，才能唤起族人的血系观念；唯有祭祖，才能强化宗族的内聚力。较为完整的祖先崇拜仪式，应包括祖先牌位崇拜和坟墓崇拜两部分。祖先崇拜通常在培养家系观念中起决定性作用。一个人的存在是由于他的祖先，而祖先的"存在"是由于他的子孙。古人认为，阴界祖先的"生活"必须靠阳界子孙的供奉，祖先既无人照料其阴间的"生活"，阳界的子孙也将不能在祖先的荫护下接续"香火"。家族伦理中的宗教性和礼教性集中体现在祖先崇拜上。

若以祭祀场所作为祭祖类别，闽南宗族的祭祖方式大致可分成家祭、祠祭、墓祭、杂祭四种。家祭即在居家厅堂设龛祭祖，民间遵循，所祭祖先限于高祖以下，从古代礼制来说，高祖以下的亲属称"五服"，"五服"之内为家族代限。就社会心理分析，家族祭祖只限高祖以下，又有其现实依据的，对一个核心家庭和扩展家庭来讲，子孙曾与近亲祖辈一起居住生活过，他们对近亲祖宗的音容笑貌历历在目，睹物思人，备感亲切、恩重，而对高祖以上的历代祖先，后代子孙缺乏直接的生活体验与感情基础，祭祀中难以唤起情感上的共鸣。家祭有忌日祭祖和四时节日祭祖。闽南人称祖先诞日和卒日的祭祀都叫"做忌"，诞日祭祖叫"生忌"，卒日祭祖叫"死忌"，考妣的"生忌""死忌"都做，祖考妣以上一般只做"死忌"。"忌祭，所谓终身之丧也。祭虽为吉礼，而忌则亲丧之日。世俗于忌日盛馔致荐，主人饮酒食肉，与生忌无异。"①祭礼程序：一准备祭品、二明烛点香、三颂文祷告、四焚纸跪拜。完整的四时家祭有八个节日：元旦、上元、清明、端午、中元（七月半）、中秋、冬至、除夕，其中以清明、中元（七月半）、冬至、除夕为家祭四大节。四大节中，清明、中元只祭祖不祭神，其余凡祭祖必也祭神，先祭神后祭祖，因为祭神供品可祭祖，而祭祖后的供品不能祭神。乾隆版《安溪县志》依照程序记述："除夕，各家宰牲，祀神祭先。"冬至日祭祖，供品为"米圆"。乾隆版《安溪县志·节序》载："十一月冬至日，米粉为圆，献神及祖先，备牲醴致祭祖祠。"对于冬至祭"米圆"，通常的解释是：冬至阳始生，阳像圆，阴像方，米圆像阳，故要食米圆。依稀忆起小时候搓"米圆"的情景，冬至前一日晚上，在祖龛前摆上桌子，放好糯米粉团，全家老小洗净双手后，围坐搓圆，翌日早上，煮好米圆，先盛三碗，祭献祖宗。祭毕，家里人才开餐吃圆。

祠祭指在宗族祠堂举行的祭祖典礼，举祖祠祭，一般是春秋两祭或春冬两祭，具体祭日则因族而异，清末以后，闽南不少宗族将祠祭

---

① 清乾隆《安溪县志·礼制》。

改为一次。祠祭仪礼繁复，场面甚大。安溪湖头祭朴庵、官桥赤岭祭朴翁、蓬莱温泉祭朴斋（明代安溪"三朴"）和官桥上苑、善益祭廖长官，都沿袭官祭仪礼，非常隆重。按古礼宗制，主祭者必须是家族宗子，即嫡传的长子。明代以后，一般不再由宗子主祭，而由乡绅、族长以及轮值的房长一起担任主祭。祠祭的主要程序是行"三献礼"，乾隆版《安溪县志》载："凡祭，先三日斋戒，厥明夙兴，设馔（宦家用猪羊），奉主出龛就位，盥洗，行三献礼，进羹饭（当热的），侑食。礼毕，纳主，彻馔饮馂。此宦族之礼。""今庶人家合族共一宗祠，冬至阖族同祭，只行一献礼。一献之中，三祭酒、三奠酒一时并举，有祝文，无嘏辞。余俱同。"[①]可见"三献礼"在整个祠祭中的核心地位。

墓祭指在祖先墓地的祭祀，本甚风行，20世纪60年代后逐渐式微。在祭祖规格上，墓祭虽次于祠祭，但同祠祭一样，有家训族规。古人认为，祠为祖宗神灵所依，墓为祖宗体魄所藏，子孙思祖宗不得见，见其所依所藏之处，如见祖宗。墓祭过去分春秋两季，现在简化为一季，或为清明前后，或为冬至前后。"墓祭，世俗或以清明，或以八月，或以十一月。李文贞公（李光地）谓古人以亥月报土功，订于十月祭墓。世俗祭墓丰，而祀土地薄。文贞公以后土为先人托体，牲馔当用丰。但祭墓先而祭神后，谓自内而外也。"[②]详细说明墓祭时间及墓祭顺序。近祖与远祖是墓祭的两类对象，其祭祀形式也相应有两种：一种是家庭式的墓祭，另一种是宗族和房族的墓祭。家庭墓祭的对象是高祖以下四代先祖的坟墓，即直系近祖；宗族、房族墓祭规模较大，各房均派人参加，始祖或分支先祖是最主要的祭奠对象。

杂祭指在祠堂和住家举行不定期的祭祀以及特殊的祭祀，包括家中遇到的大事的祭祀、拜忏等。每当家族或家庭遇到一些较大的事，

---

① 卷四《风土·礼制》。
② 清乾隆《安溪县志·礼制》。

如婚娶、添丁、科举等，当向祖宗报喜并祈求祖先的佑福。逢十寿辰，也要备礼祭祀，以示不忘祖先的保佑。获取功名，要备厚礼在本族祠堂祭拜祖先。平时有要事也应通报祖先，祈赐福解困。拜忏也叫"礼忏"，闽南俗称"做功德"，为死去的先人超度灵魂。丧葬时的拜忏历时较短，仪式相对简单，殁后数年内的拜忏就比较繁复，耗费甚多。比较隆重的"做功德"要"烧大厝"，请民间扎纸艺人仿照闽南大厝建筑式样制作"纸大厝"，以焚烧给祖先居住；要演傀儡戏和打城戏，营造与拜忏现场相应的氛围。

家祭、祠祭、墓祭、杂祭等不同规模和不同层次的祭祀，组成了宗族复杂而有序的祭祀系统，彰显宗族群体的价值观。各种祭祖的仪式属于信仰的符号世界，久而久之，就会内化到乡民的信仰观念中，根深而蒂固。维持宗族秩序的核心价值是"孝道"，孝道不仅包括恭敬、奉养父母，而且包括对先祖的虔诚祭祀。孝道的有效实行能使宗族因有序而祥和，因族人的共同参与而亲睦，因祖先认同而增强凝聚力。

在闽南乡村调查，经常会听到大量关于宗姓肇基、分支、祠堂、祖先墓葬以及村落的"风水"传说，山川别致者，据风水术以阐释文化意义；地貌平庸者，则通过奇迹或灵迹的杜撰，赋予祠堂、祖先墓地以地灵人杰的神秘蕴意，从而建构优越的文化心理定势，产生崇祖敬宗的收族效果。笔者调查过的官桥镇善坛村就是一个例子。[①] 躲避战乱南迁、隐入山林发展是各宗姓肇基安溪的主因，一旦定居后又四处分支则是生产生活和人口繁衍的需要，祠堂择址的理想模式是枕山、环水、面屏、向阳，整个环境如封似闭，《阳宅集成》中说："阳宅须教择地形，背山面水称人心。山有龙来昂秀发，水须围抱作环形。明堂宽大斯为福，水口收藏积万金。关煞二方无障碍，光明正大旺门庭。"如，龙涓内灶里佐陈氏宗祠，"背倚凤山为屏障，面向龙砂、

---

① 参见本书《族源和村建：一个少数民族村的传说与社会》。

鼓山为案，旌旗为形，铁炉为穴"；官桥虞宗陈氏祖宇，"面朝铁峰山圣地，背负圣泉岩名山，左倚五虎拜狮奇石，石呈金牛望月美景"。但真正符合理想风水模式的宗祠自然环境并不多见，如安溪多山地丘陵，水源较少，择址建宗祠需要依据自然的地理环境，通过人工的方式修补、改造，如开渠引水、修塘蓄水等。厚安谢氏长房十四世祖祠"国珪祠"属"旗穴"，2016年翻修时为彰显风水格局，便用地面砖在祠堂门埕铺出一面旌旗，用"修补"的方式蕴藏风水玄机。

关于安溪宗族祠堂风水，最多的传说是"鸭寮说"和"眠牛说"，带有农耕时代的深刻烙印。传说大略是：始祖和某代祖在某处养鸭、放牛，鸭子下的蛋最多，耕牛养得最好，于是播迁此地，后建祖祠，果然是吉地。除"鸭寮说""眠牛说"外，如湖头李光地、祥华詹敦仁、大坪张读等官宦、书香之族祠堂，则多有一些雅致的风水掌故，意谓宗族学士济济、科甲连绵，亦与祠堂风水有关。祠堂的"风水"文化除在一代代族人间口口相传之外，一般还会被记述于族谱及祠堂碑记、楹联上，累世传颂。如，长坑衡阳苏氏开基祖祠为燕子归窠形，故名"燕子祖祠"，祠堂中有两副楹联对此作了阐释："一代公卿，登胜逸民本色；千秋燕祖，达观望族簪缨""燕翼贻谋绳祖武，子嗣奕世炳宗功"。

在中国，从皇室到民间，均极重陵墓的择址和营造，认为这是后代命运之所系。观念中，在生命代际的延续过程中，个体生命从父、母传承的分别是"气""骨"和"血""肉"。在父系传承的宗族社会，人们最重视的自然是"气""骨"的链接式传承。而气和骨是抽象与具象的统一体，生命消失后，据说，唯一存在的是骨殖，且先辈的骨殖与在世的后辈有神秘的感应联系，先辈的骨殖遭到损坏或因所存环境的不利会产生衰变，这将对子孙产生不良的影响。而"吉穴"的地气会赋予骨殖以吉祥，进而富佑子孙。鉴于此，闽南人观念中，风水以墓地为首要，甚至风水与墓地近乎同义词。

宗族的风水实践主要施行于祖墓上，闽南民间对祖墓的修葺十分重视，甚至殚精竭虑，不惜耗费资财，请风水先生专门相地，"尽诚致敬，听凭指挥"，如有凶事发生，常归咎风水不佳，故有葬而后迁的"拾骸"风俗。几乎每座祖墓的择址和营造均有风水掌故。廖伊墓位于城厢镇员宅村（今县金融行政服务中心内），坐东南向西北，以其形类鸦，故名"乌鸦墓"。墓为石构，墓碑镌刻两行阴楷"清溪长官，廖氏祖坟"由开先县令詹敦仁题书。陈光绪，湖头镇后溪大成派陈氏开基始祖，他的墓位于罗山金钗，俗称"金钗墓"。林朝阳①，罗岩人，清咸丰钦加潮州同知衔，特授广东粮捕分府署前山军民府兼海关税务加三级，他的墓位于虎邱镇罗岩村，穴称"飞鸦落洋"。此外，还有"龙虾出海""天虹灌水""飞天蜈蚣""犀牛望月""鲤鱼朝北斗""回龙顾祖""七星坠地""观音坐莲""孩儿坐地"等安溪墓地风水，道法自然，气韵生动，可见族人对于祖墓非同寻常的留意和耐心。

祖先的茔墓不仅仅是祖先灵魂之所藏，也是宗族实力和地位的象征。因墓地风水而产生的争议和冲突，成为引发社会问题的不稳定因素。陈启钟在其《明清闽南宗族意识的建构与强化》②一书中，附录《清代闽南宗族械斗表》，载入安溪县的大型械斗有11起，其中涉及坟地风水的有4起，纠纷事由都是"筑坟争阻""争坟山""筑屋伤坟"。这些械斗都经嘉庆皇帝、道光皇帝朱批并记录在《外纪档》和《军机处档》，可见影响之大。民国三十三年（1944）4月27日，位于惠安县黄塘镇下坂乡前山的紫云黄氏参山长房十世祖黄大本墓，因风水问题被当地人挖损。参山黄氏发动全族前往惠安与之争讼，并上诉至国民党中央政府。后经蒋介石亲自批复，责成惠安毁者于是年11月在原穴位按原基原貌重建，并树立"永不侵犯"石碑。闽南宗族间对于风水的重视和争夺，实际上就是对资源的争夺。而资源又分成有形资源和无形资源，有形资源的争夺，主要集中在对水利设施的控制、道路、

---

① 参见谢文哲：《茶之原乡：铁观音风土考察》，世界图书出版公司，2013年。
② 厦门大学国学研究院资助出版丛书之九，厦门大学出版社，2009年。

关卡及圩场的私设和埭田、海涂、山林的独占等方面。由于资源的有无，攸关宗族的生存，而宗族组织对地方社会的控制，也取决于资源占领的多寡，没有资源，其余免谈。因此，在这场资源的争夺战中，没有人愿意服输，这就造成宗族彼此间的冲突，最后演变成械斗事件。所谓无形资源，指的就是风水，风水最终也要以有形资源的形式体现，涉及资源的争夺和占有。

自古以来，风水在中国人的心灵占有很大的比重，也因此演绎出许多丰富的理论与流派。不管信与不信，是出于孝道还是现实利益，风水渗进了中国政治、社会等各个层面的行动中，大如都城的建置，小至人民的立宅、丧葬等，都或多或少运用了堪舆之术，可见其在中国人生活中的重要性。以至于在理性主义科学观和西方中心论的影响下，无论部分学者对风水的批判如何激烈，官方的禁止如何严厉，信者恒信，风水说依然盛行。这意味着自古以来，反对风水的理由，不但无法深中其要，也非相信风水之人所关切的核心。宗族成员真正在意的，是风水所带来的吉祥富贵、福报承传等现实利益，而这种神秘力量，并非属于科学能解释的范畴。更何况风水和孝道，并不总是泾渭分明，完全冲突。在以孝道为信仰核心的宗族组织中，对风水的大力崇奉，及围绕风水问题所产生的争夺和纠纷，就不那么难以理解了。由此观之，不仅宗族意识的建构，促进了闽南社会对风水的重视，反过来说，堪舆之术的盛行，同样也有助于宗族组织的发展。

笔者在《与神明共处》一文中，介绍清溪厚安谢氏宗姓社区人、神明、祖先三者共处的现象。准确地说，在宗姓组织发达特别是单姓村落遍布的地区，村庙多属于宗姓。虽然厚安地面也有陈、石、张、赵等人口较少的本土宗姓，但不影响他们融入谢氏宗姓的村庙热情，自觉成为信仰主体群体的一部分。这就是说，村庙基本上就是族庙，村庙的主神就是该村的"境主"。"境主"是闽南人对村庙主祀神的俗称，是一个地域的保护神。不过，厚安社区的情况更为复杂，它的每个自然角落都有各自村庙,这些村庙的信仰主体来自于谢氏各房各柱(分支),这样,所奉神明的宫庙由本房本柱所建,奉祀和庆典系族内行为,所奉神明就有本宗族的印记,甚至有"族神"的意味。而神明信仰系统的层级又对应于宗族系统的层级[①],这种"共处"现象使得闽南宗族社会显得更加纷繁奥秘,饶有趣味。

如果以神明宫庙密度作为信仰深度的一个重要指标,那么闽省在全国为最,而闽南又是闽中之最。据不完全统计,仅安溪就有各种规模的神明宫庙超过1.5万座之多!如果计入城乡各家各户、各宗族祠堂设有的土地龛、佛龛,则数字更为可观。这些宫庙所奉神明斑驳杂芜,既有观音佛祖、玄天上帝等正统的佛道神明,也有保生大帝、清水祖师、王爷、土地等非主流的民间信仰,准确地反映了与乡土社会一致的草根性。而这种草根性,又是与闽南宗族的发展过程相适应的。在人多地窄的闽南,宗族要取得跨越发展,就要争夺更多的资源,这不仅要依靠本宗族自身的力量,而且还要利用政治的、思想的以及宗教的力量,来巩固家族的社会地位,如此才能在激烈竞争中取得生存和发展。正因为此,人们希望通过对各自所信仰的神明之崇拜,来加强宗族内部团结,保护宗族的势力范围和利益,甚至有利于宗族的对外扩张。

厚安门楼角落文兴堂所奉神明"春天大王""顺正大王"和"太保舍人",就说明了这一点。[②] 门楼是谢氏长房后裔,周围角落均为二房后裔,处于"包围"之中。相传文兴堂最初只供奉一尊春天大王,后来据说"镇不住",就又往南安眉山乡大眉村"请来"顺正大王和太保舍人,以共同维护社区稳定,门楼角落的乡民这才安居乐业。文兴堂神明队伍"壮大"并被"族化"的故事,带有宗族发展的明显印记,事实证明这种"办法"是可行的。龙门山头村的村庙有三座,其中之

---

① 等级制是中国封建社会的命根子,民间宗教信仰也不能超脱于等级制之外。这种逻辑已深入乡民的潜意识。

② 参见本书《神童漫说古无双》。

福永堂，供奉朱邢李吴四位王爷及当地陈氏先祖"祖叔大人"，合称"五府公"，相传四位王爷是陈氏先祖"请来"一起"治理"山头村，陈氏后人亦尊其中一位王爷的诞辰日农历十月十五为村庙庆典日。福永堂的信众全部来自山头村"笋山堂"陈氏各房各柱，旁边的另一座村庙千秋宫，则为龙门山头、和平、金狮、洋坑四个行政村的"笋山堂"陈氏及部分其他宗姓的乡民所"共有"，供奉普庵古佛、三代祖师和许君真人，神明庆典日为农历十一月十五。从福永堂到千秋宫信众的扩展，反映龙门山头"笋山堂"陈氏宗族向外扩张的社区历程。

再来浏览安溪众多村庙，就可以理解这些小庙所供奉的，为什么尽是一些名不见经传的小神，但又终年香火缭绕，每年盛典不绝，即使历经十年浩劫的打砸，依然春风吹又生了！尚卿陈坂洋的李氏家族建有福安庙，内祀七府王爷，以唐代中期宰相李泌为首尊，盖李泌与李氏宗族同姓也。农历八月十二日是七府王爷的诞辰，也是当地李姓在一年中最热闹、最隆重的一日。龙门榜头白氏宗族建有灵应宫，"宫中供奉天师、地师、人师、祖师、圣祖、圣女，共六尊菩萨……历来尊为白氏祖佛"。[①] 在闽南乡民看来，像"春天大王""顺正大王""太保舍人""李府王爷""白氏祖佛"等与本宗族有某些渊源关系的神祇，或是本族先祖，或是本族的同姓同宗，或是与本宗姓社区有过缘分，这类神明多具有高尚的德行，有亲和力，对于保护本宗族的安全和利益最为可靠，于是世代盛赞其"神力无边"，对其愈加顶礼崇奉，故香火绵延而百代不绝。

在民间的逻辑中，祖先崇拜渗入神明崇拜，意在增进祖先、宗祠系统的神圣性，让宗族借助神明的灵光提升宗族声望；反之，神明崇拜对乡族也有天然整合作用，因为祠堂、祖先显示排他性，而村庙、神明则富有兼容性，闽南人逢庙必进逢神必拜，所以虽为村庙，神格

---

① 《福建安溪榜头白氏族谱·族史》，1991年编。

并非尊大,其信仰圈则是无限之大。以对族灵和神灵理解的主位观来说,祖灵之心褊狭,神灵之心宽容,所以村庙在某种条件下会成为联结不同血缘群体的纽带,在闽南,一个社区中几个不同宗姓共奉一尊神祇的现象比比皆是。这也是村庙神明要突破宗族领地,经常在几个宗族协作中举办"巡香"仪式的原因所在,而神明所到之处,不同宗姓社区均云集响应,蔚为一道奇特瑰丽的乡村文化风景。

结　语

通过对安溪宗姓宗族内部结构的观察,可以看出其运行的机制并不是孤立的、静止的,而是与广大宗族、与整体社会和文化相连在一起的。作为宗族纽带的祖先崇拜和父系血缘观念,与儒家文化有着直接的关联。闽南现代商业发达,重商主义氛围浓厚,但闽南传统文化并没有切断与儒家文化的关联,没有在各种"浪潮"的淘洗中"变质"或"变异",反而呈现出历久弥芳、清新如昨的品质,是处于现代化、工业化、城镇化、数字化、网络化、科技化等,数重"围攻"之下的我们,一处心灵避风港、一处灵魂栖息地。

闽南宗族文化似乎是一个"异数"。经过20世纪50年代后的各种政治运动都没有使它销声匿迹,也没有为各种新的制度和所谓"新的生活方式"所淘汰,而是以其巧妙的文化再生能力,把固有文化传统中所谓的各种"旧"又移植于"新"上,并加以创造和发挥,具有一种自身调节的灵活动态机制。在闽南乡村,宗族祠堂,村庄小庙,各种祭祀现场,你所遭遇到的一切,可能不一定只是农民社会传统性没有褪尽的现实表现,也非与所谓的现代性相背离的落后的传统,事实上,它们早已融入闽南人的具体生活世界和非日常生活世界,已成为人们现代生活中的一种生活逻辑和生活规范,也可以说这一约定俗成的文化传统已成为人们的一种生活习性。既然是生活习性，若要用"传统"和"现代"来剥离的话，只能是一种主观的企图，而非一种理智的做法。

近些年来，我参与见证了闽南乡村中的一些事宜，包括纂修族谱、修建宗祠、祭祖（神明）活动和宗族文化研究等，在我看来，这些事项正是一种文化的"复制"与"生产"过程，它延续传统，又随时会关注主流意识形态和流行话语，并部分地内化为自我的一部分，可视为乡村文化复兴的一种外在表现。显然，时下所提的新农村建设绝不仅仅只是经济数字的增长，更不仅仅是"破旧立新"，况且什么是"旧"什么是"新"？强调新型乡村文化的社会主义新农村建设，更应考虑如何与有着数千年农耕文明历史和儒家文化影响的"旧"农村的传统相衔接，才不会使新农村建设流于形式浮在表面。因此，对乡村传统文化的考察和理性认知也就具有重要的现实意义。事实上，合理利用乡村传统文化并发挥其良性功能是新农村建设有机的一部分，甚至是新农村建设是否具有持久生命力的关键所在。

本文关注涉及的，仅仅是闽南宗族文化的轮廓，于闽南乡村传统文化仅仅也是局部，甚至也不及宗族文化的十分、百分之一，但在当今经济全球化而文化个性化，一个民族国家要反复证明其存在必然性的语境中，这些"轮廓"与"局部"，"十分之一"与"百分之一"，恰恰强调了闽南文化自己的身份、地位与特征，是传统社会与新农村建设的"文化之脐"，在政府倡导多元文化建设时，应给予身份认同，赋予更加重要的地位和价值。比如本文没有涉及到的乡贤（士绅）文化，中央虽然有明确其在乡村治理现代化中的重要作用，但也仅仅停留在认识层面，并没有实质性的推动措施，使其真正发挥基层"乡贤治理"之作用。当代中国需要乡贤文化的复兴，当然，这不是传统士文化的简单回归，而是要推动新乡贤文化所蕴含的文化道德力量，教化乡民，涵养文明乡风，优化整合乡村文化与价值体系，延续传统乡村文脉，提高乡村社会自治能力，促进社会贤达和社会体系的有机融合，构建兼具乡土性与现代性的现代乡村治理模式。

近几年来，每逢年关将至，我们总能在社交网络中看到各种思乡怀亲的文字，或饱含深情，或浓郁忧伤，或催断人肠，仿佛故乡留给我们的总是那种剪不断、理还乱的愁苦。中国地域广阔，各地乡村情况不一，仔细审读这些文字，大都是游子在城乡奔走中的一番感慨，但是情真意切的文字却总能够打动人，让人不觉心生怜悯，或者触碰到心中那根敏感的神经。

当代乡愁成为了一种文体，其实是这个时代的思绪。社会急遽发展，我们四处漂泊，唯有故乡的各种传统，童年的记忆，简朴自然的生活方式，可以安放我们的心灵。我们奔走他乡，但对于家乡的爱恨情仇、喜怒哀乐始终念念不忘，奔走中，我们一直不绝寻找人对自然、祖先、神明的敬畏之心，寻找远去的祠堂、族谱、社戏和亲情，寻找民族的魂魄，寻找精神的原乡。这些意象组合在一起，就是一幅乡土中国变迁的图景，这些故事或喜或悲，甚至有些是含泪的微笑，但是真真切切的发生在乡土大地之上。在工业化和城镇化的浪潮中，关心乡愁，就是关心我们自己，关心我们的当下和未来，关心我们精神的原点和依归。

与神明共处

厚安今昔

在福建安溪,人们习惯把老城区的对面叫厚安(过去也称后垵)。厚安与老城区,中间隔着一条河,闽南人以河为溪,明《一统志》称"水深而碧",又相传古时此溪两岸长满用作染料的蓝草,故名蓝溪。蓝溪地处晋江西溪上游,是晋江的发源地,通贯安溪全境,流至安溪县城后,把县城"划分"成南北两爿,北边是老城,隔津为厚安。老城背靠凤山,是历代县治所在地,自五代后周显德二年(955)置县迄今,已历千余载。安溪县治正对笔架山,笔架山在厚安地境。《旧志》称"三峰玉峙,一水环回","三峰"指的就是笔架山,她由三个山头组成,秀美挺拔;"一水"指的就是蓝溪,她如游龙匍匐而过,蜿蜒有致,是历代堪舆家标榜的风水绝佳处。其地理形势,"左环右接,如抱如怀;前拱后植,若揖若拜""大溪横流,龙山拱峙,由陆而至者必出其途,由水而运者必会流而下,真东南形势之地也"。宋大儒朱熹过化安溪后,有感于此称誉称为"龙凤名区"。[①]

[①] 清乾隆版《安溪县志》卷之一《疆域》,厦门大学出版社,1988年,第30、31页。

20世纪90年代以前,相对于蓝溪对岸的城镇,厚安还是农村,往来对岸主要靠渡船,这里是泉州市谢氏族人的主要聚居地。泉州谢氏于唐末乾宁四年间(896),自河南光州固始县,随王审知入闽,后辗转徙居清溪厚安,一世祖大帽,二世祖贵庸,三世祖马成,三代单脉独传,至第四代,始衍分兄弟两"房支"即仙祖、仙举,俩兄弟年幼时父母早亡,长兄仙祖辛勤耕田,供小弟仙举读书,将其抚养成人,涵育成才,明经出仕。明建文己卯年(1399)乡荐,谢仙举任德庆州学正,升陕西郑王府伴读,笃学善诱,授少傅衔。正统元年(1436),"年老告归,王授金赐杖,致仕家居"①。归田后谢仙举肇修厚安谢氏家谱,定下示训二十条,教育后世子孙敬祖宗,明统绪,辨昭穆,守礼法,自求衣食,俭省清苦,克勤毋怠,诵读承传至今。数百年来,安溪厚安谢氏秉承祖训,胼手胝足,刻苦励志,传衍生息,枝繁叶茂,今有本籍人口5万多人,并播迁至安溪金谷、长坑、尚卿各乡,邻县永春、德化,大陆各地、台湾及东南亚各国。

厚安今属城厢镇管辖,由砖文、土楼、员宅、路英、石古、南坪、古山、过溪等行政村组成,95%以上人口为谢姓。有盆地小平原近10平方公里,四周数万亩山地,"有阆、午二山为之屏障,黄龙、产坑、金龟之山相为拥护,负郭之地,险莫逾焉"。安溪结成县治迄今,其行政区划,五代至清900多年里,基本上为里、乡制。宋代,全县有4乡,统16里、18都。明万历十一年(1583),有18里424乡。清仍之。民国初年,沿用清制,之后改为区、乡(镇)、保、甲制,1945年,全县有19个乡镇155保2297个甲。厚安宋属归善乡、永安里、第二都、厚安片;明清两代,属永安里、厚安乡。彼时,这个区域内尚有格口、土楼、安下、埔茬、龙湖、南山、东皋等乡,厚安乡专指今砖文村;民国三十四年,厚安各村分属泰安乡员宅保、

---

① 清乾隆版《安溪县志·人物》下,《仕迹》一,厦门大学出版社,1988年,第255页。

土楼保、大文保、砖宅保和古埃保①；新中国成立后，安溪又经过多次的区划调整，才形成目前的建制格局，厚安是行政建制上小于市镇、大于村落的社区单元。这样的"社区"，显然不是人文区位学研究上所说的"社区"，与基层政权关系不大，它特指特定区位具体的人的生活世界及其文化形态。

前文说过，厚安95%以上人口为谢姓，至谢氏四世祖开始衍成兄弟两"房支"，传衍至今。两"房支"后代子孙分别在今建安大道中段一侧、金钱山（旧志称金龟山）公园里，建有尚志、纯麃两座祖祠，敬奉谢氏两"房支"开基祖（仙祖、仙举）及历代先祖，并作为两"房支"世系族人各自活动场所。同时，两"房支"族人还联合在砖文村原址，建有谢氏家庙大宗祠一座，敬奉厚安谢氏先祖开基三代（大帽、贵庸、马成），1983年成立厚安谢氏家族联谊会，为安溪、永春、德化三县谢氏族人敦亲睦族、联络联谊之场所。族谱记载，笔者属厚安谢氏四世长房派下，先祖原居南坪、古山一带，后从山地徙居平地，住在砖文门楼角落（自然村），至我辈已阅数百年，根据谢氏家族昭穆字匀，世行应为"文"字辈，所以出生后祖父便以"文"字辈为我起名。明清两代，厚安专指现在的砖文，砖文之得名，系由民国三十四年的砖宅保和大文保而来，各取一字合为"砖文"。村里上了年纪的老人介绍，砖宅保由砖埕和新宅两个角落组成，大文保则包括大寨和文楼另外两个自然村。据考证，砖埕家家户户露天门埕都用红砖铺就，新宅就是新盖了很多房子，大寨位于金钱山附近，当年为防御倭寇这里构筑有一座古寨，故名。文楼呢？

---

① 《安溪县志》，新华出版社，1994年，第56页至69页。

"活"的土地

安溪坊间广为流传着一句民谚:"未有清溪县,先有廖长官"。"清溪"是安溪置县(955)之初的县名,宋宣和三年(1121),因睦州青溪(今浙江淳安)人方腊宣和二年起义于清溪洞,为避开嫌疑,官府遂改县名为安溪,兼寓溪水安流之意;廖长官即廖俨,原籍河南光州汝南,生于唐武宗会昌五年(845),乾符二年(875)榜眼及第,官至银青光禄大夫、检点太子兼国子监祭酒、御史中丞、上柱国,他勤政爱民,政声清明。天祐末年(909),节度使朱温犯上作乱弑杀唐昭帝及哀帝,深为愤慨的廖俨遂远离黑暗官场,避乱僻远泉州,他沿着晋江上溯,来到厚安一带隐居,过上"山高皇帝远"的生活。①

直至9世纪前中期,世界上最强盛的大唐帝国已经开始衰落,距离遥远中原的安溪却依然蛮荒一片,蒙昧未化。唐咸通五年(864),朝廷始析出南安县西界两乡,设置小溪场(今安溪城区),拉开安溪文明开发的序幕。后梁开平三年(909),小溪场百姓闻知隐者廖俨是前朝忠良,德望夙著,就一致推荐他为长官,廖俨见百姓发展心切,于是召集从中原迁徙而来的"流民",仰赖中原先进的农业技术,披荆斩棘,开垦山地,启蒙教化。一时间,蓝溪两岸、溪南溪北炊烟四起,民安各业。为管理小溪场"流民",廖俨以随王审知入闽的唐将陈潼为都将,带兵戍守溪南境即今厚安。精于兵事的陈潼在今砖文村门楼一带,搭建左都营,用以驻军,又在营边构筑鼓楼,故称文楼,即今门楼,现分为顶文楼和下文楼;在今柳亭角落设置凉亭,四周种柳,故名。"既没,民即旧垒祀之。"陈潼去世后,民众感念其德,在其生前行营附近,建庙塑像奉祀。宋庆元年间(1205),进士余克济深感神明灵验,以祈雨救灾有功,奏请朝廷敕封陈潼为感应尊王。宋嘉

---

① 《安溪县志》,新华出版社,1994年版,第9页,第1177—1178页。

定六年（1223），朝廷又赐封"显应庙"匾额，厚安民间尊陈潼为"王公"，故显应庙又名王公宫。王公宫还配祀保生大帝、清水祖师、武德舍人、仙姑娘妈等神祇。明代，泉州名士秦钟震到此题写联句：显其微是道是师通万化，应乎圣为霖为雨沛群生。每年农历正月十四，民众拥抬王公神轿，绕境巡香，正月十五元宵夜，庙门所属的民众还要举行迎灯晚会，祈求新年添丁进财，好运连连。

　　文化是社区研究的核心，"明白了文化，便是了解了社会"[①]。深入厚安地面考察谢氏聚居的社区，你会发现，这里，自然村界与行政村界并没有严格标线，谢氏两"房支"各家并未集中居住在各自"聚落"，而是相互混居在一起。日常生活中，谢氏族人也并不特别强调"房支"的分别。笔者属于长房，所属祖祠是尚志祠，尚志祠建在土楼村，但笔者却居住在砖文村门楼角落，户籍管理也隶属砖文村。在厚安，谢氏族人的"房支"的观念并没有特别强烈，只是祭祖、记族谱、修祖祠及重大庆典时才体现"区分"。

　　到目前为止，海内外人类学家的中国村庄研究，已经取得了值得称道的成就，但就研究单元而言，类似厚安这种区域文化类型，还有待学界作进一步"实地"研究。在闽南，谢氏族人居住空间的区隔与融合，所属行政区划的演变与重叠，都具有浓厚的"本地特色"，需要做"整体考察"，方能呈现其"整体样貌"。厚安谢氏的宗族组织形式，"宗"与"房"的族群关系，宗族精神与自我实现，宗族家族文化价值观的塑造，等等，都是研究的重点。遍布厚安地面的"古老建筑"除了宗祠祖宇外，还有大量密布其间的宫庙堂观，它们所奉祀的神明及建构的谱系与仪式，相互认同与互补，调节人与人关系、稳固乡村社会结构的"功能"，可以帮助我们更贴近更真实地看到社会的真相，文化的真相。在厚安这块"活"的土地上，"活"的文化里，

[①] 吴文藻：《现代社区实地研究的意义和功用》，刊于1935年《社会研究》第66期。

被熏染，被陶融，便可对闽南乡土乃至中国乡村社会的整体与局部、历史与现实，以致中国文明史的演进有一种更清醒的认知。

由于历史的、文化的原因，显应庙"法定"为砖文村的信仰中心，所属"宫门"包括安美馆、文兴堂、进玉殿、新宅馆、文安馆等，均分布在当年陈潼营建的左都营附近，即今砖文村委会往东北区域。这些"宫门"分属各自然村，供奉着各自"境主公"，又配祀其他神明，但都从属于显应庙，受显应庙"感应尊王"的"管理"。顶、下门楼角落仅一路之隔，所属的"宫门"为文安馆和文兴堂，文安馆供奉池府大王，池府大王又称千岁爷、府千岁，跟随闽南人、安溪人移民到台湾，是台湾民间普遍信仰的神明之一；文兴堂供奉顺正大王、春天大王和太保舍人，相传顺正大王和春天大王为兄弟，代天巡狩，保境安民，太保舍人则是南宋末朝的两位小皇帝赵昰和赵昺，为泉州地面神秘信仰，后文笔者还会谈及。奇怪的是，这个区域内还有聚善堂、福美宫、灵庆堂等"宫门"，但它们并不隶属于显应庙，它们与显应庙所统领的"宫门"一起隶属于宗教院"管理"。

文化的实体

乡村社区精神文化，有时仅称为"宗教"。与正信佛教相比，闽南民间宗教所供奉的神明之间，一般而言并没有严格的"等级秩序"，所见更多的是分香和融合，每个村庄，角落，山南与山北，路头与水尾，均有神明在"管理"着，彼此界定又相互尊重。但像厚安，出现显应庙这样"管理级别"的庙宇，乃至比显应庙更高"一级"的"管理机构"，比较少见。这种信仰体系，与厚安谢氏族人分属各"房支"，交为作用，互相维系，确是一个耐人寻味的现象。在厚安，人有"社区"，祖先有"社区"，神明也有"社区"，这三个"社区"组成一个文化的实体，解剖这三个"社区"的中介点,是否有助于我们理解闽南乡村社会的"结构关系"？或者,厚安谢氏家族制度及其所信奉的民间宗教,本来就是透视整个中国乡土社会的"模本"？

宗教院（又称龙霞寺）,坐落于午峰山麓,始建于五代后晋天福四年（939）,比安溪建县早16年,建庙时间正好处于廖俨开发小溪场时期。安溪佛教文化兴起较早,建县之前境内已有数十座寺院,宗教院是其中之一,恰又在县治周边,是安溪集中培训僧人,培养住持,传播佛教文化的发祥圣地,历代均有高僧住寺,各地僧人问经、香客朝拜如云。寺院崇奉释迦牟尼和观音菩萨,宋代增奉清水祖师。并奉谢氏三世祖嘉遁公为檀樾主。世传朱熹游览安溪胜景时,曾称赞宗教院为"状元圣地"。宋县令刘铸则如此描绘宗教院胜景："雨过江山丽,春深笋蕨肥。扶藜苍藓破,移榻乱花飞。"明县丞、邑人詹洧畅游宗教院后,也留下诗曰："洗心喜有源头水,散步时登天外峰。风扫秋空云影静,月明深夜露华浓。"

禅宗兴起、传入闽南以后,宗教院曾一度是临济宗、云门宗法传、修禅的门庭,当年,有多少僧众在此发愿受持,农禅并举,冬参夏学,顿悟法门？数百年后,明朝进士、兵部主事洪垣星登临此地,怀古追思,曾留下《游宗教院步壁间韵》一诗："疏慵久已痼烟霞,此日风流忆谢家。山静浑忘尘远近,院深不辨世嚣奢。禅心明灭定无定,宗教色空斜未斜。衣钵犹传晋代旧,优昙非复昔时花。"在宗教院,睹物思人,已经归隐山林的洪垣星心中感念的依然是"风流"谢家,可见厚安谢氏家族当年之荣昌。南宋灭亡后,曾经禅门之盛的闽南佛教,至明代已经衰落,不仅临济宗、曹洞宗式微,沩仰、云门、法眼三宗更是无人提及,而宗教院"衣钵犹传",今天寺院中堂联"宗传门院先古邑,教真谛化启溪场",以及大殿上依然悬挂着"云门清水祖师"云板,都成为安溪禅宗文化发展的见证。

唐代弘传宗教文化,允许各郡、州府、县特立寺院。先于安溪的宗教院，兼具地处县治所在地及法门正宗之有利因素，置县一开始便成为安溪佛教文化中心。同时，宗教院又统辖厚安地面包括显应庙、文兴堂、安霞境、灵庆堂、福美宫、汾泘庙、龟山庙、济美堂、灵著庙、公母林、慈济宫、午峰岩、龟蛇庙、照灵宫、南极宫、古山境、增福堂、龙照宫等在内的18座"宫门"，遍及厚安所有行政村、自然角落，所属姓氏谢、殷、赵、石、温、张、许、黄、邓、杨、龚、吴、朱、郑、陈、王、蔡、宋、林、高，成为"神明社区"系统的"最高层级"。社区是文化在时间和地域上的一个历史的、地理的"集结"，较之时间性，社区的地域性似乎更为重要。笔者小的时候，每年农历正月都会有一次机会，跟随文兴堂迎神的队伍，前往宗教院"请香（乞火）"。火代表着文明与力量。文兴堂奉祀的神明在我看来已经"法力无边"，却依然要到这里请赐"加持"，心中便对宗教院奉祀的神明愈加膜拜不已。宗教院奉祀释迦牟尼和观音菩萨，佛陀代表着"神明系统"的最高力量，难怪宗教院所属的十八座"宫门"都要来此膜拜。人的社区对于神的社区的"敬畏之心"与仪式体系，在节庆中得到了最集中地展示，而节庆这一特殊时刻，又充满了展示神明的力量而形成的人与人之间关系的合力。我们由此也知道，宗教院在厚安"神明社区"中的权威地位，及其与厚安谢氏族人社会空间及观念形态之间的密切关系。

神与人构成的"人文关系"

在我看来，每位闽南人的心中都装着一个"宇宙"，这个"宇宙"包括天、地、神明、祖先和人。天地孕育自然万物，是人类赖以生存的家园，祖先埋在土地里，神明无时不在，无处不有，故闽南人坚信"头顶三尺有神明""人在做，天（神明）在看"，对自然、天地、神明始终保持一颗敬畏崇礼之心，这又是闽南人朴素的"宇宙观"。所以，闽南的每一村、每一角落，山头水尾、田头厝边，甚至床角灶顶，都要兴建庙宇，虔诚安放神位，家家户户也都要在家中设立佛龛，一年四季膜拜。若是盖了新楼，买了新房，都要择好日子，举行隆重的仪式，从祖屋、旧房分香，恭恭敬敬将神明"请"进新居。神明与人构成的活生生的"人文关系"，延续着厚安当地的人文传统，这种"传统"，可谓是厚安当地"生活系统"的内在组成部分。

记忆中，自祖父一代起，每一次搬迁新居的"头等大事"，都是安放神明，而每回写在神龛上的神位都是固定不变的：观音佛祖、杏春真仙、显应庙诸神、杨府真仙、鲁班先师、顺正大王、春天大王①、福德正神、司命灶君。在闽南，观音菩萨、土地公和灶王爷的信仰特别普遍，家家户户安神位，拜观音、土地和灶君；杏春真仙为厚安聚善堂主祀神明，聚善堂始建于清光绪甲辰年（1875），以示事签、药签灵验著称，邻里善男信女争相祈祷，签诗明示，香火鼎盛，经久不衰。本县从聚善堂分炉的庙宇有魁斗镇清风洞、土楼村迥龙社等，在家中安放神位的则不计其数；显应庙除主祀"王公"外，还配祀保生大帝、清水祖师、五谷真仙（神农氏）、武德舍人及仙姑娘妈，诸神诞辰日子并不一样，遇有一尊神明诞辰庆典，其余神明"普天同庆"，好不热闹；杨府真仙的祖殿进法殿在城厢镇经岭村，始建于明朝，奉祀五谷大仙、清水祖师、三代真人等九位大仙，以杨府真仙为全殿最有名之神。杨府真仙祖籍江西，精通相地术，著有《疑龙经》《撼龙经》《泄天机》等著作，擅长识地理，定方向，择佳日，断吉凶。1990年，新加坡侨亲陈女士决定捐资重建安溪城隍庙，在城隍伯主降示下，她延请杨府真仙到现场定地平面和方向。建庙期间，升中梁及竣工庆典

---

① 笔者遍查资料，均不见关于"春天大王"神祇的记述，后来听家乡族人说，春天大王系分香自安溪官桥镇新村（该地目前已无此信仰），明万历年间由厚安门楼族人随带香火回家后并倡建文兴堂供奉。到了清中期，社会动荡，民不聊生，匪夷贼寇经常出没。传说，春天大王显圣，前往南安眉山乡大眉村兴明堂"邀请"顺正大王及太保舍人，一起前来门楼文兴堂庇佑子民，里人遂为其雕塑金身，与春天大王共同奉祀于文兴堂，香火延续至今。

也恭请杨府真仙设坛,神威显赫传为美谈①。进法殿地处安溪长泰里,长泰里所属村庄、角落,如南英村徊玉馆、经兜村金湖殿,多有分炉。厚安砖文村大宅馆、土楼村永安殿、南坪村南兴堂,以及邻县南安英都、仑仓、溪美、美林、东田也有许多分炉。清初,经岭村叶氏第五房随带杨府真仙香火移民台湾,台湾的分炉至今也有近百座。鲁班生前是一名木匠,汉代以后,木匠、石匠、铁匠等各行各业都尊鲁班为祖师,产生了"百作手艺供鲁班"的现象。笔者世家并没有人从事手艺匠造工作,顶礼膜拜鲁班先师,大概出于一种对传统手工艺的热爱吧。

2015年5月,笔者跟随北京大学王铭铭教授,深入泉州城南五堡社区、聚宝街、青龙巷、万寿路,了解古代泉州的码头社区文化。之前,我曾向王教授介绍过家乡文兴堂的信仰,所以这次他特地将我带到泉南的日月太保宫。日月太保宫亦称浦东宫,约建于元初元贞年间(1295—1297),踏进宫宇,看到神坛中央供奉的神像,我豁然明白家乡文兴堂太保舍人信仰的来历:两个孩童相抱端坐,哥哥居右,弟弟居左,哥哥用手摸弟弟的脸,弟弟则用手拉哥哥的腰带。兄弟俩的真实身份,是南宋末年的宋端宗赵昰、宋卫王(末帝)赵昺,兄弟俩相伴被尊为日月太保,俗称相伴舍人或太保舍人。追根溯源,事在南宋德祐二年(1276),宋恭宗赵㬎封三皇兄赵昰为益王、判福州兼福建按抚大使,同时封七皇弟赵昺为广王、判泉州兼南外宗正司事,自此,昰昺兄弟俩与封疆属地泉州解下了不解之缘。景炎元年(1276),赵昰在福州登基,两年后薨逝;祥兴元年(1278),年仅7岁的赵昺在广东碙州(今广东省新会市)登基,祥兴二年(1279),宋军崖山海战失利,宰相陆秀夫背负孩儿皇帝赵昺蹈海殉国,噩耗传入封疆属地泉州,地处海外交通枢纽的一堡码头民众率先创立神庙供奉昰昺兄弟俩,时为元成宗元贞年间(1295—1297)。此乃泉郡日月太保宫之

---

① 《杨府真人史简介》,安溪经岭进法殿理事会编,2007年12月。

缘起①。

南宋灭亡后，日月太保真正神讳秘密流传于泉州码头会社之间，直至明正统十年（1445），泉郡遭遇300年特大洪水，唯日月太保宫独立码头岿然不动，无不称奇的各地民众才争相分炉奉祀，自此，日月太保真实身份才为世人所知晓。数百年来，虽历经朝代更迭，至今犹存泉州东海后厝金瓯宫、江南火炬前后埔宫、船肚联樨宫、广平仓广平宫、惠存巷辅德庙等主祀日月太保的宫庙及无数配祀的寺庙。明弘治十三年（1500），朝廷追封帝昰、帝昺为英烈侯，"祀典如祀历代帝王"。由是，日月太保信仰开始走进千家万户，而距离泉州数十公里外的安溪厚安，我的家乡文兴堂有此神明信仰也就不奇怪了。

村落"关系丛结"

在厚安谢氏族人居住的"社区"里，神明与祖先始终伴其左右，纯麓祖祠建在金钱山公园谢仙举夫妇的坟茔边上，四周生活着谢仙举夫妇传衍的后世子孙，与纯麓祖祠相距不到50米的蓝溪边有个古渡口，古渡口榕树下是新宅馆的所在，新宅馆供奉保生大帝。柳亭本源堂原为厚安谢氏长房四宗祠。据谢氏长房谱牒记载："同知公始建大宗祠，有功大宗祀典。自立宗祠于大宗左畔，坐艮向坤，遭变废坠；又建宗祠于柳亭，坐壬向丙，遭火圮坏，尚留石庭。"清乾隆甲子年，族裔于石庭前建本源堂，奉祀谢、朱、邢、池府四王。谢王即谢氏长房四初祖"同知公"谢逢春。谢逢春曾任明代湖广兴国州同知，他的墓园在崎头街，所立神道碑由明代晋江进士蔡清撰写。崎头街属土楼村地界，是一条颇有年头的古街，当街之中建有崎头馆，馆内祀奉的是池

---

① 彭德宾编撰：《泉郡日月太保宫历史沿革》，2006年4月，未刊稿。

王爷。崎头馆里的池王爷，根据该馆 1992 年修建告竣之时所立的"崎头馆池王府兴建碑"所载，馆中所奉池王系清代乡贤谢、王、梁、倪四姓八信士，常年往来泉漳厦为商贾，途经同安马巷"元威殿"，从马巷带回乡的。香火最先安放在崎头街店中，清嘉庆三年（1798），建馆造像，置盟田为固定香资，择定每年农历六月十八为神明诞辰，并作当境保护神，永久奉祀。因池王神光显赫，蜚声安邑，后获县署颁布文牒，尊崇为"文武官香"，意指每逢迎香时，享受官署香案迎送礼遇，并特许自主通行，免受制约，同时号令军民一致恭奉。可惜的是，此文牒被毁于 1966 年。这方兴建碑还载明，池王名然字逢春，明代南京人，明万历三年（1575）武进士，钦命授漳州道台，为官清正。归真以后，帝嘉其行，降旨封王，实授代天巡狩总巡王之职。银同马巷百姓建"元威殿"奉祀，威灵显赫，声震海疆。新加坡、台湾、马来西亚等地，现有池王宫 360 座，皆以"元威"为始基。崎头馆分炉海内外宫庙达数十处，本源堂、文安馆、福安馆的池王爷应是崎头馆的分香。

厚安的每一个角落都信仰各自的神明，这些奉祀神明有从安溪他处和安溪以外的庙宇分炉而来，如显应庙保生大帝从安溪感德镇石门村玉湖殿分炉而来，清水祖师从蓬莱镇清水岩分炉而来；文兴堂和南极宫（位于园潭村）奉祀的顺正大王[1]，是晋江市青阳镇石鼓庙的分炉。南安眉山乡大眉村兴明堂供奉太保舍人，诞辰为农历十月初二，厚安文兴堂太保舍人为其分炉；有的是有功于当地民众的英雄贤达，如员宅村的灵著庙，原来只供奉捕虎英雄安宁[2]，庙为廖俨倡建，后人思

---

[1] 据晋江青阳石鼓庙庙志记载，顺正大王，原为宋代宝谟殿大学士蔡次傅的门客，广东潮州人，姓黄名志，年幼时随父母迁居青阳洪塘村。黄志患有哑疾，却有道术，能驱瓮自行入水，养鹅食草不越界限，立化为神后，多次在民族危亡时显应护国安民，屡受宋、明朝廷嘉奖。明崇祯辛未年（1631），蔡次傅的裔孙蔡侃奉诏出镇巡抚云贵、建昌、四川平息贼寇，黄志显化黄旗之号，身骑白马助战。贼寇平息后，蔡侃奏请皇帝敕封为"顺正府大王"，并赐予帽袍、靴带、剑印，以旌殊勋。

[2] 参见本书《山中无老虎》。

长官之功，并塑其像于庙；如显应庙感应尊王生前为开发安溪、厚安的唐将陈潼，午峰岩伽蓝尊王生前是隐士周朴①，与时清溪邑令詹敦仁、贤士刘乙②多有交往，后为黄巢所杀，厚安民众在其生前隐居地修建午峰岩、安霞境（宫）、前山馆等数座庙宇，香火供奉，尊其为伽蓝尊王。砖庭角落的良师馆供奉张、雷、嬴三王府大人及观音佛祖、杏春真仙诸神祇。其中，七月初五寿诞的嬴府大人为龙门观山灵府庙崇奉之神。清雍正七年（1729），厚安谢氏十三世祖林吉娘嫁入永安里砖庭时，奉娘家嬴府大人作为陪嫁之神，崇祀于夫家祠堂，乾隆三年（1738），里社择地建良师馆移入供奉。还有的像本源堂，奉祀厚安谢氏长房四初祖。这些神明庙宇和谐坐落于厚安谢氏族人生活的"社区"，各自独立，又相互融合，由此也显示了厚安乡村文化的"多样性和重叠性"。

　　近二十年来，安溪经历新一轮的城镇化发展以后，蓝溪边、厚安平原内曾埋葬谢氏历代祖先的几座山丘先后被迁移走，各"房支"祖先的坟茔也同时随迁至盆地四周的高山，形成祖先"住"山上，神明和人杂错其间的地理空间格局。行政村庄、自然角落、神明庙宇、宗祠祖宇之间，并不具有严格的区域界限，它蕴藏着的文明史意味，值得我们引起关注。显然，厚安社区的文化认同，不仅仅只有地方宗族、家族文化，还有村庙村神，社会结构关系不仅仅只是"上下关系"，还有"左右关系"，而且"关系"与"关系"之间，又衍生出无数关系"丛结"。在厚安社区，我们可以引申出几个值得进一步关注的问题：在中国文明史中，是否真的缺乏一种超越地方的"社会"？通过村庄研究，我们能否看到"中国独特的公共性"？这种公共性和社会空间

---

① 周朴，字见素，吴兴人。入闽居安溪，后居福州乌石山。周朴淡泊名利，以隐逸山林、苦心吟咏为癖好，是唐末著名的苦吟诗人。欧阳修《六一诗话》中说："朴诗'月锻季炼，未及成篇，已播人口。'其名重当时如此。"
② 刘乙，字子真，五代时仕闽为凤阁舍人，与吴中处士周朴、邑令詹敦仁友善，世传佳句。清乾隆版《安溪县志》有传，见卷之八《人物》下。

联系在现代社会中的境遇如何？诚如王铭铭教授所言，地方研究就是天下研究，上述问题及厚安文化千年来所发生的变化轨迹，有待专家作进一步的考察和研究。

进入20世纪90年代以来，在行政力量的推动下，安溪"城市化"跨过蓝溪一步步在扩张，厚安谢氏乡民的土地一步步被蚕食，没几年光景，大片稻田、菜地、甘蔗园已不见踪影，取而代之的是龙湖社区、世纪豪庭、蓝溪国际、三远江滨、君御华庭、宝龙社区等一个个商业楼盘。厚安各村也纷纷在进行村庄内部改造，先于土楼、员宅等村行动的是砖文，原来杂乱无章的老房老宅一座座被推倒，新建起来的是整齐划一的五六层钢筋水泥楼房，部分出租，部分自住。记忆之中的乡道、集市、池塘、水沟，房前屋后已种植数十上百年的龙眼、芒果、柿子树，也渐渐被锯倒，夷为平地。由于不再种田，家中农具已经生锈朽坏，化整为零卖给废品店，犁、耙甚至于锄头、畚箕都难得一见。在现代化发展方式席卷全球的今天，工业和城市夺走了农业和农村，也在重构着乡村生活的内容和节奏，改写着农民对自己生活方式的原初设计，那些承载着历史与情感的村落，消亡之势迅猛而不可阻挡。

农业的发明与若干动物野兽的豢养，使人们逐渐定居下来并形成村落。村落是传承农耕制度、维护民间道德秩序的基本单元。这个基本单元，即是边界清晰的地理空间和血缘空间，也是怡人悦神的世俗空间和神圣空间。在厚安，以谢氏家庙、尚志祠、纯麃祠等宗祠和祖墓为中心的祭祀仪式，强化了各"房支"成员间的等级关系、家庭的和睦以及家庭间的团结与联合；以宗教院、显应庙等众多宫庙为中心的祭祀仪式，则以社区神明的力量维护了村落社会的生活秩序。这些"活"在村落中的礼俗是社会观念的文化表征，也是厚安谢氏族人世代相承的情感纽带。然而，当农业文明遭遇工业文明，当现代化和城市化业已成为人们根深蒂固的发展观念时，厚安乡村文明也渐渐成为文化上的输家。由于安溪城镇发展的干预，乡村自然环境的改变，读书就业带动家庭的迁徙,实施计生政策导致人口的锐减,农耕为主生活方式的转变,新一代厚安人多数对家乡的历史文化,对谢氏族人及祖先构建的"社区",各种神明组成的"社区",已多数处于无知的状态,厚安也因此濒临集体失忆的边缘,为了现在及未来计,这也是我写作本文的初衷。

厚安谢氏族人的世居之所、生活空间已经被瓦解,值得庆幸的是,作为村落象征的宗祠祖宇和各种神明宫庙,在村落拆迁之前得以修缮或重建,点缀在高楼住宅和商业店铺之间,连接着历史与当下,承载着记忆与认同,如果没有这一些象征性的空间和仪式参照物,我们到哪里去找寻归路的乡愁?穿梭在各种神明宫庙和宗祠祖宇,虔诚焚香祭拜,袅袅的烟云之中,一段段生活往事、群体记忆被唤起,这并非浪漫的幻想,而是意味着我们在现代化魔性造就的不安中寻求生活的本质,开启了一条情感归属的道路。

神童漫说古无双

在安溪城厢镇砖文村门楼自然村的中心地带，有一座始建于明朝万历年间的庙宇文兴堂。文兴堂构架精巧，雕梁画栋，供奉着顺正大王、春天大王，是门楼自然村的"境主"。除了顺正大王、春天大王，文兴堂还供奉着当地人尊为"太保舍人"的神明。神龛里，这尊"太保舍人"，其实是两个围抱攀肩的孩童塑像，天真顽皮，神采奕奕，叫人不禁从心底里喜欢。

查阅安溪官方邑志及各种民间资料，并无关于"太保舍人"的记载，遍访安溪全境，再无供奉"太保舍人"的其他庙宇。门楼族人并不掌握关于"太保舍人"的更多信息，只知道这尊神明是从南安市眉山乡大眉村的兴明堂分炉而来，至于何时分香至此却无人知晓。

门楼的"老者"谢祥生坚持认为，"太保舍人"主尊，应该是顺正、春天二位大王的坛前"侍卫"。但依常理，孩童妆扮的神明应乏"神力"成为顺正、春天二位大王的"护法"。也有门楼族人指出，春天大王最先在文兴堂供奉，顺正大王和"太保舍人"系应其"邀请"，才一起来到门楼"镇守"。谢祥生和其他族人对于自己的分析，均无法说出其依据，因此"太保舍人"神祇身份一直是门楼及远近民众心中一个谜。

名齐二曜　位殿三公

2015年5月，我在泉州鲤城区海滨街道水门社区的一堡街中段，不经意发现一座"泉郡日月太保宫"，这座日月太保宫供奉的神祇，解开了安溪文兴堂"太保舍人"的谜团。日月太保宫，地处古泉州城厢南隅慈济铺浦东境，宋元时期这里是个繁华的码头。

据1993年出版的《泉州建置志》载述，明清时期，泉州城建建制日趋成熟完善，依宋元规制城外设"都"，"都"下统"图"，城内则以城墙为界，城下设"隅"，"隅"下设"铺"，有4隅36铺，"铺"下设"境"，民间简称"铺境"。这些铺境名称与位置，今虽因政权更迭、行政规例而逐渐淡漠废弃，但依然相沿称习俗而留存于民间。

其中，城南慈济铺有浦西境、浦东境、通津境、永潮境、紫江境五境，皆是泉州当时最繁华的内河码头。宋元时，船到泉州港，就直接驶入内河破腹沟分属五境的五个码头卸货，时慈济铺这五大码头全部是大宗货物的装卸码头，从茫茫海上来的货物和从晋江上游来的货物在这里交汇、中转，又一番卸与装之后重新奔赴各自航程。年深月久，五个码头便集结成泉州专事海上通商贸易的五个社区，从晋江上游到出海口下方向，五个社区依次称作一堡至五堡。

慈济铺有铺主宫，名真君宫，俗称五堡宫，奉祀保生大帝为铺主公，铺内一堡至五堡也皆有各自境庙，由社区民众分别供奉着各自境主神明，日夜焚香顶礼朝拜，祈求合境平安。

一堡社区属慈济铺浦东境，浦东一带古称帆船穴，依地势天然形成的码头视野开阔，便于装卸作业，而且比其他码头更临近上坊巷（今象峰巷）这个中外闻名的丝绸专业市场，因之吞吐量居五大码头之首。

泉郡日月太保宫是一堡境庙，俗称一堡宫，因是浦东境境庙，故亦称浦东宫，位于今鲤城区一堡街中段。据考证，日月太保宫应始建于元元贞年间（1295—1297）。殿宇坐东北朝西南，背靠宋元时代泉州市舶司，面向一堡街旁边的内沟河，雄踞一堡溪，威震内河古码头。

沿中轴线自东北而西南的日月太保宫，由后殿、正殿、天井、东西两廊庑、山门、石拜庭等组成，四周植有榕树，庙前建成戏台等附属景观。主体单檐硬山式三开间建筑，为1995年重新修复，保留着明清时期的色彩与基调。

东西两廊庑石柱和山门正面石柱，有清道光进士庄俊元题写的楹联："堡障咸推功第一，神童漫说古无双。""象叶同人神交总角，名齐二曜位殿三公。"笔法流畅精湛，遒劲中蕴含柔和，是不可多得的书法精品。

殿宇东侧护厝是明、清时代社学义学场所——拱紫书舍，由日月太保宫出资延请老师，以《百家姓》《三字经》《千字文》为启蒙教材教授社区子弟。

"泉郡日月太保宫"额匾，由泉州市书法家周焜民所题。大殿木柱刻有楹联"一代君臣同英烈，万年日月共争光"。殿神坛中央主祀日月太保，左侧配祀关圣帝君，右侧配祀护国苏夫人。神坛上方悬挂泉州书法家吴捷秋题额"咸勇光威"鎏金黑漆木匾。正殿神坛内还有一组形似"十八般兵器"的奇特器械，左侧为"日"字，右侧为"月"字。左侧有一件"兵器"为手掌中执有一方玉玺，而右侧的一件"兵器"则是手掌中执有一管御笔，此为"日月太保"神像出巡时的仪仗。宫庙还保存着一个旧时端午节民俗活动的"唆啰嗹"龙王头。

日月太保信仰为泉州所独有。日月太保，亦称英烈侯，俗称相伴舍人、太保舍人或舍人公，是两个互相攀肩的孩童形象，手脚均佩戴金镯，身穿龙袍，头戴皇冠；右边是哥哥，左边是弟弟，哥哥用手抚弟弟的脸，弟弟则用手拉哥哥的腰带。看庙的老人介绍，其真实身份，是南宋末年的宋端宗赵昰、宋卫王（末帝）赵昺兄弟，因此神坛后座的墙上还张挂着"端宗御容""末帝御容"两幅绘像，据称是根据台北故宫的珍藏临摹的。

宋度宗赵禥生有七子三女,第一、二、四、五子在襁褓中夭亡,存活的有三子赵昰(生于咸淳五年,1269年)、六子赵㬎(生于咸淳七年,1271年)、七子赵昺(生于咸淳八年,1272年)和三女赵育、赵菁、赵胄。此六位的名字中,皇子都冠以"日"字、皇女续以"月"字,故民间昵称"日月太保"。

泉郡日月太保宫为何供奉帝昰、帝昺兄弟俩?追根溯源,事在德祐二年(1276)正月十七,元兵围困临安(杭州),依张世杰、文天祥"分二王于闽、广,以备万一"的请求,宋恭宗封永国公赵昰为益王、判福州兼福建按抚大使,封信国公赵昺为广王、判泉州兼南外宗正司事,当晚逃出临安。帝昺兄弟俩自此与泉州结下了不解之缘。

不久,谢皇太后和恭宗"具表降元",被俘北上。景炎元年(1276)五月初一,赵昰在福州登基,是为端宗;进封赵昺为卫王、判泉州兼南外宗正司事。由于宋军在江西、浙南连连失利,福州不保,景炎元年十一月十五,赵昰、赵昺在庞大船队护送下再次南逃,廿二日到达泉州湾,驻扎在现东海法石村外。已暗中降元的泉州知州田真子和泉州市舶司提举蒲寿庚闭城不纳,且元将伯颜急令董文炳驰援蒲寿庚,赵昰、赵昺的船队只好逃往潮州方向。

景炎三年(1278)四月十五日,端宗赵昰在碙州病逝,年仅九岁;四月廿一日,赵昺继位,改元祥兴元年(1278),史称末帝。祥兴二年二月初六,崖山海战中元军大败宋军,不甘受辱的左丞相陆秀夫,背负年仅八岁的赵昺蹈海殉国。

因泉州是赵昺的封地,相传在赵昺死后十余年的元朝元贞年间(1295—1297),其噩耗始辗转传入泉州府。地处海外交通要枢的一堡码头民众,感念前朝忠烈,率先创立神庙供奉帝昰、帝昺兄弟。由于担心被元朝统治者发现惹来杀身之祸,一堡民众对外称这尊神像为保护儿童的神灵,而"日月太保"的神讳和真实身份则以口头形式流传。①

一直到明弘治十三年(1500),广东佥事徐紘奏请广东新会崖山祠入祀典,朝廷赐额"全节",追封赵昰、赵昺为英烈侯,"祀典如祀历代帝王",由是,日月太保的神讳和真实身份才得以公开,日月太保信仰由近及远衍播四方。

出身免馂　镇守眉山

泉郡日月太保宫创立后,日月太保的神讳迅速在五堡码头的秘密会社之中流传。而在码头的秘密会社中,就有经营杉木、竹排的安溪帮、永春帮和德化帮,这些集结于五堡码头的船工,利用撑篙行船的时机,把日月太保这一神讳信仰带回了家乡,安放在家中或建成庙宇虔诚供奉。

明弘治十三年朝廷追封赵昰、赵昺为英烈侯后,日月太保开始播衍四方。泉郡主祀日月太保的宫庙,主要有东海法石坂头宫、东海后厝金瓯宫、江南浮桥前后埔宫、新街船肚联墀宫、广平仓广平宫、惠存巷辅德宫等,配祀的则无可计数。

晋江市深沪镇颜厝村"蔡王府"古庙里,也有一尊奇特的木雕红漆神像:两个攀肩嬉闹的孩童,身披龙袍,长得几乎一模一样,当地人称为"孩童佛",应为日月太保帝昰帝昺兄弟俩。

安溪文兴堂供奉的"太保舍人",并非通过水路由海口向内陆,即从泉郡日月太保宫直接分香,而是分香自南安市眉山乡大眉村。门楼文兴堂信众均为谢姓,大眉村兴明堂信众为魏姓,可见分香并非移

---

① 彭德斌编撰:《泉州一堡宫简介》(内部资料),2004年。

民播迁随带。那，又是什么原因？

文兴堂地处安溪城区盆地中部，南安眉山乡位处安溪城区东南方向，与安溪参内乡参山村毗邻，清乾隆版《安溪县志》"县境全图"对此"地理关系"作了详细标示。2015年11月15日，笔者独自驱车翻越朝天山脉，去探访眉山乡大眉村"太保舍人"的"神迹"。从文兴堂到兴明堂，一路要翻越小眉山、大眉山，小眉山、大眉山同属朝天山脉，而朝天山脉则是晋江上游两条最重要的支流——西溪与东溪的分水岭，西溪发源于安溪桃舟，是晋江源头，东溪发源于永春雪山。

小眉山、大眉山山路崎岖，岔口众多，宋安溪知县黄锐曾在其《题大眉小眉山》诗中写道："一岭复一岭，一巅复一巅。步丘皆力稽，掌地也成田。线引山腰路，针穿石泉眼。眉山同是号，此处合生贤。"印证了这段山路之陡峭难行，和生活在此地山民之艰辛不易。

兴明堂坐落于大眉村中心，大眉村位于眉山乡中部，为眉山乡政府驻地，境内三面环山，分别为北四峰山、南大帽山和西山，中心地势平坦。大眉村后有二座山，中间一条岭，左右山脊抬升，形如人之眉，因北面山势较高，故称"大眉"。大眉村中又有一座小山，状如仙鹤飞翔，亦称鹤山，鹤山前有道小溪自北向南注入晋江西溪，兴明堂就建在正对鹤山的位置，鹤山前的小溪恰好环绕庙宇而过，当地人说兴明堂"风水极佳"。

兴明堂也是闽南庙宇典型建筑风格，单檐硬山式三开间，雕龙画凤，古朴典雅。笔者发现，依照神龛里的排位，太保舍人并非兴明堂的主祀神明，但庙宇主殿石柱上的两幅楹联："兴出玳瑁太保英灵必有应，明现石鼓舍人显赫佑无边""护国安民驰宋室，出身免饷镇眉山"，却道明太保舍人的神讳及"免饷出身"的赵氏宗室身份，应为庙宇主祀神明。

兴明堂所在角落的信众，刚刚在十月初二为太保舍人举行过诞辰庆典活动，文兴堂太保舍人的诞辰日也是十月初二。兴明堂现存建筑为 1995 年重建，2005 年重建十周年庆典时，文兴堂管委会专门派人赶往祝贺，并敬献了祝仪。

至于兴明堂为何供奉太保舍人，又为何分炉至文兴堂，两地村志均无记载，只留下众多传说，为太保舍人主尊增添无限神秘色彩。

泉郡日月太保宫附近至今仍有"认契子"习俗，居民得子，都会到宫里神像前，添香油、献三牲，通过"掷筊杯"征求神灵意见，拜日月太保为"契爸"，祈求养育顺利平安。这种风俗衍传至分炉分庙。历史上，大眉村出了不少据说能够"鬼魂附身"，灵验感知阴间冥府的"神婆"。或许，安溪门楼曾有人翻山越岭到此，请求"神婆"指点，而"神婆"明示其必须到兴明堂拜取太保舍人的香火回家供奉，以保佑小孩好养育？

延续香火、传宗接代是闽南每个家庭的头等大事，但在缺医少药的年代，人们只能求助于保护儿童的神灵，拜"太保舍人"为"契爸"——久而久之，统一将"太保舍人"塑像增奉在文兴堂里，方便乡民奉祀——这应该是一个合理的解释。

宋代历史的最后一章上演了即位危机、宰相专权和战争。当王朝遭到元军的进攻，走向覆亡之际，宋宗室以不同方式卷入了历史的洪流。

理宗到统治后期才发现自己也没有直系继承人，他仅有的儿子都夭折在襁褓中了，于是正式收养弟弟的长子赵禥为皇子，赵禥做了皇帝（度宗）之后，只喜欢在后宫寻欢作乐，拱手把政权让奸臣贾似道把持。贾似道做了 16 年的宰相，善于巩固和玩弄权术，致使国家一天比一天衰败。

赵昰、赵昺兄弟俩因没有直系继承人的度宗意外驾崩，先后即位为皇帝，但终究也命丧于战火之中；宋宗室许多人成了无助的牺牲品，有人做了忠臣义士，也有人（如赵孟頫）投入新朝，但更多的人幸存下来，隐姓埋名，至明清成了后世赵氏宗族的祖先。随着福州失守、泉州降元、发生大屠杀，西外、南外两宗被追杀，崖山最终的败亡，其间又发生多少惊心动魄的大事？

"崖山之后无中国"，这是现代民族主义者一种流传很广的史学观点。外族入侵之下，崖山一役，汉文化和自尊心损失殆尽。是的，当作为社会的政治实体已不复存在，我们去何处寻找"宋代中国"？但是，当宋朝已经过去七百多年，宋朝皇族宗室、官员士大夫、将领士卒、普通百姓的血脉基因，依然在中国大地流动延续，宋朝的文化，宋朝的制度，宋朝的气节，依然保存有启迪现时意义的价值。

或者，七百多年以后，在今天更为广阔的背景下，从政治、社会、地理、制度、文化等各个层面，去思考去研究宋朝，也许对今天会更为有益。

三忠义显　山河血性

在有关宋朝忠臣义士的大量记载中，文天祥、陆秀夫、张世杰三人的事迹十分突出。无论是官方编修的《宋史》、历史实录《宋史纪事本末》[1]，还是经过艺术加工的《宋史演义》（蔡东藩著），抑或是蒙学村书《鉴略妥注》[2]，以及民间诸多关于宋末历史的传说、故事、逸闻，都把事件核心指向文天祥、陆秀夫、张世杰三位忠义的典型。

相对他们而言，被拥立为帝王的赵昰、赵昺兄弟则要逊色许多，而正是在这三位忠义之士壮怀激越的民族气节的映照下，晦暗败坏的宋朝天空才透出一丝光亮，黯然失色的宋朝山川才显出若干血性。

---

[1] （明）陈邦瞻撰：《宋末纪事本末》，中华书局，2015年。
[2] （明）李廷机编著：《鉴略妥注》，岳麓书社，1986年。

蔡东藩在其《宋史演义》的篇末如此写道:"祥兴二年二月六日,晨间有黑气出山西,早潮骤涨。李恒先乘潮进攻,世杰率兵死战,相持至午,胜负未分。俄闻南军乐作,弘范督军继进,世杰南北受敌,军士皆疲,不能再战。但见旗靡樯倒,波怒舟摇,翟国秀、凌震等,俱解甲降敌。世杰兀自支持,战至日暮,值风雨大作,昏雾四塞,咫尺不辨南北,料知大势已去,竟与苏刘义断缆出港,带着十六舟径去。陆秀夫走至帝昺舟上,帝昺已惊作一团,秀夫见诸舟环结,度不能脱,乃先驱妻子入海,随语帝昺道:'国事至此,陛下当为国死。德祐皇帝受辱已甚,陛下不可再辱。'遂负帝昺同投海中。后宫诸臣,从死甚众。杨太妃闻昺死耗,抚膺大恸道:'我忍死至此,单为赵氏一块肉,今还有甚么余望?'也赴海而死。"

又写道:"世杰舟至海陵山下,适遇飓风大作,将士劝他登岸,世杰太息道:'无须,无须。'因自登柁楼,焚香祷天道:'我为赵氏,已力竭了,一君亡,又立一君,今又亡,我尚未死,还望敌兵退后,别立赵氏以存宗祀,今风涛若此,想是天意应亡赵氏,不容我再生呢。'祷毕,风愈大,波愈涌,竟覆世杰舟。世杰堕水溺死。苏刘义出海洋,为下所杀,无一非可怜事。南宋乃亡。自高宗至帝昺凡九主,历一百五十二年,若与北宋合算,共得三百二十年。文天祥被执至元都,越三年,受刑燕市,由妻欧阳氏收尸,面目如生。"

读到此处,相信再冷漠淡然的人也会潸然泪下,大恸于心。这是中国一段极其悲痛的历史,一个号称中国史上最富裕的王朝,最精致的王朝,在一次崖山之役后灰飞烟灭。

历史苍凉的背影中,我们也看到十万宋朝军民、一批忠烈之士痴心不改,以身殉国。"我为纲常谋,有身不得顾",文天祥、陆秀夫、张世杰等一生所为,虽不免是为赵宋江山"家谱"立传,但也正因为他们的"成仁""取义"之举,肝胆芬芳,敦厚了中华帝国的道德传统,使人们不忘人生在世之根本。

史载，陆秀夫、张世杰护送帝昰、帝昺由闽入粤，在闽南土地盘桓过，故而闽南一带流传二位英雄的许多传说。时文天祥正举兵赣南，虽未踏上闽南的土地，但人们仰慕"宋末三杰"对于国家的生命托付，对于正义的终身践行，尤其是右丞相文天祥的凛然正气，便将文、陆、张三人合祀于庙中，尊为"三忠公（王）"，庙称"三忠庙"，世代香火供奉，流存至今。

泉郡日月太保宫主祀帝昰、帝昺兄弟，配祀文天祥、陆秀夫、张世杰"三忠公"。城南隅溪亭铺义全境有文相庙，又称文相公，"祀奉宋文丞相天祥"。

涂门外法石附近云麓村东面山腰有三翁宫遗址，柱联云："主溺崖山千古恨，魂依云麓四方知"，乾隆三十四年（1796）曾式冕《云麓禅寺暨三翁宫记》载称，"三翁乃三忠臣文陆张"。

地处晋江源头的安溪桃舟乡桃舟村双溪宫，建于乾隆二十一年（1757）。宫中楹联曰"县志载桃舟一隘，史书编宋室三忠"，说明这里供奉的也是文、陆、张三忠，三尊神像一模一样，不分彼此，村民们在三尊神像的隐秘处（佛肚内）都写上了三人姓名。每年农历二月初三至初五为"三忠"神诞。

长坑乡南斗村监宫，始建于元代，供奉南宋三位爱国君臣，即宋帝昺、文天祥、陆秀夫，众称三位圣王。监宫以文天祥为"监王"，神诞农历十月八日系文天祥诞辰日。宫中有副对联"监黎民康与泰，宫安圣佛帝和臣"，显示庙宇供奉的主神"帝和臣"；另一副对联"臣心一片磁针石，不指南方不肯休"，则出自文天祥赤诚感人的诗篇《扬子江》。

位于同安洪塘镇（今厦门翔安）三忠宫村的三忠庙，始建于明代，是古泉州府同安县内"三忠王"香火的祖庙，据统计自该庙分炉的已有100多座，三忠宫村也以宫而得名。每年农历九月十六，是"三忠王"的神诞，来自同安、金门、台湾等各地的信众都会汇集三忠庙，以虔诚方式纪念700多年前的三位忠臣。

20世纪20年代,一批前往新加坡做苦力的同安籍劳工,随带家乡的"三忠王"香火,到南京街的一间苦力宿舍供奉。苦力宿舍也是私会党聚合的所在,人称苦力间。私会党火拼即称拼火力间。同安民众在同安洪塘镇建三忠宫供奉"三忠王",以表示对文天祥、陆秀夫、张世杰他们忠义的尊敬和推崇,新加坡同安籍苦力会创建三忠庙,其用心应当在此。由于苦力宿舍地方狭窄,民众发达后乃合力在大芭窑六巷门牌201号兴建新庙,并取名为普忠庙。除主祀"三忠王",庙里还配祀普庵佛祖、关帝等神明,每年农历九月十六,是普忠庙"三忠王"千秋诞辰。

台湾新北市双溪区三忠庙,兴建于同治七年(1868),至今已有100多年历史,其所奉祀的主神"九龙三公"(九龙指九龙江流域),由长泰江都连氏十三世连元乔率众渡台所携带,是台湾唯一供奉文、陆、张"三公"的庙宇,是双溪部落民众之共同信仰中心。

金门县金沙镇也有"三忠庙",同样是为纪念三位南宋忠臣而建,原本"三忠王"是和保生大帝一起供奉于万安堂,后于2014年单独新建"三忠庙"。所奉祀的"三忠王"是清光绪二十一年(1895),沙美发生瘟疫时,乡人到同安三忠宫村,首迎张世杰忠王到沙美除疫镇邪。张世杰起初被供奉在沙美张氏祠堂,后来与陆续迎回的文天祥、陆秀夫移到万安堂供奉。而每年农历九月十六,也是这里"三忠王"的神诞,这一天,两岸的民众都会聚在一起,对三位忠臣顶礼膜拜,接受三位圣贤的道德教诲和精神召唤。

道德感召　正气长存

有宋一代,在文、陆、张三位忠义的道德感召下,一大批士大夫、将领士卒、民间百姓义无反顾追随三人英勇抗元，"舍生取义""杀身成仁"，写下一曲曲"凛烈万古存"的正气歌，同样为后世所铭记。

台湾嘉义布袋镇有一座"九龙三公"庙，也叫嘉应庙，其中奉祀的并非文、陆、张三位英灵，而是南宋抵御外族而慷慨捐躯的魏了翁、魏廷龄、魏天忠祖孙三代。南宋嘉熙元年（1237），蒲江进士魏了翁以校书郎出知嘉定府，后徙工部侍郎、礼部尚书，迁端明殿学士、枢密院事，因与金人大战于江西，于淳祐十年（1250）为国捐躯。魏天忠，官至御史，景炎元年（1276）随端宗南逃至泉州，后在漳州九龙岭下被元军围困。元将献毒酒胁迫宋主自杀。魏天忠身披龙袍，头戴皇冠，挺身而出，代宋主饮鸩殉国。当地百姓为纪念魏家三代忠臣，在九龙江畔的华莳营造三公墓，年年瞻仰祭拜。

台湾嘉义布袋镇的"九龙三公"神像，是晋江东石镇蔡源利、蔡禀禄当年渡台时从家乡东石嘉应庙带去的。东石嘉应庙在台湾有20多处的分炉，分布在台北、嘉义、屏东、彰化、高雄等地。东石嘉应庙在沙崛村，建于明洪武元年（1368），庙中至今尚存一个明万历年间的石香炉和一块明万历甲寅年（1614）石碑。

2002年农历五月二十三日，台湾布袋嘉应庙、布袋发展促进会安天宫、八月户杞府千岁北极太子宫、高雄圣龙宫、杉材通天佛堂、恒春九龙宫、屏东嘉应坛等七座宫庙，联合组织400多人的进香团前来东石祖庙进香，场面热烈感人。

漳浦县湖西畲族乡丰卿村的"三王公"庙，所奉祀的神祇亦非文、陆、张三忠，而是追随文天祥抗元的三位义军将领：柳信、叶诚、黄勇（一说姓英）。三人率部抗元，在湖西牺牲，乡民们埋葬三人于村中，后在墓前建起一座小庙，供奉三人，尊为"三王公"。村里人廖地，于清乾隆五十一年（1786）到台湾谋生，带去"三王公"神像作为保护神。

廖地后来定居于宜兰二结，邻居及整个村社的人都来他家中膜拜"三王公"，祈求佑护。后来村民合资建起一座镇安庙，庙中三王公称"古公三王"。宜兰初开,缺医少药,人们相信三王公能驱邪治病,保境安民,常到庙中祈安,香火越来越盛。宜兰铁路建成后,二结镇安庙开始扩建,"二战"结束,台湾光复,二结发展成镇,二结镇安庙更成为岛内各地人们前来朝拜与旅游的圣地。

闽南各地供奉宋末忠臣大义的三忠宫、三忠庙不少,但奉祀杨太后的慈元行宫却是独一无二。慈元行宫位于晋江东石镇塔头村刘厝,俗称"皇妈宫",主祀殉节崖山的杨太后及帝昺,奉"皇妈"为该村保护神。

宋端宗之时,太后垂帘,陆丞辅政,用天祥以开府,任世杰而治兵。母寡儿孤,把唯一希望寄托在"赵家尚能存祀",未曾想"兴泉之地覆亡,吉赣之师不捷","寻退保于崖山",也无法挽回南宋覆亡的命运。于是,《宋史演义》最后写道:"杨太妃闻昺死耗,抚膺大恸道:'我忍死至此,单为赵氏一块肉,今还有甚么余望?'也赴海而死。"写下历史上最为惨烈的一幕。

闽南多有奉祀文、陆、张三忠臣的庙宇,尊为保护神,也有不少庙宇奉祀正顺尊王谢枋得。谢枋得与文、陆、张三忠同为辅佐宋廷的忠臣,陈邦瞻撰《宋史纪事本末》最后一卷(卷190)即记"文谢之死",文谢合称,殉节社稷,可见两人之于一部320年"宋史"的分量。

谢枋得,弋阳人,字君直,号叠山,宝祐进士,德祐中知信州,忠义自任。谢枋得与文天祥为同科进士,一生著诗书无数,对诗文评点深有研究。元兵犯州,战败城陷,谢枋得隐居建宁唐石山,常麻衣向东哭。元朝访求遗才,福建参知政事魏天祐得之,执之北行,谢枋得以死自誓,"自离嘉兴即不食,二十余日不死,乃复食"。至燕不从,迁悯忠寺,见壁间曹娥碑,泣曰:"小女子犹尔,我岂不汝若哉!"绝食五日后殉节。

安溪参内乡罗内村安山庙,是专门奉祀正顺尊王的庙宇,当地民众世尊谢枋德为"境主公",又称"罗内境主"。罗内大多为罗姓,明初，江西罗氏后裔携带当地"境主公"木雕神像入闽开拓，在安溪长泰里罗洋村安家立业。罗氏一家为人忠厚善良，与当地黄、徐、杜、江等姓乡人和睦相处，乃介绍家中"境主公"的来历及事迹，经众口相传，"罗内境主"香火日盛。

明永乐元年（1403），罗家将"境主公"神像献出，由罗洋村即今罗内村黄氏为主赈资建庙奉祀，并定名为安山庙。明宣宗时（1426—1435），朝廷赐封"罗内境主"为正顺尊王。而后，"罗内境主"信仰传播至新加坡、马来西亚和台湾等地，名闻海内外。

安溪剑斗镇剑斗村有座簏篁宫，旧名茶亭宫，原址在剑斗村下尾街，始建于明朝，是当地吴、张、陈、郑四姓乡民集资共建。宫中有对冠头楹联："簏拜陆丞相精忠大勇丹心耀河山，篁崇谢信州劲节坚贞赤胆昭日月"，说明庙宇奉祀的是仁福尊王陆公（秀夫）、正顺尊王谢公（枋德）。簏篁宫香火不绝，乡民们三年一轮迎神巡乡，盛况壮观。

陆秀夫，宋末监城人，"性沉静有志操，才思清丽，文冠一时"。景定进士，累官宗王少卿。边事急，以礼部侍郎赴军。请和不成，与张世杰立益王于福州，进端明殿大学士。王殂，又立卫王，为左丞相。元军破崖山，秀夫仗剑驱妻子入海，即负王（帝昺）入海死，其烈惊天动地。

长坑乡南斗村监宫除供奉宋帝昺、文天祥、陆秀夫三位圣王外，还配祀太尉相公、正顺王、正顺妈（金李夫人），其中正顺王即为谢枋德。感德镇近年重建"茶王宫祠"，奉祀正顺尊王谢枋德为"茶王公"，传说其生前曾来到感德茶乡指导乡民种茶制茶，故当地塑像顶礼崇奉，每年春秋两祭，祈求茶叶丰收，并举行开采仪式。

闽南不仅山区有正顺尊王的信仰，沿海同样也有。惠安小岞镇后内（里）村有一座"正顺王宫"，将谢枋得这位抗元名将奉为境主，塑正驾一尊端坐内殿正中，副驾一尊坐于外殿特制轿中，每年农历十一月廿七日前后三天，举行挂香、巡境、办筵、演戏等纪念活动，至今已有四百八十多年的历史。庙志《正顺尊王谢枋得简史》载明,"正顺尊王"为明宣宗时期朝廷敕封,与安溪罗内村记载吻合。当地渔民传说,明嘉靖年间,正顺王多次"显圣",抗击侵犯惠安沿海的倭寇,保护小岞渔民安全。后内村李、陈等十个姓氏的村民,遂推举供奉在李雄后裔家中的谢枋得为抗倭主神,筹资兴建宫庙供奉。后内村"正顺王宫"还分炉在小岞新桥村和前内村。

文天祥认为,人只要有了正气,就能抵挡所有的恶气邪气,"彼气有七,吾气有一,一敌七,吾何患焉!""是气所磅礴,凛烈万古存。当其贯日月,生死安足论。地维赖以立,天柱赖以尊"。正气是天地的柱石,天地靠正气运行;人有正气,则生死无惧、视死如归。

闽南的天空和土地,充斥着宋室英雄的浩然正气,闽南的民间和百姓,则是用此种淳朴真挚的方式,来纪念英雄的忠贞节义。在他们的心目中,忠义精神长垂不朽!

顶礼崇奉　祭典隆重

泉郡日月太保宫将每年农历正月十二、六月初六和十月十五作为节庆日。正月十二是赵昺的神诞,十月十五是缅怀赵昰、赵昺纪念日,每当这两个日子到来,一堡街及临近社区民众都会自发前往宫里祷拜,缅怀为国赴难的帝昰、帝昺兄弟。六月初六则是景炎二年(1277),宋将张世杰奉帝昰之令围城而泉州百姓犒劳王师的日子,这天的纪念活动最为隆重,不仅要进献三牲五果和鲜花,还要上演征战类的武戏。

史载,帝昺的诞辰日为正月十二。据彭德斌编撰的《帝昰帝昺南幸录》记载,赵昺出生于宋度宗咸淳八年(1272)正月十二,生母修容俞氏,而赵昰则出生于度宗咸淳四年(1268)闰正月初六,生母淑妃杨氏。泉郡日月太保宫以帝昺诞辰为纪念日还因为,其于宋德祐二年（1276）被宋恭宗赵㬎晋封为广王、判泉州兼南外宗正司事，真正与封疆属地泉州结下不解之缘。

六月初六，则是泉州民众当年犒劳宋军将士的日子。史载，端宗景炎二年（1277）五月，抗元斗争出现了转机，希望之光照临满目疮痍的国土。宋将张镇孙光复广州，高日新光复邵武，陈文龙从子夺取兴化，降元王积翁在福州率淮兵重归朝廷，湖南义军响应文天祥号召起兵反元，湖南重归赵宋。大好形势之下，张世杰举20万大兵团团围困东方第一大港泉州，蒲寿庚闭城自守以待伯颜援兵。

六月初六一大早，赵宋大军围城的消息瞬间传遍泉州古城。百姓见状拍手称快，不约而同摆设五果和饭菜，隔城犒劳王师，祈求苍天佑护张世杰将军马到成功，早日擒贼平叛。自此，六月初六"犒劳王师"，成为泉郡日月太保宫及各地分炉最为隆重的习俗沿袭至今。

张世杰，宋涿州范阳（今河北范阳）人，曾任太傅、枢密副使，封越国公，与文天祥、陆秀夫并称"宋末三杰"。誓不降元，最后兵败崖山海战。将士们劝说他登岸，他始终不肯，最后因飓风毁船，溺死于平章山下。

蔡东藩在《宋史演义》中评说："文、张、陆之奔波海陆，百折不回，尤为可歌可泣，可悲可慕。六合全覆而争之一隅，城守不能而争之海岛，明知无益事，翻作有情痴，后人或笑其迂拙，不知时局至此，已万无可存之理，文、张、陆三忠，亦不过吾尽吾心已耳。"但是，蔡东藩又说，"千古忠臣义士，大都如此，于文、张、陆何尤乎？"他们"为一代计，固足悲，而为百世计，则犹足幸也"。对勤王不屈就义的右丞相文天祥，负帝昺投海死节的左丞相陆秀夫，覆舟溺死的名将张世杰等宋末三杰，民间以"忠义"之臣塑像，建庙供奉，世代顶礼，庙宇数量和规模，神格、祭拜仪式都超过帝㬎、帝昺兄弟。而对降元失节的谢皇太后、宋恭宗赵㬎等，民间则摒弃不提。

安溪长坑乡南斗村监宫供奉"通祐圣君"帝昺、"仰宝圣王"文天祥、

"绍感尊王"陆秀夫。依"君臣之礼"，帝昺应居神位正中，但庙宇却尊仰宝圣王文天祥"首席"，通祐圣君和绍感尊王排在两侧。庙宇庆祝日，取仰宝圣王文天祥的诞辰日十月初八，可见文丞相在长坑民众心中的分量。

这座庙为什么要叫监宫？史载，端宗景炎三年（1278），文天祥在五岭坡（今广东海丰北）被俘后，元将张弘范给文天祥写信劝降，他坚决拒绝，书所作《过零丁洋》诗以明志。次年，被押送到大都（今北京），始终威武不屈，于至元十九年十二月初九日（1283年1月9日）在柴市被害。后人于文天祥被囚禁的兵马司狱故址建文丞相祠纪念。文天祥被俘坐监后，对其无限爱戴的长坑民众，想去探监已无可能，故将此宫庙命名为"监宫"，尊奉文天祥为"监王"，如此便不受限制，可天天去朝拜他。

每年十月初八是文天祥的诞辰，当地群众都要举行隆重的纪念活动。与其他"三忠庙"所不同的是，游香队伍会直接用彩牌写明纪念文天祥庆诞多少周年，如2015年，就是"纪念文天祥庆诞779周年"。

"监王"原属南斗村陈、林二姓村民"共有"，后扩展到玉美村苏姓，因林姓外迁，现在就是陈、苏二姓。再说陈姓，不只现在分布于长坑的六个村，还包括从南斗村分拆出去的山格村。清初，山格村的陈姓又会同谢姓、苏姓，在其境内建"万春宫"，同样塑造监宫的三位"圣王"和"太尉"神像奉祀。旧时，陈、苏二姓轮流祭祀"监王"，1981年重修监宫后，陈姓六个村四个角落，祭祀四年，苏姓祭祀一年。每年十月初八，值首角落都要牵头组织庆祝活动，请来戏班搭台演戏，备办奇珍巧果、供筵进行供奉，非常热闹。

长坑地面每年正月"做佛头"，即境域神明"联合春巡"，监宫里供奉的三位圣王也都要参与。而且，每年"联合春巡"日子不同，但都必须由监宫三位圣王通过"掷筊杯"的方式，从初三到初九，七天中确定一个"春巡"开始日子。每年"春巡"，以第一天"请王"

仪式最为隆重，要将三位圣王、太尉相公先请到"龙湖店"进行敬奉。祭祀时以"奠王"为著称，第一天"十二奠"，即要奠十二次酒和放十二响"铳枪"，第二天"二十四奠"，第三天"三十奠"，随香队伍浩大，一路铳枪声、鞭炮声震耳欲聋，龙旗闪闪，乐器声悠扬动听。

庙里有"签诗"和"杯诗"，以供前来朝拜三位圣王的信众，问"吉凶"求"平安"之用。监宫"签诗"以六十甲子为序号，故有六十首。而"杯诗"则以在三位圣王坛前"掷筊杯"的方式，求得阴、阳、信三种进行组合，计二十七项，分别对应不同"命运"。①

监宫与众不同的特色还有，每年除夕晚上亥时跨新年正月初一子时，庙里都要举行仪式，占卜新一年南斗、玉美两个村庄的"境运"。2015年岁次乙未，南斗、玉美合境境运为"信笑阴"杯，其中又分南斗境运"笑信信"杯，玉美境运"阴信笑"杯，均用一首"签诗"进行"解释"。除了占卜境运，还要占卜来年早稻、晚稻和茶价三项重要农事行情，2015年早稻早熟为"信信阴"杯，早稻慢熟为"信阴信"杯，晚稻为"三信"杯，茶价为"信信阴"杯。以晚稻和茶价为例，2015年南斗、玉美晚稻"签诗"为："福如东海寿南山，君你何故苦中间。富贵荣华天注定，太白金星守身边。"茶价"签诗"为："哑子得梦口难言，瞎眼穿针更不然。九曲明珠穿难过，孔子绝粮陈石贤。"依签诗内容，可以大体知晓两种农作物收成的丰歉。按照监宫惯例，须先占卜集体"境运"，结果出来后用红纸抄写贴在大殿柱子上，而后再让家庭个人——占卜来年"运图"。这项仪式自宫庙建成后就开始进行至今，每届此时当地人都会围观参与。

对监宫三位圣王顶礼崇敬，历来不止有很多民众前来膜拜添油，还有人把财产也捐赠给庙里。南斗有一位老者，生前将监宫附近自己的一片良田送与陈、林、苏三姓为"公田"，用作监宫烧香点烛、修

---

① 陈敦厚整理：《监宫·宝峰岩》，安溪长坑南斗文物保护小组印刷。

缮维护之用。监宫庙祝叫林紫竹，法号也是"紫竹"，祖上至他本人（第二十一世）已连续十三代在庙里担任道士，负责庙里日常管理和各种仪式活动。紫竹道士介绍，他的儿孙目前均已继承他的衣钵，仍继续担负管理监宫的职责。

道德标杆　因土成俗

千古英名垂宇宙，三公忠义震华夷。《礼记·祭法》曰："法施于民则祀之，以死勤事则祀之，以劳定国则祀之……"闽南尤其泉州，儒家忠孝节义观念深入民心，民众以文、陆、张"宋末三杰"为道德标杆，赋予其各种"人间职能"，既是我们每个人毕生效仿的先师楷模，人生迷途的命运"指引者"，又为灵响卓著的"地方治理"神祇，充满着强大的"道德能量"，和贴近民间、富于乡土气息的草根性、人情味，而永葆其旺盛的生命力。

"亿万年俎豆英英宋室忠臣，廿一史简编赫赫赵家正统""擎天节义锁瀛洲，护国忠贞扶赵宋"。这是安溪县剑斗镇仙荣村威灵宫里的两副楹联。晋江西溪从源头桃舟流经仙荣村时，天然形成一个小溪洲，因而仙荣也有"瀛洲"之称。这个溪洲小平原的田地之中建有一座威灵宫，为典型的闽南"皇宫起"民居格局，古厝外有土地庙，庙里安放有两个牌位：一是土地，一是麻公。牌位记载为明崇祯年间建。威灵宫主龛供奉文天祥、陆秀夫、张世杰塑像，塑像背后贴有"三官仁主尊王"。左侧龛位为张公圣君（法主公）像，右侧龛位为玄天上帝像。龛位前方供桌上有两尊文天祥小像，均为副身，左小右大。副身像两侧分别为武判和文判。

当地乡民介绍，每年农历正月初三，依年例要为文、陆、张三尊王"祝寿"，每三年还要举行一次连续三天的"大敬"，恭迎神像，绕乡巡境。

威灵宫最初并非供奉文、张、陆三神,而是"天、地、水"三官尊王,后来文、陆、张三神演化成为具体的"天、地、水"三官尊王,至于何时何故演化,则没有人能说得清。

闽南民间俗称三官大帝为"三界公",相信三官大帝是天、地、水三大帝的传说,把人格化的神祇还原为对天、地、水的自然崇拜,因此,一般不立庙奉祀。三官大帝地位仅次于玉皇大帝,受玉帝之命:天官管神界,司赐人福;地官管凡界,司赐人罪;水官管阴界,司解人灾厄。三官大帝有三个祭祀日,分别是农历正月、七月、十月的十五日,由于天官赐福,民间称为福神。

泉郡三官大帝宫在市区北门河岭巷,明嘉靖进士、泉州进贤铺人林云程,曾任江西九江知府,某年返乡探亲,路经进贤县,将该地三官大帝神像请回泉州老家,并献宅建宫供奉,铺因宫名曰进贤铺,宫亦称进贤宫,应为泉郡供奉三官大帝之祖庙。三官大帝一般并无具体所指,为何安溪剑斗仙荣威灵宫演化为"宋末三杰"?

答案在古称"小泉州"的安溪县湖头镇,与清吏部尚书、文渊阁大学士李光地有关。湖头溪后渡双溪口南侧有一座惠泽庙,庙里碑文记载:"清康熙二十七年(1688),'三杰之灵'在危难之时护送名相李光地安然抵京,忠烈之心为圣祖所感,敕封为'三官大帝',御书匾额,灿然至今。"说的是,康熙二十七年,李光地告假在家,庄妃皇太后归天。在朝的徐乾学故意不及时通知李光地,致使民间流传有"午时三刻到泉州"的故事。李光地火急赶到了京城,还是误了出殡丧期。后来,康熙皇帝查明原委,豁免了李光地死罪,李光地启奏康熙皇帝,是家乡庙宇供奉的"宋末三杰"文天祥、陆秀夫、张世杰英灵一路"照顾"他,才得以从湖头老家坐船到泉州。康熙皇帝听后随即题写了"三官大帝"牌匾,并钦赐在湖头建"三官庙"奉祀忠魂。如今,康熙御书匾额依然保存在湖头惠泽庙。

惠泽庙历今已三迁。原址在溪后渡书房边,因建湖头医院,迁于溪后渡双溪口南侧。今因新城环湖路建设，又易址重建，迁于双溪口南侧之万金埕。原址神像迁至新址，神位中间为三官塑像，文天祥居中，张世杰居左，陆秀夫居右。三像前方均有一尊各自的小像，两侧有文判、武判像。左侧龛位从左至右供奉麻公尊王、土地公和文昌公；右侧龛位从左至右供奉恩主元帅、田都元帅。每年农历正月初四，所属五股民众均要"迎佛进香"，举行南音、艺阵、旗队、舞狮、莲花阁、车鼓等民俗艺术活动。

惠泽旧庙迁建在田地中，背朝湖头溪；新庙在原址斜对面，面朝湖头溪。两处建筑朝向不同，据说是因为河对岸百姓说三位英雄乘坐的马匹夜间显灵，将河对岸田里种的麦子都吃掉了，于是改旧庙门背向田地。如今，由于河对岸不再种植作物，重建惠泽庙时又将庙门改朝湖头溪。庙宇里有"唯留气节参天地，永剩丹心照古今""天官地官水官三官之灵纪纲造化，上元中元下元三元之气流行古今""千秋俎豆祀三官，四境庶民尊一庙"等楹联，均镌刻于石柱上，述说着湖头民众对于忠义之士的永久怀念。

康熙皇帝赐封"宋末三杰"为三官大帝，准许湖头建惠泽庙供奉。地处湖头溪上游的剑斗威灵宫，遂参照惠泽庙，将文、陆、张三忠赋予"天、地、水"三官的神职功能，塑像加以崇奉。威灵宫有副对联"千秋俎豆祀三官，四境庶民尊一庙"，应"改编"自惠泽庙的对联"亿万年俎豆英英宋室忠臣，廿一史简编赫赫赵家正统"，"俎"与"豆"是古代祭祀、宴会时盛肉用的两种器皿，后引申指祭祀和崇奉，两副对联都是说民众将世世代代供奉文、陆、张三位忠义。[①]

闽南民间所崇奉的"日月太保"，文、陆、张"三忠""三官"及"正顺尊王"等神明，其身份标准都是具有儒家优良品质的士大夫形象，因此一再得到国家王朝祀典的承认与宣扬，为广为分布、发展获得前

---

① 兰婕：《安溪考察笔记》，未刊稿，2015 年 10 月。

提条件。其次，闽南多山、僻远、闭塞的自然地理环境，和民间流行的"鬼神信仰"思想和祭祀文化，不断"自我调适和重建传统"的人文社会模式，赋予上述信仰更为强劲的生命力和创新力。第三，宋元时期，闽南社会再度重构，明清时期的移民播迁，使"日月太保""三忠"等信仰"因土成俗"，进一步本土化，并逐渐渗透民间，占据地方信仰文化重要的一席之地。

猎人张氏，随带"三忠"信仰，打猎到晋江源头，于是才有安溪桃舟双溪宫；而长坑监宫的来历，也与一位猎人有关。据说是一江西人氏打猎到南斗，身边随带三位圣王香火袋，落脚后将其挂在今南斗小学内的樟树上，天天奉祀，待这位猎人准备返乡时，香火袋已取不下，经"掷筊杯"征得三位圣王同意，南斗群众便建监宫，并将樟树砍下塑成三位圣王金身，在庙里奉祀。1981年监宫重建落成、监王"开圣眼"后，前来行香添油的信众日益增多，除本境民众外，还有移民海外的南斗乡亲。

台北市社子监王宫，位于台北市延平北路6段155巷36号，是长坑南斗村移民台湾的陈重华之子陈万益所建。清光绪初年，陈重华率家眷及亲族渡台时，随带三位圣王香火，初在家中供奉，后由出家台北行天宫的儿子陈万益（法号清真）在社子住家附近，购买一处空地建庙供奉。社子监王宫供奉宋帝赵昺及文天祥、陆秀夫、张世杰三位忠臣，信众奉为千古英烈神祇，视为社子地区的保护神。台胞陈金万返乡时，特地带来社子监王宫三位圣王的刺绣神像，和台湾"人人文库"出版的《文信国公研究》（林逸著）、《宋代兴亡史》（王云五主编，张孟伦著）二书数册，供长坑民众学习。

安溪双溪宫、监宫，漳浦湖西三王庙……的倡建者，那些携带香火袋的猎人，极有可能是追随文、陆、张抗元的士兵，兵败后散落闽南山野之间，以一种特别的方式缅怀"主公"，以英雄的忠烈之精神，教育后世子孙不忘"前尘往事"。〔2016年笔者偶然获知，长坑南斗陈氏族人从徙居安溪白濑乡霞镇二房派旧家谱中找到线索称,南斗东山陈氏祖先为陈瑁(四三公),系南宋名将陈文龙之子,陈文龙殉节后,"知宋祚将改",携子陈愈(四四公)及"家眷流离","先在兴化仙游矿山,寻移居泉州居湖山后溪(即今湖头后溪)三载"。不久,元朝诏捕宋兵,陈瑁担心湖头山林不深,不能自保,于是"寻僻潜踪",翻越湖山,来到长坑南斗,"卜宅于东山头",构堂而居,是为南斗东山祖。陈文龙为宋相陈俊卿之后,度宗咸淳四年(1268)会试,取进士及第一名,端宗景炎元年(1276)拜"参知政事"兼"闽广宣抚使",知兴化军,同与文天祥、陆秀夫、张世杰辅佐宋王朝,其后世子孙迁居长坑后,建庙供奉文天祥、赵昺、陆秀夫三位圣王即是情理之中了。而白濑霞镇陈氏播迁自长坑南斗,当地一样建庙供奉文天祥、陆秀夫、张世杰,尊为"三官爷",这种尊号显然又是受处西溪上游的剑斗威龙宫、桃舟双溪宫和下游的湖头惠泽庙的影响。〕

据《安溪姓氏考》①载,蓬莱上智胡氏始祖胡浩斋,是宋王朝最后一位公主安乐公主的驸马,赐南安二十四、二十五都后边乡。时陆秀夫为丞相,张世杰为大将军,扶太后及幼主督师抗元,死于张弘范之手。因担心被元军剿灭,隐姓埋名,直至明代,胡浩斋的后代才公开露面,又来安溪上智定居,为上智胡氏为始祖。美国汉学家贾志扬在其著作《天潢贵胄》②中指出,今日中国和海外庞大的赵氏宗族成员,都有一条一直通向宋朝皇帝的血脉通道。如此,安溪城厢、金谷等地及闽南各处的赵氏也都是宋朝皇室宗族的后裔,虽然"赵宋"已经过去七百多年,但对许多人来说,宋太祖所设想的"代复一代,皆为有服宗亲"依然有特殊的含义。

无论是帝昰、帝昺兄弟转战入闽所经线路,还是晋江、九龙江两

---

① 慧净居士(徐天荣):《安溪姓氏志》,1995年。
② (美)贾志扬著,赵冬梅译:《天潢贵胄:宋代宗室史》,凤凰出版传媒团、江苏人民出版社,2010年。

岸，处处皆可见"崖山"之后的"中国"。什么是"中国"？宋朝只是"中国"之一。宋朝到公元1279年就结束了，但"中国"仍在继续。闽南的人们以各种方式纪念着宋朝的历史人物，并以这种方式延续着"崖山"之后的"中国"。

七月的狂欢

依往年惯例，每年农历七月二十九日一大早，母亲都会急急赶到村口的墟市，置办当天傍晚敬供"普渡公"的米粿、果品、菜肴、鸡鸭等，虽然如今市场供应丰富，她还是担心到晚了，采购不全供品，对"普渡公"大不敬。母亲说，当年嫁到厚安时，我的祖母就叮嘱她，门楼（我家所在的村庄角落）"普二十九"，这一日是普渡的最后一天，自初一起来到阳间的孤魂野鬼，必须回归冥府。七月末日俗传是地藏王菩萨的生日，地藏王所管辖的阴间门，在这天必须关起来，称之为"关鬼门"或"关地狱门"，故而敬供管理那些孤魂野鬼的"普渡公"，就显得非常重要，大意不得。母亲还说，相传门楼一开始并没有轮到普渡，那些吃不饱的饿鬼就来滋扰，后来村里耆老商议，决定在"关地狱门"前一天"普施"，备办丰盛牲醴，家家于门前致祭，向那些孤魂野鬼祈求平安、幸福。据说"普施"之后，吃饱喝足的孤魂野鬼再关入冥府后，门楼从此家家安居乐业。

蓝溪是晋江上游，贯穿安溪全境，流经安溪县城时把城区"一分为二"，南边是永安里（厚安），北边是在坊里（老城），厚安与老城隔溪相望，进入农历七月，街衢里社每天都有几个角落在轮流举行普渡。据说很久以前，厚安与老城普渡原是在同一天举行的，后来由于采购祭品时市场供应不足等原因，经常发生纠纷甚至宗族械斗，为避免矛盾和冲突，经调解协商，用抽签方式决定从七月初一到末日轮流普渡的日期。母亲说，按村、角落、街、巷序日而供，野鬼们便日日有食而不为祟，而各里社轮流普渡，日期不一，乡民们还可彼此邀宴，呼朋唤友前来"吃普渡"，其乐融融，总之，轮流普渡于人于鬼均有好处，于是这项"民间约定"便流传开来，数百年不改①。明清以后，还随着闽南人的迁徙，播迁到台湾和东南亚地区。至于普渡祭祀地点，一般选择在蓝溪边或面向蓝溪的方向。在安溪，凡有普渡的村庄，大多分布在蓝溪两岸，与水系高度的关联，从普渡的种类看，应属于"水普"②。

清乾隆年间，安溪县为坊者一，为乡者四，乡为里者十五。坊为在坊里，即老城。四乡为归善、积德、金田、修仁。永安、长泰、光德、依仁四里属于归善乡；新溪、新康、崇信、龙涓四里属于积德乡；龙兴、还集、感德、常乐四里属于金田乡；感化、来苏、崇善三里属于修仁乡③。这些乡里并非都有普渡民俗，有普渡民俗的里社一般临溪。在坊里（老城）和永安里（厚安），溪南与溪北，应是一个序日而供的完整普渡体系。在坊里有东、西、南、北四条街道和尾寮乡、深内乡、上场、虞都乡、大岭后乡等13个社区单元，对岸的永安里有北石乡、同美乡、澳江乡、龙湖乡、土楼乡、厚安乡等23个社区单元。这些社区单元内部还有若干角落，它们依照抽签方式，决定各自普渡日期。地处蓝溪上游的虞都乡（即今吾都村）恰好"普初一"，"普初一"者要设坛竖"普渡旗"。庙前设坛又称"结坛"，坛中央悬挂"三官大师像"，前方摆放上下两层的神桌，上桌置三个斗灯，下桌置神像、香炉。斗灯为斗内盛米，并放古铜镜、古剑、小秤、剪刀、尺子等，

---

① 日本东京都立大学教授认为，在泉州，以"铺境"为单位轮流做普渡是清末才开始的。清乾隆年间，地方乡绅出面商议决定城厢三十六铺的轮流普渡日期，而七月半节依旧家家祭祀祖先。参见其《闽南文化与周边文化比较谈——从普渡、中元节习俗看闽南文化》。
② 除"水普"外，还有"街普"（按街区划分）、"市仔普"（按市场划分）、"庙普"（按寺庙划分）等。
③ 清乾隆版《安溪县志·坊乡》，厦门大学出版社，1988年，第78—79页。

表示驱邪缴福。坛前连排长桌，让社区的家家户户摆放供品。"普渡旗"即动幡，由纸糊成，七层、九层由里社自定，幡头画大士佛祖（白衣大士）像，俗谓"立幡普施"。用观音菩萨来立幡头，奉祀坛中，是因为民间确信其救苦救难，祈祷必应，威灵显赫，足以"压孤魂"。僧道诵经忏超度孤魂后，将大士像焚化。设坛期间，社区男女如云，皆到坛前焚香、礼拜。

尽管普渡种类很多，范围很广，但如前所述，都是集体行为，故普渡又称"公普"。安溪县城七个街头经过历史变革，现在统一定为农历七月廿九日举行全城普渡。龙门桂湖沈氏、官桥赤岭林氏等，是以宗族为单位集合共同普渡，俗称为"大普"。蓬莱龙居龙显堂普渡更是集庵堂派下各角落一起做普渡，场面壮观。若集中在庙里，由庙中住持主持仪式或社区选出的"普头"来担任主祭人的，称"庙普"。官桥莲美村、莲兜美村农历七月十七日集中在东岩寺（俗称狮子岩）遗址举行普渡。庙普前夕，各寺庙在庙前竖一根高达数丈的"灯篙"，顶端挂一圆形灯笼，书以"庆赞中元"四个红字，用以召集孤魂前来集聚。民间认为，灯篙竖得越高，照得越远，召得前来接受普渡的鬼魂也越多，祭典也越盛大。七月末日"关地狱门"，这天傍晚，有竖"普渡旗"或"灯篙"的庙宇和村子都要将其倒下，此举俗称"倒灯脚"。各家各户则在自家门口摆上酒、饭、菜，主人拈香祝告，今年普渡之月已经结束，望孤魂野鬼"众兄弟"走好等，然后焚化冥钞、经衣等给"众兄弟"使用，至此，普渡月宣告结束。除庙前结坛外，安溪古时还设"孤棚"，供置极为丰盛的各种供物，以满足平时无人祭祀的孤魂野鬼来吃喝。《会典》载：每岁清明日、七月十五日、十月朔日，祭无祀鬼神于本城于北郊。府、州称郡厉，县称邑厉[①]。"先

[①] 根据明嘉靖《安溪县志·规制类》"坛壝"记载，明代安溪除"邑厉"外，还有"乡厉"，每乡建"乡厉坛"，祭一乡之厉。"洪武八年，每里各设一所，四周土墙，中筑土台一座。祭与邑厉坛同日，里中父老，备物致祭。"

一日，委官打扫坛宇。至期，承祭官穿补服先诣坛，祭品（帛、爵、猪、羊、酒、果）安于棚内正中，棚外两旁设孤魂牌位，牌写'孤魂之位'，东西相向，各列香、茶、纸、烛、馒首、酒肉、米饭。委员迎请城隍像赴坛。"①各种准备工作完成后，主祭官带领各陪祭官上香、献帛、读祝文、献爵并行一跪三叩头礼，仪毕，焚化孤魂牌位、祝帛、纸钱，其间参与祭祀的人均虔诚恭敬之至。"邑厉，知县主祭，佐二吏目、典史等官陪祭。"由一县之长担任邑厉"孤棚"主祭，可见其规格之高及闽南鬼神崇拜之盛。

"普渡"原是佛教的术语，意为广施法力，使众生遍得解脱。这个词为什么会演变成人们祭祀祖先和孤魂野鬼的节日？早在汉代之前，中国就有上元、中元、下元三个节日，中元在七月十五，这一天又叫"七月半"，是祭祀祖先的日子。"七月半"时间不限于一天，犹如清明前后上坟都算过清明一样，七月十五前后，祭祖都是过"七月半"。东汉末年佛教传入中国后，佛教中的"目连救母"的故事很快传播开来。由于"目连救母"的传说与中国传统的孝道精神不谋而合，故很快为人们所接受。经南朝梁武帝的提倡，以"目连救母"故事为中心的佛教盂兰盆会与道教的中元节合二为一，并逐渐取而代之。乾隆版《泉州府志》载："中元祀先，寺观作盂兰会，俗名普渡。南国风俗，中元夜，家户各具斋供，罗于门外或垌衢，祝祀伤亡野鬼。"史料表明，清乾隆年间起甚或更早，民间在七月十五祭祀祖先的同时，庙宇已开始"庙普"，祭祀孤魂野鬼。

宋代，闽南"七月半"是由地方最高长官——知县、知州主持。据《真西山文集》卷49记载，举行祭祀时必须"洁斋行事，毋得出谒、宴饮、贾贩及诸烦扰"。绍定五年（1232），农民起义军攻陷德化、永春两县，知州不仅谴责县官僚佐"相先自作全躯之计，委群氓于锋镝之下，

---

① 清乾隆《安溪县志·祀典》"厉坛仪注"，厦门大学出版社，1988年2月，第54—55页。

举二邑为煨烬之余"，使将士、百姓"游魂荡于太空，枯骨曝于旷野"，还亲自主持普渡仪式，为死去的将士和百姓祝愿"无复久淹之系，西方净土举为极乐之游"。由此可见，宋代，中元节与盂兰盆会已合为一体，重点由祭祀祖先演变为普度众生。嘉靖《惠安县志·典祀》记载，至明代，普渡祭祀权力下放至里社，由里社"每岁轮一户为会首"，"其轮流会首，及祭毕，会饮"。宋代"洁斋行事，毋得出谒、宴饮、贾贩及诸烦扰"的严肃规定逐渐改变，成为一种"全民狂欢"的习俗。

南方其他地方过"七月半"的时间，一般是延续三五天，而闽南的普渡，则延续为一个月。但同在闽南，很多地方有过"七月半"的祭祀祖先习俗，却没有祭祀孤魂野鬼即做普渡的习俗。以安溪城区为例，溪南溪北，各街道里社从初一到三十日，每天都有一方百姓做普渡，称"普渡日"。吾都"普初一"谓之"开巷口"，即"开地狱门"；厚安一些里社"普二十九"谓之"关巷口"，即"关地狱门"。普渡的同时也祭祀祖先，但必须在七月初一至十五日内完成。我的家乡门楼一般是临近"七月半"的前几日开始祭祀历代祖先，包括宅基主（地基主）等信仰，七月十五日截止。参内乡（长泰里）的员潭、罗内、岩前等村，家家户户有做普渡，距离岩前不远的祜水村则没有这种习俗，说明普渡地域与变迁的复杂性。"七月十五普万仓，十六普顶（关帝）庙，十七普枊楠（新桥），十八普船巷，十九普溪后渡，廿普横山，廿一普坝头桥，廿二普选贤，廿三普溪美苏，廿四普宗城境，廿五普路源（郭坂和外埔），廿六普翰林都，廿七普店尾路，廿八普新路，廿九溪后渡，卅普'午路'①。"这是安溪湖头镇（来苏里、感化里）民间流传已久的"普渡歌谣"，从这首民间歌谣可以看出，湖头只有一些村庄里社有普渡民俗，而且普渡时间是从"七月半"开始的，一直延续到月末；七月初一至十五日则主祀祖先，鬼与祖先的区分十分

---

① 午路，闽南语指各路，即四面八方。这一天大家要共同做普渡。

清楚。湖头往北的内安溪乡镇，如长坑乡（还二里）、祥华乡（崇信里），都是七月初五至十五日做"七月半"，祭祀祖先，但"七月半"后则没有做普渡的习俗。长坑乡陈氏家族数百年来延续，七月初五至十四日，各家在各自厅堂祭祀先祖，十五日统一在陈氏大宗祠祭祀共同的祖先，仪式十分隆重。"七月半"这一天不做普渡而要祭祖先的习俗，在晋江下游的泉州鲤城区，那些以"铺境"为单位轮流做普渡的里社同样存在。

普渡也称"普施""普赐"，主要祭拜对象是俗称"众兄弟""门口公""人客"的孤魂野鬼；也有说是"普渡公"，对于"普渡公长什么样、平时在哪里"之类的询问，人们的回答是"具体样子不知道，他到处有""是孤魂野鬼的头，是管孤魂野鬼的"，等等。安溪蓬莱镇魁美古渡口有一座"普渡公龛"，但龛里面空无一物。由于"普渡公"是一种没有具体传说、没有具体形象的"威胁性"存在，这些孤魂野鬼在农历七月会被放出来，到阳间享用民间的致祭，并带回在地狱生活的经费与用品，因此，在闽南人的观念中，整个农历七月是鬼月或鬼仔月，在这个月中人们不婚嫁、不祝寿、不乔迁，不办各种喜庆之事，唯恐将孤魂野鬼引进门。但是也有例外，安溪长坑乡农历六月不办婚嫁、祝寿及乔迁等各种喜事，七月则没有这种限制，民间在祭拜列祖列宗的同时，兼办事关家族家庭"添丁""发财""转运"喜事，好不热闹。在闽南，七月祭祖，做普渡，办喜事都要宴请亲朋好友，吃喝一番。备办的食品要足够丰盛，理由一是怕酒菜"供不应求"，引得"普渡公"吃不饱生气对自己家人不利，二是怕祭祀后邀亲唤友来"吃普渡"，排面不够大，场面不够热烈，没面子。有人说，各家各户请很多客人是为了显示自己，也有人说是怕"普渡公"吃完祭祀不走，叫来很多人可以壮胆，吓走他，我想，后者的理由也许是原始的，前者则是派生出来的一种客观效果。事实上，"吃普渡"兼有很大的社交功能，使人们增加更多互访机会。北京大学教授王铭铭也认为，中元节普渡在安溪县是分里进行的，属于地方性的轮祭，献祭之后，在家中举行宴会。祭鬼是一种驱除外来危害的行为，表现溪村[①]各房头各自的边界和内部认同，同时表现全家族共同合作处理外来危害的态势，但在祭鬼之后举行的宴会，则反映不同宗族之间的密切联系。[②]

关于"普渡"这一民俗，闽南各地民间均流传有不少传说故事，这些传说故事世代相传，耳熟能详，具有坚韧的传承性，其持续而强大的生命力，影响所及，都是不可忽视的社会现实。安溪官桥镇赤岭村（街）的普渡时间为七月十九，传说此日乃赤岭林氏始祖林复春（字伯祥，号朴翁）所设。明正统十三年（1448），林复春活捉沙县邓茂七农民义军三百人，凿崩圳，垦赤岭，奠下林氏永世鸿基。农历七月二十日是林复春生辰，有一年他大办宴席请亲戚朋友，三百流亡士兵在宴席后满面涕泪为林复春所视，林复春问何故流泪。为首答曰："公对我等深恩，永世难忘，但公若登仙后，我等又无嗣传，死后恐无人祭祀，故泪之。"林复春安慰："你等不必虑之，我仙逝前定交代子孙，在我生辰前一天即七月十九，大办宴席请诸位入祖祠宴胙，永不更改。"若干年后，林复春及三百流亡士兵去世后，其裔传子孙果真严尊祖训、祖制，在农历七月十九日以林复春裔传五大房头轮流担任"普头"，大办宴席，不仅"宴请"开垦赤岭，立下功劳的三百"亡灵"，甚至连周边七县的孤魂野鬼，亦可在这一天入赤岭大草埔祖祠宴胙，但孤魂野鬼要入祖祠参加宴胙时，需先通过普渡公坛，从观音菩萨化身为凶悍大力士手中拿的金箍中通过，方可入席宴胙。普渡当天，林氏祖祠大厅里应备120盘开先碗、120碗饭菜、120个酒茶杯，据说是供三百流亡士兵中的"猛将"享用的，因这120名"猛将"在

[①] 指安溪凤城镇美法村，1991—1995年，王铭铭曾两度在此开展其人类学研究的田野调查，后出版学术著作《溪村家族》。
[②] 参见王铭铭《宗族、社会与国家——对弗里德曼理论的再思考（中）》。

凿崩圳、垦赤岭时曾立下极高功劳。①

闽南民间七月普渡的用度极高,为"满足"孤魂野鬼的享用和亲戚朋友"吃普渡",普遍十分爱面子的各家各户往往要大操大办,酒池肉山,铺张浪费极多。铺张浪费的不仅仅只是吃喝,祭拜神鬼、娱乐庆贺、演戏酬神也是花费甚巨,如单单普渡所烧纸钱"有值十金、八金者,至贫之家所烧纸币亦值金数角,相习成风,毫不吝惜"②。当这种花费超出经济收入所承受的能力时,必然使许多家庭倾尽积蓄,倾家荡产。安溪赤岭村(街)流传着一段民谚:"赤岭一日一直走,走出一个七月十九;上苑一日一直挑,挑出一个九月初三。"说的是赤岭、上苑以前大多做小本生意,但是一年到头的忙活,也仅够七月十九日一天普渡和九月初三"尪公"(大德禅师)庙会的花销。又流传着一句民谚:"赤岭普渡,墩前了(闽南语,损失之意)芋。"为何墩前会"了"芋呢?原来墩前挨着赤岭,没有普渡习俗,但逢赤岭普渡日时,墩前各家的亲戚都会赶到赤岭看戏,自然到墩前找亲戚吃住,此时墩前芋头刚好成熟,于是挖芋做咸饭供看戏的亲戚吃,如此一来,田里的芋头基本挖光,于是人们就说:"赤岭普渡,墩前了芋",典故流传至今。这也说明,普渡作为一种俗文化,有其鲜明的地域性,体现交往中的人情性,也充斥着原始的落后性,盲目的非理性。因此其中一些陋习很早就引起有识之士的反对,并遭到地方政府的禁止。明代弘治年间编纂的《兴化府志》卷一五载:"太守王公弼,以其无益,尝出条约禁之。"可见,明代时就有人反对中元节普渡陋习。到了清代、民国时期,新中国成立后,有关这方面的记载更为详细具体。这也是普渡习俗今天慢慢简化的原因之一。

"春节无回家没某,七月半无回家没祖。"这是闽南民间流行的

---

① 林清河:《官桥民俗》,中国楹联出版社,2010年,第33—34页。
② 转引自方宝璋:《闽台民间习俗》,福建人民出版社,2003年,文载《安平县杂记·节令》,光绪二十三年抄本。

一个说法。春节和"七月半",节日不回祖家的后果,一个是"没某",妻子会跑掉,一个是不参与"祭祖",会被视为数典忘祖,是大逆不道的行为。在中国,祭祖向有"春露秋霜、追远报本"之意涵,中元祭祖与清明祭祖大体相同,清明属于墓祭,"七月半"相对自由,但必须于正午前完成,否则祖先就吃不到祭品。祭品通常与祖先在世时喜爱的食物为主,所谓"事死如生",但也不拘泥,如今的祭祖,时兴的饮料、儿童食品均可常见。祭祖有族祭与家祭之分,族祭规模一般较大,特别是大姓望族,仪式更是隆重。族祭往往在其家族祖厝、祠堂等举行。如前所述,长坑山格陈氏"七月半"的族祭与家祭就规定得十分明确。家祭是在家中厅堂上摆设祭品,焚烧冥钱,祭拜祖先神牌灵位。祭祖的同时,还要祭鬼魂。与孤魂野鬼相比,祖先也是鬼,只不过是有血缘关系、情感相通的鬼,人们祭祀他们更重要的是祈求得到保佑、为子孙辟邪徼福。而祭祀孤魂野鬼,则是为避免他们作祟,危害人间。"鬼无归则为厉",因此要在七月规定时间内举行普渡祭典,飨之娱之,谖之媚之,使其心满意足而回到冥府,不致破坏扰乱人们的正常生活。为使鬼魂满意,普渡之时,许多里社往往要延请戏班演戏以酬鬼魂,所演之戏最多的是《目连救母》。此戏情节曲折复杂,可连演七夜,观众百看不厌。普渡结束时,也命优人"演戏以为乐,谓之'压醮尾',月尽方罢"。

时代在发展,普渡民俗已有所"降温",一方面,随着经济条件的改善,生活在贫困年代的人们,口中常常叨念的"傍神祝福(口福)",已无需单靠普渡祭祀来满足,酒肉、饭菜、糖饼、水果等早已是各家寻常所见;一方面,社会的进步,人口的自由流动,城镇化进程的加快,人们固有的观念也迅速改变,对越来越多的年轻人而言,提起普渡、"七月半"时大多茫然一片,这项已经延续两千多年的民俗传统会不会消失?会不会等到有一天濒临消失,我们才要来"抢救""保护"和"申遗"?

在古意里，鬼是归的意思，就是生命最终的归属。《韩诗外传》中说："鬼者，归也。"《礼记祭义》里是这么解释的，"众生必死，死必归土，此之谓鬼。""鬼"文化在中国文化中也意味着逝者以另一种形式存在并深刻影响着我们。如何正确对待？虽然孔子说"未知生，焉知死。未事人，焉知事鬼"，但孔子并不是认为鬼和死亡就不重要，而是认为在安顿好生命，把握好当下的情况下，讨论死亡和鬼神才有根基。人是基础，而鬼是超越，生是前提，而死是净化。这就是"生死""人鬼"的辩证关系。因为鬼与人异质而同构的关系，人们对鬼神早已从害怕到不怕甚至斗争。如果说"子不语怪力乱神"并且"敬鬼神而远之"是一种消极的思想，那么东晋时期把民间鬼神传说改造和吸纳进儒家道德体系，形成儒道释合一的独特的中国文化"景观"，则是一种积极的态度。

鬼神固然不可怕，甚至不存在，但我们仍然必须心存敬畏，须知"举头三尺有神明""人在做、天在看"，倘无敬畏，则可能无所不为，无所不为难免无恶不作。春秋时期，郑国子产讲"鬼有所归，乃不为厉"，为了不让那些编制外的鬼在外头瞎捣乱，他又说"吾为之归也"，而归的办法，一是入土为安，二便是祭祀。所以，从古至今，农历七月各地都要大举祭祀。普渡、"七月半"的意义，一是给我们历史感，让我们不忘先人遗泽，在追思中自勉自强，不堕家声，传承高贵，恩泽后世；一是让我们心怀敬畏之心，敬畏自然，敬畏天地，敬畏鬼神，这也是标榜"科学开放"的现代人最为缺失的品质之一。倘若每个人均能约束自我，善待他人，有所为有所不为，则人类的历史将开出新的篇章。

景美集应庙与木栅铁观音

英国著名的汉学人类学家王斯福（Stephan Feuchwtang）教授，曾在其学术专著《帝国的隐喻》描述台湾一个叫山街的地方信仰分香的故事。[①] 这并非是一种崇拜分成几种崇拜的故事，而是三个人把中国大陆上的一尊翁公的塑像、翁公夫人的塑像以及一只香炉带到台湾，并将这三样东西分开，每一个都成为一个独立的、分支的崇拜，其又与这三个伙伴的每一家一户的姓氏联系在一起。山街即今日台北文山区石碇，这三个人其实是高、林、张三个姓氏。

携带祖地的香火，从闽南安溪山区跨越海峡，在台湾建立起聚落，当年瓜分翁公圣物的那三个姓氏（一说是高、陈、张）的后代，不仅建立了整个区域相互串通又彼此竞争的庙宇"地图"，而且创造了台湾茶叶早期国际贸易的辉煌。连横《台湾通史》记载："迨同治元年，扈尾开港，外商渐至。时英人约翰·陶德（John Dodd）来设德克洋行，贩运鸦片樟脑，深知茶叶有利。四年，乃至安溪配至茶种，劝农分植，而货其费。收成之时，悉为采买，运售海外。"此后，茶叶迅速成为台湾最重要的产业，台湾茶大行其道，风行弥远，台湾所有港口最大宗的商品是茶叶。

对此，台湾甲等评茶师、曾花十年时间遍访台湾茶山，号称最了

[①] 王斯福著：《帝国的隐喻》，江苏人民出版社，2009年，第351页。

解台湾茶真正门道的专家陈焕堂，在其与林世煜合著的《台湾茶第一堂课》①中说，"这才真正是台湾茶叶起飞的时刻，时当1866年。台茶这一起飞，立即和帝国主义及资本主义挂钩，带动台湾经济、社会、人文走入全新的时代。"而1866年，宝顺洋行的陶德从安溪给台湾带来的茶树插条，最早就是在台北盆地周边的山上种植的，并由此拓植到全台湾。

拓垦所至，圣迹相随

1966年，王斯福从遥远的英国来到他称之为"山街"的台湾石碇，开展中国民间宗教仪式活动的田野调查。依据他的调查，这里的宗教仪式活动，是一个市场、行政与教育联结在一起的体系，同时也是一个地方节庆与精英宴请的体系，受到作为台湾工商业和政治中心的台北市人的光顾。

山街位于景美溪、新店溪的交汇之处，溪水从上游流到此处，形成台北市的河谷地带。在这两条溪流汇合处的三角地带，建立起了这个小镇的房屋、商店、煤矿、政府机关、学校和庙宇。两条溪流的上游河谷地带，坡度较为平缓的，被开垦成梯田，种植稻谷，辟有橘子园和茶园；坡度较为陡峭的，用来种植木材和甜马铃薯。王斯福调查得知，在这个小镇以及附近地区居住的中国人，都是19世纪头十年里，从福建省移民过来的。在短短的几十年里，这里便兴起一个市场小集镇，期间（据台北县民国版的地方志，是在1839年），建立起了庙宇。

王斯福了解到，山街的庙宇是更为接近台北市中心的那个市场集镇的一个分支，而那里的庙宇，其本身的由来，又是中国大陆福建省

---

① 台湾如果出版社，2014年。

安溪县一座庙宇向外扩散的结果。往台之前,我多次到安溪县的这座庙宇,距离县城70多公里的大坪乡调查,当地人称这座庙宇叫集应庙;来到台湾,到文山,则知道,更为接近台北市中心的那个集镇叫景美镇,而这座庙宇也叫集应庙,和安溪县大坪乡的集应庙,同样供奉着王斯福著作中称为"翁公"的保仪尊王。

午饭后,我们从新北市三峡区出发,来到文山区已是下午两点,汽车在繁华拥挤,然而井然有序的街道穿行半个小时后,便到达景美街37号,林立高楼之中,一座二进二廊二护室,古朴庄严的闽南式宫庙建筑呈现在眼前,这就是景美集应庙。庙宇管委会主任委员高义秀,总干事高金良,台北市高姓宗亲会名誉理事长、文山区改善民俗实践会会长高辉煌等景美高氏乡亲,已在庙前迎候多时,艳阳之下,这些年事已高的高氏乡贤,满头大汗,令我们到访团一行非常感动。

高义秀、高辉煌等当年都接受过王斯福的采访,是景美有名的乡绅,对笔者所提的问题一一作了解答。1967年,景美镇与木栅区划入台北市。1990年,景美区和木栅区合并成立文山区。景美旧称"景尾",由于昔日"公圳"(官修水圳)流到景美旧桥时,已近终点,故有"尾"之称。而闽南话"尾"与"美"同声,因此"景尾"便雅化为"景美"至今。

景美集应庙始建于清咸丰十年(1860),庙址原在竹围(今景美国南侧小操场边),清同治六年(1876),迁至现址景美街37号,1985年定为台湾三级古迹,主要供奉福建省泉州府安溪县人的保护神:保仪尊王张巡和保仪大夫许远。清康熙年间,福建安溪大坪村的高、张、林三姓先民开始移民台北,因在福建原乡世代种茶,故移居台湾后,他们选择同是丘陵地的文山来种茶谋生,同时奉请大坪集应庙的保仪尊王、保仪大夫随行佑护,三姓轮流奉祀。

移居台北的安溪大坪先民,由淡水河口登陆开始发展,至乾隆十九年(1754),三姓已共同开发台北市大安文山地区,时北投、淡水、文山、大安、新店、深坑、石碇等地，祖籍安溪的移民越来越多，当然供奉安溪乡土神明的人也越来越多，一座集应庙自然拓展成三座，分别是现在景美市场内的高氏集应庙、武功小学附近的林氏集应庙和木栅中学对面的张氏集应庙。

关于集应庙"一分为三"，也就是王斯福书中关于"山街"信仰分香的故事，文山当地还有个有趣的说法。景美集应庙主委高义秀介绍，清咸丰三年（1853）发生顶下郊拼事件，三姓意见分歧决定分家，"保仪尊王"圣像、"保仪尊王夫人"圣像以及"香炉"由高、林、张三姓抽签分配。结果，高姓抽得保仪尊王圣像，另雕保仪夫人圣像，现四年驻驾景美集应庙，一年驻驾北投集应庙轮祀；林姓抽得保仪夫人圣像，另雕保仪尊王圣像，现奉祀于万隆集应庙；张姓抽得香炉，另雕保仪尊王圣像、保仪夫人圣像，现安奉于木栅集应庙。[1]

此外，深坑、石碇、树林、永和、新店等地，凡安溪裔茶农聚集之地，也都建有集应庙、集顺庙、忠顺庙、保仪庙、双忠庙，奉祀保仪尊王和保仪大夫。民俗学家研究认为，保仪尊王的"职能"是乡土之神、防番之神、除瘟之神，能防御匪患，抵御侵扰，赐福民众，同时也是茶叶守护神，传说能驱赶虫害，保护茶叶生长，故安溪人拓垦所至，保仪尊王圣迹所履，上述的轨迹亦可见安溪人在文山地区播迁的状况。

安溪木栅，韵本一家

人生的机缘巧合无处不在。此次台湾之行，原先的计划并没有安排到景美集应庙考察，是上午在三峡长福岩清水祖师庙时，闻讯赶过来的台北市高姓宗亲会副理事长高天浩乡亲力邀，才有下午的文山景

---

[1] 台北市安溪同乡会编：《台北市安溪同乡会成立六十周年纪念特刊》，2016年。

美之行，而文山景美之行，让我不仅了解到安溪大坪人和保仪尊王信仰在台湾的拓展和传播轨迹，而且实现了多年的一个愿望，即到樟湖山喝一杯正枞木栅铁观音，感受来自原乡安溪的铁观音，如何历经时空变迁，人事更迭，而香韵甘醇依然。

在高天浩兄弟俩的引带下，我们乘坐"猫缆"上木栅樟湖山。"猫缆"即为猫空缆车，全长4.03公里，是我乘坐过最长、坡度最大的缆车，整条线路呈"L"形，其中有个转角站的角度将近90度。景美在文山区西部，木栅在文山区东部，为台北山区地势最高的一区，属于二格山系，曾为台北市最大产茶区之一。茶区里古道纵横，乃为当年运送茶叶所建。由于出入道路狭窄，因此在此兴建猫空缆车，2007年7月建成通车，全程往返票价相当于40元人民币，非常便宜。

木栅樟湖山一带当地民间又称"猫空"，"猫空"闽南语指凹凸不平的孔洞，其名称由来，最常见的说法是来自当地河流冲刷岩礁所形成的"壶穴"地形，山上的这些孔洞是果子狸的藏身之地，果子狸像猫，故又称"猫空"。猫空处于台北盆地的边缘，天气晴朗时，可在山上俯瞰整个台北，远处的101大楼，近处的动物园，翠绿的茶山，景色一览无余。若是夜晚登临，还可以吃着美食，品着名茶，欣赏台北繁华夜景，看天上星光点点，山下灯火烂漫，何其畅快？

出"猫缆"终点站后，我们选择在农户张铭恭家开的茶寮喝茶。茶寮前竖着一个标示牌，写明农户姓名、联络电话、经营茶叶种类、服务项目和辅导单位，还有微信二维码。茶品是木栅原产的铁观音、包种茶、乌龙茶，服务项目有停车、餐饮和品茶等，辅导单位是台北"市政府产业发展局"和木栅区农会。木栅最早扬名的茶是包种茶，是文山区迁台的安溪人创制的，后来张乃妙将安溪铁观音引进木栅，茶农开始种植铁观音，成为台湾铁观音茶叶的唯一专业产区。

日据时期，木栅铁观音茶园种植面积很广，品质好的茶大部分销往日本和东南亚等地，品质较差的在台湾销售，价钱都很高。抗战期间，台湾茶业陷入低潮，很多人不再种茶，任由茶园荒废。1946—1966年，台湾社会经济萧条，茶园茶树发生严重虫害。木栅农会遂请当时台湾茶业界三大巨头——茶业改良场场长林馥泉、总干事林复，台大茶作学教授吴振铎前来，举办茶叶栽培、病虫害防治和制茶技术传授等讲习会，使木栅茶农的铁观音制茶技术提高不少。到1971年，木栅开始成立各种茶叶研究班。1980年，在台北市政府的组织下，木栅茶区农户将自家茶园开发成观光茶园，每一户都是一个家庭式工厂，提供采茶制茶体验、品茶休闲、茶山导览、茶艺生活讲座等服务，是台北市民和游客品茗休闲的绝佳去处。目前观光茶园农户有80多户，都是当年从安溪县大坪乡移民台湾的张姓后人。

张铭恭也是其中之一，他下山访友没有在家，他的小儿子照应我们。小张对于家族迁徙的历史，台茶发展的历程，甚至不如我清楚，但他对于其祖先来自泉州府安溪县，迁台后在木栅世代种茶为生，而所种铁观音茶苗也来自安溪，则是确信不疑的，言谈之间对原乡充满崇仰之情。小张先泡一壶"东方美人"，再泡一壶"木栅铁观音"，一整天没有时间饮茶的我，轻呷一口木栅铁观音，那特殊的"品种香"，醇厚的"观音韵"，便将旅途劳顿一扫而空。

木栅茶区位于指南宫南面起伏山岗，属东照山坡，茶区气候温和，常年都有雨水或雾气滋润茶树；山坡土质是浅红色泥土，砾石混合，排水性、保湿性、透气性良好，非常适宜茶树生长。这里生长的茶树和其他茶树比较起来，其植株枝条粗疏横张，长出的茶青叶面肥厚、柔软，又因山坡向阳，茶树吸收较多的漫射光，用传统的乌龙茶半发酵制作法晾青杀青、布包团揉、炭火慢焙，过程虽然繁复，但制成的铁观音汤色金黄，气味甘醇沉稳，带有天然的兰桂花香和熟果香，品尝一口，望着周围熟悉的山相林色，和着亲切的闽南语家乡话，令人不辨身在安溪抑或木栅了。

张乃妙是木栅铁观音的鼻祖，1895、1896、1919年三次从安溪原乡引进铁观音,在木栅樟湖地区栽培,1937年又只身前往安溪祖居学习制茶秘笈,苦心孤诣,返台后免费向乡亲提供铁观音茶苗,任台北州厅巡回茶师10年(1919—1929),普及教习包种茶和乌龙茶制作技艺,倡导"种好茶、制好茶、饮好茶",使木栅铁观音名声大噪。1935年,台湾举行博览会,特颁给张乃妙一只青铜花瓶,以奖励其"功在台湾茶叶",终身贡献于台湾茶业。

茶,由道家采药发现,到僧人做夜课需求,以至于文人墨客都爱好它。茶,由野生发展到繁殖农耕,科学采制,由中国传播到全世界各地,由僧人道士到天下爱茶人,其间又发生了多少故事?人性共通,茶性共通,甚至于安溪与木栅的土地也是共通的,所以才有张乃妙在安溪与木栅之间开拓的茶路,在台湾写就的茶叶传奇。

暮色渐渐临近,我们留恋不舍,此行虽不能到张乃妙纪念馆瞻仰老人家的尊容,但我想,与樟湖山合为一体的他一定心有感应,因为我们是从千里迢迢的"唐山"来拜谒铁观音,而他仿佛就是木栅铁观音的化身。一部台湾茶业史,就是一部台湾发展史,茶叶就像先行者,凡它走过的,必留下足迹,直到今日,我们仿佛还踩在张乃妙当年往返两岸学茶的路上。无法到声名在外的乃妙茶庐,喝一杯他的后代亲手制作的铁观音,那里面一定融入他传承的制茶秘笈,但是没有关系,因为他的后代、茶庐的主人已经循着先祖来台的路,回到安溪原乡感德镇,承包开垦那里的铁观音茶园,将张乃妙开创的两岸茶叶交流推向新的一页。

陈焕堂、林世煜在《台湾茶第一堂课》最后写道:"两百年前起,安溪人在黑水沟上来来往往,茶是从台湾运往厦门。如今,安溪人在空中飞来飞去,茶则是从厦门运到台湾。"集应庙的保仪尊王看尽了这一段沧桑。如今,它的香火依然鼎盛,文山的安溪子弟,无论高家、林家或张家,无论在地的或作客的,都还到尊王座前讨个香火袋,或者他们拜求的,是某一艘装着上等铁观音的货柜船能够平安过海关,通财路，让他们在台北买股票，回安溪修祖宅。

一座庙，分香成三座、五座、无数座；一棵茶苗，分殖成三株、六株、无数株；一家姓、三家姓、无数个家庭家族，繁衍，裂变，演进，发展，自然界如此，人类社会如此，文明总是以这样的方式在向前推进着。

夜色中，我们乘坐"猫缆"下山，山下，台北盆地华灯初上，温情祥和，回望一眼木栅樟湖，山色墨黛，沉默不语，而我则回味在木栅铁观音那熟悉的滋味、香气和音韵中……

东方艺术的殿堂

三峡镇位于台北盆地的南端，全镇山陵呈南高北低分布，三峡河、横溪分别汇入大汉溪形成河谷平原。在河谷平原的"三角涌"（闽南话，指三角地带），坐落着一座世界闻名的庙宇，她就是三峡祖师庙，当地人称作长福岩，寺中供奉着来自福建安溪的清水祖师，寄托着清朝乾隆年间以来，渡海来台的闽南人对于故土家园的深深思念。

台湾的民间信仰无论在内容或形式上，都与闽南和粤东一带相同，因为台湾先民多为闽粤地区的移民，其基本信仰自然保持传统乡土的形式，三峡祖师庙就是乾隆三十二年（1767）三峡与莺歌地区泉州府安溪县的移民们，为了供奉来自祖居地安溪清水岩的神明清水祖师，经提议构建而成的。

乾隆三十四年（1769），由居住于三角涌、石头溪、二甲九、中庄、莺歌石的泉州人，共同出资的三峡祖师庙建成于"三角涌"公馆尾（今台北县三峡镇秀川里），取名"长福岩"，并以姓氏分为七股，依序排列为刘、大庄集姓、陈、林、中庄集姓、李、王，此后演化成祖师庙数百年不变的祭祀组织。

清道光十三年（1833），首建的祖师庙堂因台湾大地震而全毁。地震之后，祖师庙第一次重建，其式样为闽南二进护龙（护厝）格局。

1895年，清朝在甲午战争战败后，台湾被迫割让给日本。日军登陆后，由北往南逐步接收台湾，至三峡"三角涌"时，当地乡民以祖师庙为抗日大本营，成立义勇军，抵抗日军，日军死伤惨重。后因日军向台北求援，义勇军弹尽粮绝，故而弃守"三角涌"。日军进入"三角涌"后，火烧庙堂，祖师庙建筑全部焚毁。

清光绪二十五年（1899），日本人对台采取安抚政策，三峡镇移民遂重建祖师庙，此次建筑格式为闽南式二进双护龙格局，为台湾寺庙大匠陈应彬所建造，造型呈"皿"字状，材料以木材和土砖为主。

1941年，深受蚁害的祖师庙再次筹备重建，但直至1947年3月9日才正式动工。此次重建迄今已60余年，其工程之浩大，所花费之心血，皆难以计算，由此可见信众对祖师的坚定信仰与匠师们的牺牲奉献。

从简陋草创到成为东方艺术殿堂，祖师庙一直是三峡和莺歌地区民众的精神支柱，陪伴三莺地区民众走过两个多世纪的岁月。

从移民最初的乡土守护神，到日据时期被日军捣毁，后庙产为日本人占据，光复之后由国人管理，进入复兴阶段，三峡祖师庙现今已成为台湾民间的重要文化遗产，信众扩展到全台湾，不只是安溪移民世代子孙的守护神，已成为全台信众共同祭拜的神灵。

三峡祖师庙占地1500多平方米，坐北朝南，为三进九开间殿堂式庙宇，在闽南式建筑中以大庙的方式呈现，即五门三殿式。建筑布局依兴建顺序为三川殿（前殿）、虎厅、龙厅、正殿、太阳神殿、太阴神殿、钟楼、鼓楼、左右厢房一二楼及后殿，共十部分。从空中俯瞰，整座建筑物呈"回"字状。

站在广场往庙里看，只见三川殿及龙门、虎门二厅，共五门，庙堂相连，呈"一"字形排列。按古制，帝后级才能开五门，据说清水祖师曾经受明太祖敕封为护国公，所以在祖师庙能见到开五门之貌。

祖师庙正殿（中殿）供奉着清水祖师，左右二殿太阳神殿、太阴神殿亦称日月神殿，分别配祀着太阳星君、太阴娘娘。在台湾，供奉这二位神明的庙宇并不多，而祖师庙是在日据时期就开始供奉了，说明三峡人们当时已将佛道的神明融合在一起了。日月神殿神座旁各有二座铜人，就是佛教中的护法神，增长天王、广目天王、多闻天王和持国天王，代表着风调雨顺，也可以作为佛道融合的佐证。

整座祖师庙以石、木、铜为主要建材，寺庙结构以石为基，以木为顶，铜则用来作为保护性质，例如门及栏杆。石柱总计有156根，为全省寺庙之冠，雕刻内容包含传统的花草、禽鸟和神话历史故事，亦有一些西洋的图腾，如希腊罗马式的柱头、仙女等，可见当时台湾中西文化交流之频繁。木材彼此之间以卡榫接合，而不依赖钉子或粘接剂。

石材共有四种，为来自福建泉州的花岗石、青斗石和灰京石，以及采自台北的观音山石。木材为三种，桧木、樟木和黑檀木，都是从东南亚印尼等国进口的。祖师庙前殿的门神及壁面的雕塑人物，是以铜为材料的作品，这是三峡祖师庙的一大特色。

庙宇管理者介绍，以铜作画，不易被香火熏黑，且保存得更为长久。在虎门厅的墙上，铜造着田单复国的火牛阵、卧薪尝胆的勾践和北海牧羊的苏武，这几幅图案都是当时台湾名画家李梅树参考汉朝梁武祠石刻所设计的，而代表五行方位的虎壁铜塑，则是李梅树以油画的构图方式来呈现的。

秀川里里长李楷瑞世代居住在三峡镇，祖籍安溪金谷镇芸美村，祖父、父亲和他三代连任里长十几届，按每届任期5年，李家已有半个多世纪担任秀川里的"最高长官"，见证三峡祖师庙的兴废。李楷瑞打小就在庙里玩耍，对祖师庙和祖师特别有感情，对这里的一砖一石非常熟悉。三峡祖师庙重建期间，李楷瑞恰好上艺专，假期回家就来到庙里帮忙。工匠师傅的设计、施工图纸，乃至画家的画稿，工程完工后就丢在一边,李楷瑞都一一平整并收藏在家中。参观完祖师庙,我们在李楷瑞的家中看到了这批异常珍贵的文物。

1949年至1983年这期间,台湾名画家李梅树负责监督祖师庙重建工程,而祖师庙的主体工程,则由台北传统名建筑师陈应彬的后代所设计与建造。泉州石雕艺师蒋银墙、蒋再木、刘英宏、简芳雄,木雕艺师李松林、黄龟理等近百人,先后参与祖师庙的建设,他们默默地贡献心血,共同为祖师庙写就"东方艺术殿堂"的美名。

三峡祖师庙以闽南式建筑格局呈现,各部用材、造型及内涵的丰富上,也尽力体现闽南文化的特质。安溪访问团到达祖师庙时,庙方以最隆重的闽南礼节迎接我们,让我们感受浓浓的乡情。最先看到的是用石块铺满整个广场的"埕",埕是闽南寺庙不可或缺的场所,它是酬神演戏的地方,也是进入寺庙的第一个节点。

三峡祖师庙的埕用的石材,是来自福建的花岗岩,俗称泉州白,安溪、南安等地均有生产。早期,台湾用的石材几乎全自泉州而来,分为泉州白及青斗石(闽南话青草石)二种,因清代来往台湾海峡的船只大多为木造帆船,为避免因风浪大而摇晃、沉船,往往在船舱底下铺满石条以求船身稳当,回程时卸下石条作为建材,再换以米粮,早期人们都称其为"压舱石"。

三川殿为祖师庙立面最中心的地方,此处的木雕、石雕最能代表闽南人到寺庙朝拜的心态及祈求的事项。门前有石刻龙柱一对,屋顶采用闽南庙宇建筑中最常见的"歇山重檐"式,屋檐下设置一种格子状的交叉拱,称为"纲目",这种做法在祖师庙里可以看到很多,造型也各有不同。

三川门的木雕技术和雕刻内容,皆保留闽南传统方式,如左右墙上雕刻"旗子'和"球"代表祈求,雕刻"戟"和"磬"代表吉庆;左右两门上各有花瓶一对,瓶与平同音,所以代表平安之意;花瓶上插牡丹、荷花、菊花和梅花，即代表四季平安；其下方有士农工商浮雕，乃代表人人皆生财有道。亦有对社会期许的雕刻，如太平有象，即刻上太平鸟凤凰及大象，比喻太平盛世亦有迹象出现。另外，墙上石雕亦有取自三国演义的故事，如三英战吕布、周瑜打黄盖、甘露寺等，则说明其与中华传统文化一脉相承。

中殿比前殿高出许多，为整座建筑物最重要部分，呈现的是歇山重檐回廊式，设计者陈己堂，是清末传统建筑大师陈应彬的儿子。石柱上的题材为封神榜里的三十六关将、十八骑与金光聚仙阵，这二对石柱以双条龙为主，称之为"天地交泰"，龙背上刻有众多的神仙来串场。

另有一对镇庙之宝石柱，名为"百鸟朝梅"，在梅花树上雕刻了百种鸟类，梅花是国花，代表着我们的国家，而百鸟则代表着各国友邦，其意为万邦来朝，也表示中华文化历史悠久、博大精深。百鸟朝梅柱的构想来自李梅树，而石柱的设计和雕刻则出自泉州来台的蒋银墙之手，其技艺世代相传，故雕工精湛，作品栩栩如生。

中殿神龛是樟木和桧木以卡榫的方式组合而成，龛前有木柱二对，刻着封神榜的故事。神龛里有释迦牟尼佛、十八罗汉和清水祖师，而以清水祖师为最多。其中，以玻璃框内的清水祖师小神像年代最为悠久，是安溪人当年从大陆移民来台时，一起携带来三峡供奉的，而穿着红色袈裟的神像是1988年，信众周义宗自大陆安溪蓬莱清水岩恭请来台的，据说有四百年以上的历史。

三峡祖师庙虽有二百多年的历史，期间又屡次重修重建，所以现今庙里除了中殿里的神像外，已无早期之遗存，然而清水祖师是不变的，早已成为一种精神信仰，和平力量，永远在庇佑着三莺地区的民众，续写着闽台两地的血脉情缘。

清水祖师传略

三峡祖师庙分香自福建安溪清水岩，寺中供奉的神明也是清水祖师，但当地民间流传和有关史册记载的神明故事，却与安溪祖庭、闽南一带有着很大的不同。根据三峡长福岩庙方所记载：

清水祖师，本名陈昭应，河南开封祥符县人，原为宋末抗元将军，幼时笃信佛教。其祖上即为宋太祖乾德二年（964）因开国有功而受封为度海军节度使的陈廉思，后又因征契丹有功加封为护国军节度使，镇守边疆。至祖师时，时局大乱，祖师爷亦投身于文天祥之忠武军，与文天祥共事抗敌。

南宋王朝灭亡后，祖师爷不愿屈服于异族之下为臣，便带领其子弟及部属自临安迁自福建泉州，选择安溪县彭内乡（今安溪蓬莱镇）为开垦之地，从此定居于此。

祖师爷将其子弟及部属安顿之后，即出家为僧，周游闽越劝化反抗异族，后来事迹败露，潜回故里，对儿孙弟子说："铁蹄之下不能复国，今我老矣，你等世代宜守吾言，报国仇雪耻，以安汉室。"其后世子孙于明太祖朱元璋时，投其帐下抗元举义南征北战，建立功勋。明太祖因感念祖师之教化，功在国家，特敕封为"护国公"，并于祖师生前修行之地清水岩，立祠堂赐香供奉之，称为清水祖师。

除三峡祖师庙的此种说法外，台湾各地的清水祖师分庙还有关于清水祖师的数种说法，虽与大陆不尽相同，但都认定是福建安溪清水岩的分香，民间普遍相信，祖师爷的诞辰是农历正月初六，成道日是农历五月初六，而且，在台湾与闽南不管哪种说法，信众们皆深信不疑，顶礼膜拜。

神猪比赛

每年农历正月初六，是天下清水祖师信仰的节日，这一天是祖师的圣诞，各地都要举行盛大的庆典，三峡祖师庙也不例外。当年（1767）确立的祭祀组织已延续了数百年，轮值的民众，等待这一天的来临已等了7年，所以轮值到的那一股都非常兴奋，争着养"猪公"来祭拜祖师爷，规模之盛大，场面之热烈，堪称全台湾之最。

敬考清水祖师一生，为汉传佛教禅宗得道高僧，在世之时向来茹素为生，未曾见闻有食肉用荤之举，何来神猪祭典？三峡祖师庙的庙方介绍，神猪祭典原本不是祭祀清水祖师，缘起因为三峡地区的福建安溪移民在开垦三峡之际，常遭野生动物及当地原住民出草攻击，因此诞生除夕杀神猪拜山灵（或山神）以求平安的习俗，后来因为正月初六是祖师诞辰，便将二者合并祭祀。另外，民间相信祖师本身茹素，但祖师部下的天兵天将则不一定是素食者，杀神猪是为犒劳祖师部下的五营神将。

三峡祖师庙所在的秀川里里长李楷瑞介绍，养"猪公"敬祖师爷是当地特有的习俗，"猪公"越大，表示诚心愈足，大家为了争前几名，不惜资本，把最好的都给神猪吃，有的还要为它洗澡擦背、吹电风扇，甚至怕它太热而装空调。

在李楷瑞所著的《三峡祖师庙导览手册》中，他回忆神猪的饲养过程：首先要挑选好猪崽，身体是长条形的，才能养大，然后最重要的一条是，不要太招摇，免得养不起来，而且不能让外人接近，因为人们相信，神猪已经通了灵性，人讲的话它都听得懂。

李楷瑞介绍，小时候他祖母养了一头神猪，以地瓜为主食喂养，有一日一位远房亲戚来到家中，要看神猪，祖母心想亲戚到来，不好意思拒绝，只好答应，不料亲戚脱口而出，有一户人家的神猪，每天三餐都要吃鸡肉饭，而且都有电风扇吹。从此以后，家中神猪每餐若没有鸡肉饭就不吃，而且天天都有电风扇吹，真是比人还好命。在神猪过磅时，有时因体积庞大，无法站立，但只要烧香跟祖师爷告知，神猪竟会自行走入猪笼，让人过磅，非常神奇。

除神猪比赛外，三峡祖师庙边上的三峡老街，也是最有味道的艺术聚落与经典庙会文创，举凡金牛角等特色小吃及传统与现代相结合的商场与宗教文化市集等，都拜清水祖师所赐而推向精神信仰的巅峰。

法主灵光昭闽台

收到蔡清云老先生从台湾寄来的台北安溪同乡会六十周年纪念特刊，其中一篇《台北法主公庙》的文章，让我想起当年谒拜的情景，也促成这篇拖延已久的文章。

台北法主公庙，位于台北市大同区南京西路344巷口，因供奉的主神法令通玄，道行高深，尊为"法主真君"，俗称"法主公"。该庙庙志记载，清同治八年（1869），安溪县光德里院后坑乡人陈书楚，率同家属，渡海来台，随带家乡碧灵宫法主真君的香火，在大稻埕得胜街振南茶行内奉祀，不久衍成一方"境主"。

100多年前，大稻埕曾是台北的主要商业区，英国人约翰·陶德将安溪乌龙茶的茶苗引入台湾种植后，乌龙茶逐渐成为了台湾的特产，并深受欧美人士的喜爱，于是很多外商开始在大稻埕设立公司，德记洋行、怡和洋行都是当时著名的商行。大稻埕成了外国精制茶行集中的地方，而早先迁居大稻埕的安溪人，则凭借高超的茶叶精制技术，成了台湾精制茶的开山人，并纷纷加入到乌龙茶世界贸易的行列中，开办许多本土商行，获利颇多，直接带动了大稻埕经济文化的发展。

光绪四年（1878），大稻埕发生瘟疫，灾区蔓延甚广，一时无法控制。安溪籍茶商恭请供奉在振南茶行的法主公"出面"禳灾，并施药济众，瘟疫至此而除，尔后法主公神威显赫，香火鼎盛。地方善众有感法主公神力通天，乃发动大稻埕民众捐献钱物，建庙供奉，尊为茶商保护神。

台北法主公庙闻名遐迩，但它的分香祖庙碧灵宫却不为人广知。光德里院后坑（古时称"院后卿"），即今安溪县城厢镇团结村，团结村地处安溪县城郊接合部，距离县城不到20分钟的车程，碧灵宫就坐落在院后坑角落的山凹间，二进殿堂建筑，飞檐翘脊，雕龙画凤，气势恢宏，金碧辉煌。

碧灵宫管委会陈晓介绍，殿宇据称始建于明正德年间（1506—1521），是团结村陈氏先祖陈天赐，从安溪蓬莱镇彭格村迁居光德里院后坑以后构建的，距今已有500多年。数百年来，碧灵宫曾几度倾圮几度修复，20世纪70年代初，院后坑合里善信集资在原址依旧规重建，虽然规模较小，却是一方民众的心灵寄托。每年正月初一到庙里卜示请火地点，正月初九迎法主公里社巡香，七月廿二日为法主公诞辰庆典，数百年来院后坑人延续着这样的仪规传统，一年也没有落下。

1989年至2004年间，当年由安溪光德里院后坑播迁至台北大稻埕的陈氏宗亲，多次倡议台北各分炉数次出资修葺碧灵宫。修葺后，每年都有10多个台湾进香团来此谒祖进香。现有建筑系由台湾云林县元长乡西庄村吴富祥，以其子吴宏礼的名义，独资200多万元于2008年重建而成。这其中，还有一个神奇的灵感故事。

吴宏礼早年在台军队服役，退伍后身体一度欠佳。吴富祥笃信法主公神灵，便来到台北法主公庙烧香许愿，并在此获知台北法主公庙分香自安溪光德里院后坑的信息。过后不久，儿子吴宏礼身体很快康复，为感恩法主公佑泽，2005年，吴富祥举家来到安溪团结村还愿，当看到简陋寒碜的碧灵宫时，他发愿出资重建，又经过三年多的建设，总占地六千余平方米的碧灵宫及戏台、广场、管理房终于告竣，成为远近一处风景。

此前 1998 年，吴富祥已在惠安黄塘工业区找到发展商机，成立泉州富邦食品有限公司，拥有 10 条生产线，专门生产经营贡丸、鱼丸、鱼卷等速冻食品、猪肉条等肉制品及其他类速冻制品。2008 年重建安溪碧灵宫后，富邦公司生意愈加兴隆，因此他又出资 120 多万元，重建团结院后坑的檬厚庙（供奉"朱邢李"三王爷），从中也见证法主公在闽南民众，及从闽南播迁至台湾各地移民心中的位置。

安溪碧灵宫分香至台北大稻埕，相传对祈求生意兴隆、疾病痊愈很灵验，被大稻埕地区被奉为茶商保护神后，又迅速向全台岛传播。陈晓提供给我的一份统计表显示，单大稻埕法主公庙在台湾的分炉就有 36 座（见附表），从台北到台南，从台东到台西，处处均可见供奉法主公的庙宇，或独祀，或配祀，足见其在台湾民众心中的分量。

而台北法主公庙也在当地信众的推动下，由当年之陋小，不断发展成今日之恢弘：1923 年 1 月，信众代表陈天来、陈流水等，禀请州知事核准，募款整修；1935 年适逢台湾举办博览会，为配合大环境美化，又进行新一轮整修，并增祀东岳大帝、正一天师、斗姥元君、观音大士、玄坛真君、文昌帝君、关圣帝君、福德正神等神祇。

1945 年抗战胜利后，台湾政府将 10 月 25 日定为台湾"光复节"，乃将当年法主公圣诞农历九月二十三日的迎神赛会庆典，与庆祝"光复节"一并举行，嗣后大稻埕绅商信众决定每年沿用之。其迎神赛会绕境巡香行列，阵头艺阁，规模盛大，万人空巷。

1968 年，为拓宽改造南京西路，台北"市政府"将法主公后殿拆除，拆除后的法主公庙只剩下前殿的狭长小庙。1996 年，法主公庙监事及绅商信众决定重建，委请台湾名建筑师李祖原设计，旧殿址改为五层建筑，一楼挑空，供巷道车辆出入，二至五层分为供奉法主公及配祀诸神明的四座神殿。楼宇外墙安装"法主公庙"四个鎏金大字和"八仙过海"题材雕塑，屋顶仍为传统的庙宇装饰，屋脊双龙拱珠、水龙护顶，琉璃碧瓦，气象恢弘。台北法主公庙，是台湾少见的将 4

个神殿安排在狭长高楼的庙宇建筑，该庙出入口为电梯设计，亦是台湾罕见。

碧灵宫从德化县石牛山石壶殿分香，石壶殿是法主公的祖殿，始建于南宋淳熙年间，明正德皇帝敕封为"法主"神号以后，法主公信仰逐渐流行于福建泉州、漳州、莆田和广东潮州、梅州等地。19世纪经安溪人传入台湾后，迅速传播，其中以台北地区最为盛行。

台湾以外，随着安溪人、闽南人的向外播迁，新加坡、马来西亚等东南亚地区，也有供奉法主公的分炉、分庙，如新加坡的桃源洞凤山庙、天宝坛，马来西亚的夫龙宫、法灵宫、天福宫、福顺宫、法主公宫等。

法主公信仰已经成为闽南文化的一个重要组成部分，与人们的生活息息相关。可以说，凡有闽南人的地方，均有法主公的信仰，并由闽南人向其他族群扩散，如台湾高雄市美浓区，就是客家族群信奉法主公的主要地域。法主公，全称为都天荡魔监雷御史张圣法主真君，简称为法主圣君、都天圣君等，客家人称圣君爷，是道教正一道所祭祀的神祇，亦有人将其归类于道教闾山派。

法主公，原名张慈观，又名自观，幼名张沙，宋时福建永泰人，生于绍兴九年（1139）农历七月廿三，相传少时得仙人传授法术与医术，南海观音赐予七星柳叶剑，与萧明（郎瑞）、章敏（郎庆）结义，一同修道练法，除邪镇恶。张慈观修行得道在德化县石牛山，淳熙十年（1184）羽化后为何被泉州府属德化、仙游、永春、安溪、晋江等县，和闽清、永泰、尤溪、南平等地民众奉为神明，建庙、塑像，顶礼供奉，香火广布，几百年绵延不绝？

中国新闻社原社长郭招金，在为安溪魁斗乡贞洋村钟显堂管委会编写的《安溪钟显堂》①一书所作的序中说，闽南一带村民供奉的神灵，有的是先民从中原移民到闽南时请来的，更多的则是供奉曾经为老百姓做出很多好事的人。钟显堂供奉的张公圣君，生前德行高深，曾到安溪一带行医，广施善举，身后显灵为百姓消灾解难，故百姓对其崇敬有加，建庙予以奉祀。

南安市蓬华镇蓬岛村是郭招金的家乡，蓬岛村位于南安、安溪、永春三县的交界处，邻近村民互相通婚，血脉相连，郭招金的祖母、母亲都是安溪人，他是安溪的外甥，"从小就听说安溪有个村子叫贞洋，以后又知道贞洋有个钟显堂，供奉着法主公……钟显堂始建于明代，香火一直很旺，本村与邻村居民常到庙中卜疑解惑，祈求平安与幸福"。

钟显堂复建时，从钟山村（原属贞洋村）走出去的书法家易曙峰撰写了庙宇的对联与牌匾，谈起家乡庙宇供奉的清水祖师、法主公与三代祖师，他一脸恭敬："小时候难得有顿好吃的，每逢神明诞辰，就是村子里小孩最幸福的时光，吃好吃饱又可以看社戏，跟在巡香的队伍中，如今的小孩哪会懂得其中的乐趣？"

易曙峰的父亲易松木退休前是安溪凤城镇的镇长，他虽然住在城里，却三天两头往老家跑，一把年纪仍热心张罗着钟显堂的扩建、请火、巡香、谒祖等事宜，他组织编写《安溪钟显堂》志，详细记述庙宇重建过程及法主圣君传略、民间传说、民俗活动、香火分布、咒语签诗等，是法主公研究一本难得的资料。

书中记载，为宣扬道义，张慈观曾云游德化、永春、安溪、同安、漳州、泉州等地，沿途以草药济世，广播善果。淳熙三年（1176），安溪县民众遍染红瘰症，疫情紧急，正在泉州行医的张慈观闻知此事，赶到安溪，为患者治好红瘰症。团结村重建碧灵宫的《碑记》内容可以提供佐证，"碧灵宫相传为本乡茶坪坊孝子陈仁为报法主公救母之

---

① 易松木主编，2009年。

恩而建"。为感念法主公治病之恩，这应该也是安溪境内法主公庙广泛分布的原因吧。

根据《安溪钟显堂》统计，目前，安溪县的凤城、城厢、参内、魁斗、蓬莱、金谷、湖头、白濑、湖上、剑斗、感德、长坑、祥华、官桥、虎邱、大坪、龙涓等17个乡镇，都有供奉法主公的庙宇，共计49座。其中，属城厢镇最多，有18座。① 德化县的水口、浔中、龙浔、南埕、雷峰、三班、龙门滩、国宝、盖德、赤水、美湖、上涌、葛坑、桂阳等13个乡镇，计有98座庙宇供奉法主公；而仙游县，据说有390座之多！

安溪凤城镇美法村与城厢镇同美村毗邻，这个村的村庙叫龙镇宫，供奉着法主公，是最受当地陈氏家族尊敬的神灵。20世纪90年代，著名人类学家王铭铭在美法村开展田野调查时，就系统研究过法主公的神化，与陈氏家族的"独立运动"的密切关系。② 王铭铭指出，宋末至元代，法主公已成为广受祭拜的地方神。其成神过程，可能经历了从道人化为传奇的人物，受一个地区的尊敬，又从传奇人物转化为家族村落保护神的作用，是陈氏家族村落作为地缘共同体的主要象征。

调查中，王铭铭还详细研究龙镇宫法主公每年农历七月廿三诞辰庆典仪式的程序与内容，包括献牲、献熟及高甲戏表演等。龙镇宫一年一度的法主公诞辰庆典，实际上是陈氏家族社区认同感一年一度的再创造，一方面，它是对陈氏家族村落的一次年代洗礼；另一方面，它又是联系外部世界的文化纽带。以这种观点来看待城厢镇团结村的碧灵宫，砖文村、土楼村的汾汘庙、灵庆堂、济美堂、昭灵宫等，莫不是当地陈氏、谢氏家族的社区认同。

---

① 砖文村村汾汘庙、灵庆堂，土楼村济美堂、昭灵宫，路英村龟山庙，涝港村龙灶堂，光德村狮仔宫、觉苑寺、进龙宫，同美村月眉殿、灵应宫，勤内村龙聚宫，中标村石碧宫，团结村碧灵宫，古山村潮卿堂，玉田村灵应宫，经岭村进法殿，南坪村龟蛇庙。
② 王铭铭：《溪村家族：社区史、仪式与地方政治》，贵州人民出版社，2004年7月。

砖文村汾洐庙位于安溪城南黄龙山麓、蓝溪之畔，始建于宋徽宗年间（1101—1125），原本只供奉五谷真仙、武德舍人、哪吒三太子、福德正神等神祇，并没有奉祀法主公。据说是庙里有次向由同村郑姓管理的龟蛇庙"借来"法主公加入巡香，但巡香结束后却不归还佛像，郑姓乡亲没有办法，只好重塑一尊法主公，供奉在龟蛇庙中。随着谢氏家族的繁衍，龟蛇庙的地盘又被南坪村的谢氏"夺走"，郑姓只好再建一座福安堂供奉法主公。

砖文村谢氏家族的"抢夺运动"与美发法村陈氏家族的"独立运动"，都说明家族认同、社区认同的重要性，而法主公作为"权威象征"则揭示其不可替代性。当然，由于博大的法主公并不为哪个宗姓所独有，其信众往往突破宗族边界，变成神的崇拜而不只是血缘性、社区性的，而是属于整个区域空间、社会空间的。龙镇宫、汾洐庙后来信众对象的扩大，也印证着这一点。这种特征在城镇化进程加快的现今，表现尤为鲜明。

安溪凤城镇东门外有一座凤麓境，供奉的法主圣君是官桥镇铁峰山碧水岩的分炉，而碧水岩又是德化石牛山石壶殿的分炉。凤麓境原由当地吴氏村民供奉，现已突破姓氏的界限，长年香火不断。该庙有四个请香处，清水岩、阆苑岩、汾洐庙和碧水岩。每年农历正月十二日是凤麓境的"进香日"，进香之前要通过掷筊杯方式，决定到哪个请香处请香。

请香回来，还要巡香。凤麓境迎香巡游的路线与安溪城隍爷出巡的路线一样，出东门，进西门，还要到旧县衙"留香"。据传，清代有位县太爷的母亲久病不愈，于是求于凤麓境法主圣君，得指点良药，治愈母病，遂感铭于心。此后凡法主圣君进香巡游，县太爷必在县衙院内的玉兰树下虔诚地摆上珍馐果品迎候。巡游队伍绕县衙大院一周后回到凤麓境，此习俗一直保留到新中国成立。

每年农历七月廿三，①是法主公的诞辰，这一天，庙宇派下的信众均要举行庆诞仪式。是日，家家户户都早早地摆上一桌丰盛的果品牲礼，执掌佛事的"佛头"还要从泉州、厦门、漳州等地请来剧团唱大戏，许多信众也踊跃捐戏或电影叩谢法主恩德，时常连演二三十场，引得十里八乡的群众前来观看，神人同庆，其乐融融。

人类有史以来就有神灵信仰，有神论伴随着人类发展的全部历史。一座法主公庙，就是一方水土的民俗民风展示；一尊法主公像，就是万千民众的道德楷模和精神寄托。诚如郭招金所言，在未来社会里，只要人类拥有对平安、美好追求的情怀，人类生活中有不确定因素存在，人类对自然包括对自身认识未有终结，有神论就会存在。建设和谐社会并不排斥有神论，而是引导他们与现行社会制度相适应，共和谐。

附 录

安溪碧灵宫在台湾的分炉简表

名　　称	地　　址
紫霄佛天宫	屏东市博爱路 66 号
林家法主圣君	高雄县乌松乡叶美村
法师宫	屏东万丹社口村 87 号
张圣宫	台南县盐水镇竹埔里 92 号
法圣宫	彰化县二林镇华崙里二溪路 31 号
天德宫	二林镇丰田里二西路 39 号
三法宫	屏东县九如乡九如路 2 段 322 号
台中港圣主宫	梧栖镇文昌路 610 号
顺安宫	台南县归仁乡民权路 169 巷 4 号

---

① 碧灵宫法主公的庆诞则是七月廿二日，庙宇里的对联镌刻着：公生七月廿三日，诞祝千秋早一天。原因据说是，倘不提前一天举办庆典活动，会因此请不到戏班演戏酬神，说明法主信仰影响面之广。

名　称	地　址
三千宫	台中县大里乡竹子坑 32 号
圣君宫	高雄县美浓镇永安路 19 巷 47 号
海峰法主宫	高雄县桥头乡中崎村
圣玄宫	彰化市三福街 27 号
牡丹宫	高雄市前镇区云礼街 57 巷 75 号
玉安宫	鹿港镇顶番里埠头巷 58 号
法主公宫	高雄县乌松乡大竹村
埔里法主宫	南投县埔里镇东荣路 39 号
信法宫	高雄市前镇冈山北街 245 巷 18 弄 16 号
信法宫	凤山市新东里由管路 217 巷 1 之 2 号
龙安宫	台中梧栖镇
福音宫	莺歌镇中湖街 305 巷 1 号
顺天宫	台北县板桥市富山街 109 巷 60 弄 25 号
法圣宫	台北县汐止市江建路 332 号
南天宫	溪湖
福安宫	永和市复兴街 22 号
北天宫	花莲县吉安乡北昌一街 28 号
张公圣君	高雄县旗山镇圆富里旗甲 2 段 235 号
天文宫	竹南镇新南里七邻
法兴宫	台北县汐止市仁爱路 88 巷 14 弄 3 号
法主宫	花莲新城乡佳里村二路 121 巷 7 号
福安宫	台北县永和市复兴街 22 号
明圣宫	高雄县林园乡溪洲一路 48 号

（安溪碧灵宫管委会 提供）

金门燕南书院暨太文岩寺

在金门岛上的260多座庙宇中,就目前所知,主奉清水祖师的庙宇,有金湖镇小径村的镜山岩(始建时间不详)、烈屿乡上歧村的清水祖师庙(清康熙年间建)和金城镇古区村的太文岩寺(明末改建)三处。此外,金沙镇后浦头的汶凤殿、西园的栖稳堂、烈屿乡湖井头的李府将军庙,也有奉祀清水祖师,但相对于遍及台湾全岛的比例可谓很少。究其原因,大概与金门早期的移民中较少安溪人有关。

清水祖师信仰向台湾传播,主要是随着安溪移民的时间和路线,从明郑时期开始,到清初施琅平台后达到高峰。到了18世纪,安溪向外移民又掀起另一波高峰,不过这次是迁居南洋群岛为多。《安溪姓氏志》[①]和安溪各宗姓族谱,几乎不见有安溪人迁居金门的记录。宋末元初,特别是明代在金门设千户所之后,金门各姓氏移民的原居地,以沿海州县晋江、南安、同安为主,这也是金门各寺庙中奉祀妈祖、保生大帝和广泽尊王较为普遍的原因。

烈屿上歧的清水祖师庙,据传是早年一位为人抽签算卦的林阿伯随身携带的一尊神像,这位林阿伯自称来自安溪彭内(清水岩祖殿所在地),神像在林阿伯来到上歧后多次显灵,后经乩童起乩,指示这是清水祖师要在此处落户,信众们于是建庙供奉,就是今天的清水祖

---

① 凌文斌主编,方志出版社,2006年。

师庙。

湖井头李府将军庙的清水祖师，也是来自安溪彭内，与烈屿上歧的清水祖师庙一样，都和"走江湖"的人有相当密切的关系。而清水祖师的祖殿清水岩在安溪蓬莱镇，这里早年确有不少乡民从事算命职业，甚至出洋到东南亚，为人卜卦算命兼施风水地理之术。这些人出门之时，都会随带清水祖师佛像，用以彰显所做工作系神明降示、灵验异常。时至今天，闽南各地还可常见他们的身影。

至于古区村太文岩寺，则是与燕南书院"庙学"合一的建筑，规模、式样为现今金门岛之最。

第二次到金门的时候，终于有缘来到燕南书院暨太文岩寺，虔诚为家乡分炉在此的清水祖师，点上一炷香，朝着朱文公的塑像，鞠躬默念，祈祷课业精进。

燕南书院暨太文岩寺坐落在金城镇燕南山（太文山）上，整体建筑前为山门，中门额有"燕南书院"匾，左右两门是"太文岩寺"匾，进门后为正殿太文岩寺，供奉清水祖师神像；后殿主祀朱子，左右虎廊为书院课堂，是一座典雅精致的旧式新建筑。

"旧式"是指它采用传统的闽南建筑风格，"新建筑"是指在原建筑倾圮，燕南书院"莫详其迹"、太文岩寺"今废"的情况下，挖掘整理重建，力图重现历史原貌的文化新景观。在台湾科技大学"金门燕南书院暨太文岩寺调查研究"成果的基础上，2008年，金门县政府启动重建工程，2012年12月，燕南书院暨太文岩寺举行竣工庆典仪式。一年多后，2014年9月15日，笔者登临这座极具历史文化意涵的建筑。

金门古称"浯洲""仙洲"，简称"浯"，五代时起即被划为泉州属地，辖于同安县。历史上金门曾有四大书院，分别为建于南宋的燕南书院、元代的金山书院和浯洲书院、清代的浯江书院。其中，燕南书院与朱熹有着直接的联系。

朱熹（1130—1200），祖籍徽州婺源（现属江西），生于福建省尤溪县，一生著述鸿富，为宋代理学的集大成者和代表人物，中国历史上最负盛名的思想家、教育家之一。朱熹19岁进士及第后，于绍兴二十一年（1151）被授迪功郎、泉州同安县主簿，绍兴二十三年（1153）秋赴任，直至绍兴二十七年（1157）期满离开，前后有五年。

在任期间，朱熹"以教养为先务"，积极兴办县学，并在民间创办书院。也正是在同安任上，朱熹曾渡海前去属同安治下的金门，视察和讲学，并建燕南书院，金门由此文教鼎盛，成为人文毓秀之地，有"海滨邹鲁"之誉。

民国时期的《金门县志》[1]引述《沧浯琐录》云："朱子主邑簿，采风岛上，以礼导民，浯即被化，因立书院于燕南山，自后家弦户诵，优游正义，涵泳圣经，则风俗一丕变也。"又云："燕南书院在浯洲，宋时建，今莫详其迹。"《同安县志》[2]亦载，朱熹以绍兴二十一年主簿兼治学事，五年秩满。则朱子观风过浯，当在此五年中。燕南即今太文山，俗呼燕龙，或岩龙，方音相合，今乃讹传为岩人矣。又按解智《孚济庙记》，朱文公簿邑时，有《次牧马王祠》诗，则文公确曾徜徉于太文山左右矣。太文即古燕南，是也。

金门直到民国四年（1915）才正式设立县治。从《金门县志》的描述来看，朱熹在任同安主簿期间确曾"过化"金门，使得金门在宋以后文风蔚然，至明清两代已有进士47人。所以《金门县志》又说："昔朱子主同安簿，观风海上金门，亲沐教化，故文章气节，代有其人，而有明科目之盛，尤甲于上都。"从中可见朱熹对金门文教事业的影响是相当深远的。但朱熹所主持创建的燕南书院，到明代文献《沧

---

[1] 林焜熿：《金门志》卷四《规制志》，台湾省文献委员会，1999年。
[2] 吴锡璜修纂，1929年。

浯琐录》中其详址就已不可考，只能大体确定在古区村郊的燕南山，即今天的太文山上。

而燕南书院曾经的所在地太文山，明末曾建有一座太文岩寺，其前殿奉祀清水祖师。《金门志·丛祠》载，"太文岩寺在所城（指金门千户所城，明代设立）北半里，与太武岩遥对。祀清水真人，有祈多验。明时建，今废"。可为明证。

清朝重修太文岩寺时，前殿依然奉祀清水祖师，后殿辟为燕南书院。1950年，因地势险要，太文岩寺遭国民党驻军拆毁，用以构筑工事，直至2008年重启重建燕南书院暨太文岩寺工程。建成后，依旧例，仍以前殿为寺庙，后殿为书院，成为合寺庙与书院为一体、空间共享的书院寺庙。

当然，兴建于宋代、至明代已经倾圮的燕南书院，在明代修建太文岩寺时，有可能二者已经结合在一起了，因为，书院、寺庙共享公共空间本就是闽南一种文化传统，如同安梵天寺后进的文公书院等，甚或于许多名人故居、宗祠祖厝都兼做村塾学堂之用，如同安明侍郎蔡复一故宅亦作双溪书院。今天我们所做的，无非是复兴这种文化传统罢了，并不比古人聪明远见多少。

在燕南书院暨太文岩寺参观时，我想得最多的问题是，当年清水祖师因何被供奉在这里，是烈屿上歧清水祖师庙的分炉，还是湖井头李府将军庙奉祀的清水祖师的分身？抑或是泉州府的移民当年随带来的香火，后供奉在几度兴废、历尽沧桑、终得重建的太文岩寺？

古区村村名之由来，系因宋代此地就有燕南书院，乃"古文教之区"，所以取名古区。从金城镇到燕南山（太文山），要经过一大片茂密的树林，而古区村就坐落在树林山坳之间，宛若世外桃源一般。古区又有古坵、古丘之名，是一个单姓聚落，村民都姓陈，明代金门地图即显示此村名，说明早于此前，陈氏家族已在这里繁衍。1958年"金门炮战"发生后，古区村几近全毁，现在的民居小洋楼，则是炮战停歇后的重建"产物"。

对于陈氏家族在太文山麓开基的时间，《银浯古区陈氏族谱》并无记载，但以其第八世陈昌文于天启年间登进士第的时间往前推算，该族在此开基应是明代初期。明洪武二十年，江夏侯周德兴置金门千户所城，形势"固若金汤，雄镇海门"，故名金门。此后，金门城内安定，闽南沿海移民到此居住者众。陈氏家族应是此时移居燕南山麓。至于陈氏开基祖的祖籍是何处，陈氏族谱也没有给出答案，唯从台湾"内政部"地名调查资料中找到如下介绍："陈氏开基始祖为明初陈必性，时因慕浯州燕南书院鼎盛之文风，乃自泉州迁来浯州，居此古文教之区，故聚落之名为'古区'。"

安溪陈姓为该县人口超过10万的两个大姓之一，唐五代时陈氏肇安，经过千年发展，目前在各乡镇都形成一些比较集中的聚居地，主要的族系有12支。明代以后，安溪陈氏各支系均有人陆续迁居县外及海外各地，金门古区陈氏是否为安溪陈氏，目前尚无法确定，但从奉祀清水祖师的传统看，可能性极大。

朱熹于宋绍兴二十三年（1153）至绍兴二十七年（1157）间，到金门岛创立燕南书院，之后离开同安回到武夷山，继续研读，著书立说，成为中国最伟大的哲学家、思想家、教育家之一，为历代统治者和民众所追崇和膜拜。而一生慈悲为怀、利人济世的普足禅师（清水祖师），于宋建中靖国元年（1101）圆寂，此后南宋隆兴二年至嘉定三年（1164—1210）40多年间，先后四次获得朝廷封号，神迹显赫，香火遍于八闽。[1]清水祖师之大爱精神，必定穿越海洋影响至金门，并可能先在民间中奉祀，直到明代太文岩寺建成后，就正式移入庙宇中供奉至今。

复建后的燕南书院暨太文岩寺，已为金门最重要的文化景观之一，

---

[1] 安溪县清水岩志编纂委员会：《清水岩志》，1989年。

莫不体现金门人重视教化和慈善、重振先人遗风的文化秉性。我想，庙与学的结合，有助于利用庙中的人文内涵，来促进学的发展；而学的深化，又将促成庙的精神意义进一步挖掘。庙学这一特定的场所，既是我们祭祀圣人之处，也是学子效品励学之地，还应该是当地文人切磋学问、修身养道及典藏文物之所。倘中国城乡，遍是燕南书院暨太文岩寺这样庙学合一的建筑，该有多好！

　　站在燕南书院暨太文岩寺山门，向前眺望，烟波浩渺处，对岸，是朱子的故乡，也是清水祖师的故乡。生前，他们没有任何时空交会，作思想和灵魂上的交流；故后，在海峡对岸，金门岛燕南山上，他们同处一所，源源不断给予人们以人格和精神的力量。我们相信，形骸终要化灭，陵谷也会变异，但燕南书院暨太文岩寺中的这两位圣贤，他们所给予世界的光明、力量与爱，将永远存在。

慈悲的殿堂

郑植屏是福建安溪西坪镇龙地村人，现在南京经商，每逢重要商务活动，特别是谈判、签订合同的时候，他都要提前打电话给老家的母亲，让她备办果品、香烛、灯料、金炮，将龙地郑氏世代供奉的观音"迎请"到自家中，细述原委，虔诚祷告。

而他本人也会一早沐浴更衣，在当年随带到南京住处的家乡神明（分香）面前，焚香默念，祈求观音"助力"，然后信心百倍出门，据说每次都能心想事成，收获满满。

龙地，建制于明代，时属安溪积德乡崇善里，是铁观音发源地西坪镇的一个行政村，距离西坪镇区五公里，因山似蛟龙，故名龙地。铁观音发源于西坪南山，而龙地所在的山头叫北山，这里除盛产铁观音外，几乎所有安溪茶树的品种，都能找到，是安溪名副其实的茶树品种园。

龙地有林、郑两姓村民，全村人口3000多人，其中林姓人口占绝大多数，郑姓人口较少。郑植屏的哥哥郑植阳介绍，明末，其先祖郑初庆、郑初府、郑初同三兄弟自西坪赤水村迁居龙地福山角落，繁衍至今已有数百年，期间郑初府一脉从龙地分居泉州府蔡州（今泉州菜州、金山社区一带）及海外，均奉祀龙地郑氏先祖崇奉的这尊观音。

龙地林氏、郑氏又同属于供奉关帝的西坪镇三安寨庵堂，还一起奉祀龙地村启明堂供奉的清水祖师,即关帝、清水祖师为龙地林氏和郑氏所"共有",但郑氏奉祀的观音却与林氏无关,据说林氏多次欲与郑氏"共有"(共同奉祀)这尊观音,均遭到郑氏婉言拒绝。如今,这尊为郑氏"独有"的观音菩萨,并没有建有专门的庙宇供奉,依然由龙地郑氏各家轮流供奉,至今亦在郑氏各家"流转"了数百年。

一

日积月累,耳濡目染,每一个闽南人从小时候起,就有着对观音不一般的感情。

在大乘佛教中,观音是最为人所熟知的菩萨,其以大悲示现,循声救苦,誓愿被除一切众生的苦难,不稍停息。《法华经·普门品》说:"若有无量百千万亿众生受诸苦恼,闻是观世音菩萨,一心称名,观世音菩萨即时观其音声,皆得解脱。"可见其法门的广大与悲愿的宏深。

有关观世音菩萨的名号,古来有多种不同的译法,根据学者的研究,依年代有观音、窥音、观世音、光世音、现音声、观自在等,这些翻译中以观世音、观自在为最主要,也为现时所通用,闽南民间则往往直接称观音。①

观音以大悲救度众生为主要的德行,而蕴藏于大悲之后的,乃是无边的大智。佛教界最广为流传的智慧经典《般若波罗蜜多心经》,即是说观世音菩萨因为深深地实践了般若波罗蜜多的智慧,所以能化解一切苦厄。

此外,观音也是代表众生心灵深处的内在觉性,不仅是来观照他

---

① 乐后圣编著:《半个亚洲的信仰:千手观音》,华夏出版社,2005年。

人的音,而且是让每个人观照自己的音,如果能觉察到自己内在的觉性时,自己就是观世音。

观音的另一个特色,为普门示现,也就是说,不管众生有任何的需求,观音都会不可思议变化身,前往救度他们。就如远在南京经商的郑植屏,一旦心有所呼,家乡的观音即会示现,来"帮助"他取得生意上的成功。

在郑植屏等人心中,观音无处不在的示现,也许在佛教教理上是"狭隘"的,但却是观音成为与其最为相契的菩萨。中国有句俗语说:"家家阿弥陀,户户观世音。"正是这种现象的最佳写照。

佛教产生于公元前 6 至前 5 世纪的印度,却兴盛于东南亚和东亚各国。东汉明帝时,佛教传入中国,并逐渐与中国的传统文化相结合,形成具有中国特色的佛教,与印度原来的佛教有很大的不同。

在中国的发展过程中,佛教又逐渐发展成许多宗派,而就传播而言,又大体可分为魏晋南北朝以前时期,隋唐时期和宋以后时期等三个时期。

西晋时期佛教传入泉州,兴盛于唐、五代时期,从宋朝开始步入儒、道、释三教合一的时期,而逐渐趋向世俗化。佛教所祀奉的两类神祇,一类为印度神话中的神,如四大天王、韦陀、天女等,一类为佛教徒所创造的神,如佛、菩萨、罗汉等,包括有的宗派创立者祖师逝后,如禅宗祖师达摩祖师,法相宗祖师玄奘祖师等,在闽南民间为民众所祀奉,也逐渐世俗化。

唐朝,佛教的主要宗派有禅宗、净土宗、律宗、密宗、天台宗、华严宗、法相宗。其中,禅宗、净土宗、华严宗和天台宗,曾在历史上产生较大的影响。而对泉州影响较大的则是禅宗、净土宗、律宗和密宗。南禅宗慧能门下的青原系(曹洞、云门、法眼)曹洞宗,与南岳系(沩仰、临济)临济宗,在闽南流行时间较长,对泉州的影响也最大。①

这其中，出生于南安的义存禅师（822—908）的重要性无可置疑，他是禅宗承前启后的关键人物。雪峰义存在游历名山大刹后，回到福建，创建了雪峰山，雪峰义存是禅宗"云门"与"法眼"两宗的共同源头。他名高当世，受到五代时期闽国王审知的推崇，当地军政官员亦大多信奉，雪峰一门的崛起，义存禅系在福建一带得到广泛传播，依托逃户和贫民的丛林，有了广泛的群众基础。

我曾经在安溪宗教院看到一块云板，上刻"云门清水祖师"。联想到雪峰义存弘法的年代与清水祖师（1037—1011）相距只有一百余年，义存有许多著名的弟子，《景德传灯录》卷十八、十九记载有56人。如泉州招庆寺的慧棱、韶州云门山的创始者文偃禅师等。推测清水岩最初极有可能承袭禅宗云门一脉。

清代，泉州的佛教急速衰落。鸦片战争以后，随着西方文化思想的传播，泉州的佛教与道教一样，全面世俗化，表现于与民俗的结合，不少寺庙出现佛、道神祇共祀一堂，和尚、道士合住一室，共做法事的现象，足见清末民初泉州佛教之式微了。但也正是这种"佛道合一"的全面"嫁接"，"接地气"，使得泉州宗教反倒在今天，根扎民间，枝繁叶茂，呈现出耐人寻味的别样风采。

二

唐天宝十四载（755），佛教传入安溪，至唐末宋初，安溪已建有长坑补陀岩，城厢宗教院、览苑院、阆苑岩，参内植福堂，龙门青林岩、胜阁岩，金谷定明院，湖头成道院等佛教寺院15座。其中，城厢宗

---

① 吴幼雄：《泉州宗教文化》，泉州历史文化中心编，鹭江出版社，1993年。

教院地处午峰之麓，建于后晋天福四年（939），是安溪最早的佛教寺院，比安溪建县还早十几年，后来还一度成为全县宗教文化中心，为安溪及邻县佛教寺院培养大批僧人和住持。

宋代，为逃避租赋、徭役，大量农人为僧为尼。其时，泉州知州上奏宋太宗，太宗云，"泉州奏，未剃僧尼系籍者四千余人，其已剃者数万人，尤可惊骇"。①乾隆《泉州府志》载，宋初乾德年间（963—967），陈洪进增建延福寺，时延福寺"支院故有五十余区"，则知延福寺规模之大，僧人之多。可见，宋初泉州僧尼之众，已渐成严重的社会经济问题。

所以，宋朝统治者很快对佛教采取政治上利用、经济上限制的政策，严格管理佛教，规定从建寺院到剃度僧尼，都得经过政府有关部门批准，实行度牒制度，限制寺院财产。

宋代兴起的程朱理学，在批判佛教的同时，又吸收佛教那些有利于统治的那部分教义，提出儒、道、释合流的主张，理学思想成为地方官员施政的准则。国家干预之下，宋代泉州的佛教失去了唐、五代时期的发展势头。

尽管如此，由于南宋泉州海外贸易的发展，佛教寺院也积累巨大的财富，泉州的佛教僧人和信众，却兴起了以往历史上没有过的大规模建寺、建塔和造桥热潮，故宋代泉州仍继续保持"泉南佛国"的称号。

僧人了性禅师，俗姓黄，安溪人。绍兴中（1131—1162），"开元东西两塔灾，至淳熙而性两建之"。另一僧人守净禅师，在了性禅师建造镇国塔时，"左右其间"。绍熙间（1190—1194），守净禅师又建资圣僧伽塔。嘉泰（1201—1204）塔成，继建新塔庙、严堂庵桥，凡十有七，"其于性之建弥陀殿，创安溪龙津桥、晋江安济桥，盖功力相等云"。僧人竞相修塔、建庙、造桥，成为一种社会风尚，令人

---

① 宋江少虞《宋朝事实类苑·祖宗圣训·太宗皇帝》。

叹为观止。①

居于内陆山区的安溪，宋代增建佛教寺院46座，是最兴盛的一个朝代。元代，元帝信奉藏传佛教，元至大元年（1308）因白莲教抗元，汉传佛教于是被禁止，几乎处于停滞状态，然安溪无受影响，依然保持原状，寺院还增建多座。明代，曾为僧人八年之久的朱元璋即位后下诏："不论山林城郭，乡落村中，任他（僧）结坛上座。日则讲经说教，化度一方；夜则取静养心。"新政之下，安溪崇信佛教再度兴盛，增建寺院庵堂40座。

清代，安溪之前兴建的佛教寺院，已有部分疏于管理，或倾圮，或衰落，但因政府继承宋代以来对僧尼的管理制度，特别是对僧尼实行考试制度，一方面限制了佛教的无限制发展，另一方面却提高了僧尼的质量，因而这个时期，安溪复增建佛教寺院31座，佛门兴盛的情况一直持续到战乱不息的民国时期，安溪民俗仍崇信佛教。②

宋朝开始，佛教在统治阶级的主张下，逐渐趋向世俗化，步入与道、释三教合一的时期。在此社会大环境下，泉州佛教界的著名僧人，有许多是既通佛理，又精儒术，且通道法的。宋代泉州出现的佛、道二者融合，也形成佛、道发展史上的一大特色。这个"佛道融合"的特色，既反映在官方，也反映于佛教僧人中。

嘉定、绍定两任泉州知州的真德秀，其同时又是一位理学家，既求仙又求佛，他在任泉州期间，时常根据需要，或派部属，或亲自登临寺院祈仙求佛。泉州地处亚热带，山海交接，水旱无常，时常水患，也时常闹旱灾，真德秀曾亲自登上泉州清源山，哀诚而祷，一篇《祭

---

① 宋代，泉州僧人造桥尤为突出，万安桥、安平桥、石笋桥（浮桥）等十座著名大桥的兴建和修建，有七座与佛教僧人有关。僧人造桥既有利于交通，促进经济文化交流，是造福千秋万代的公益事业，而且僧人造桥，也是弘扬佛教思想文化的一大手段。
② 清水岩志编纂委员会：《清水岩志》卷四，中国文化出版社，2011年。

大仙祈雨祝文》,① 将清源山的佛、道放到同等地位，一起祷祝。

僧普足，永春人，俗姓陈，出家大云院，得法于大静山明禅师。北宋元丰六年（1083），安溪大旱，当地群众请其前来祈雨。祈雨后，普足禅师结庵于张岩山（后改名为清水岩），与鬼斗法，采药行医，修桥铺路，造福于民。

建中靖国元年（1101），普足禅师圆寂。乡人深感其多行善事，德高道深，乃运石造塔，筑亭于岩，刻木成像，崇奉为佛，号清水祖师。南宋孝宗隆兴二年（1164）至嘉定三年（1210）四十七年间，清水祖师曾四次获得朝廷敕封，每次封二字，累封为"昭应、广惠、慈济、善利"大师，名闻闽省各地。

僧人得法祈雨、斗鬼，此为宋代佛教受民间道教杂神崇拜影响而产生的世俗化现象。而其实，清水岩（张岩山）长期是南禅之云门宗、临济宗的道场。国务院研究室社会发展司已故原司长朱幼棣，曾到安溪及台湾地区考察研究过清水岩及清水祖师文化。他指出，清水祖师禅杖芒鞋，驻锡清水岩，弘扬佛法，越祖分灯，清水岩是开宗立派的所在，而清水祖师是南禅法系"清水宗"的开山祖师。② 山不在高，有佛则名。清水祖师后，清水岩香火鼎盛，宗风远播闽南及海内外。

《清水岩志》记载，有一年，泉州再次大旱。泉州知州真德秀当即"延请"清水祖师神像到泉州祈雨，亲为祈雨祝文，祷应后在前贤题悬的"真人"匾上，再添一"真"字，合成"真真人"，以示崇敬，该匾至今悬挂在清水岩。清水祖师第10首灵签诗"火发连天炎，岭危去路难，若无大降雨，祸福在人间"，即纪其事。这表明了宋代泉州地方官员对佛、道的态度，也是宋代泉州佛、道融合的一个表现。

清水法门，从佛教禅宗的一个法脉，最终曲折流转，与民间信仰汇流结合，在闽南获得了新生命力，这是一个十分特殊的现象。就像

---

① 真德秀：《真西山文集·祝文》。
② 朱幼棣：《清水宗风考》，未刊稿，2014年。

佛教传入中国后,禅的迅速本土化一样,禅宗的清水法门在闽南落叶生根,其地方化、乡土化、民俗化,使宗教文化有了进一步拓展,其久远的超越性和广泛的普遍性——这也是一个信仰时代的起始。

宋代以降,跨元,明,清,一路而来,对各种宗教采取兼收并蓄的泉州,终于在这片乡土文化浸润的土地上,开出儒、道、释三教合一、别致而温情的民间宗教花朵。

三

从宋代开始出现儒、道、释三教合一,历元、明、清三朝,泉州的佛教经历了漫长的世俗化过程,清末和民国时期,中国佛教的命运,走入衰微的道程。特别是西方的政治思想和科学技术涌入中国,更使佛教受到巨大的冲击。接着,中国发生的太平天国运动,以及20世纪初的资产阶级民主革命,都予以佛教猛烈的冲击。

民国时期,泉州的佛教界仍有曹洞、临济二宗之分,两宗都有自己派下所属的寺庙,乡镇小寺庙大都成为承传弟子的处所。辛亥革命以后,社会上曾掀起一股破除迷信,革除陋俗,驱逐僧尼、道士,没收寺产,兴办新学的风潮,波及泉州这些佛教场所。

抗日战争爆发后,泉州的佛教因时局的变化而迅速转向民间,民间的佛事活动则迅速发展。所谓佛事,即信佛的人为了慎终追远,报答亲恩,或是为了纪念亲友,消灾免难等原因,而求出家人按佛教的规仪举行的一种仪式。抗战胜利后,南洋的侨汇恢复,泉州民间的佛事活动发展很快,民间祈福酬愿的佛事盛极一时,大部分的寺僧都参与了佛事活动,因为民间的需求,泉州佛教也在民间的佛事活动中,愈来愈与民间杂神信仰结合,也与民俗结合。

在这场"结合"运动中,有的佛教寺庙,被改造成道教神庙或民间杂神庙,但也有其他的宗教寺庙或杂神庙,被改造成佛教寺庙,如晋江草庵摩尼教(明教)遗址,元朝创建时为明教寺,明万历间为道士住持炼丹,后又被佛教僧人住持,改为草庵。安溪清水岩实为佛教场所,后来发展成佛、道合一,直至今日世俗化后,基本按照民间的"逻辑"进行各种佛事活动,以至于1999年首次召开清水祖师学术研讨会时,围绕清水祖师"是佛是道"学者们还在展开激烈讨论。①

其实,佛教传入中国后,本土化不断加快,隋唐时已无比隆盛,宗派亦造其极致。至宋明,又启发了理学时代。官方、文人或士绅、百姓对此都有不同的解读,此中或许有不同的声音和认知,但其内核,并没有失去对佛教传统的坚守和发扬。

神化佛陀,不断造神,和不断把菩萨世俗化、民间化,都是大乘佛教的特色。随着泉州佛教的世俗化,佛教的佛学基础理论逐渐为泉州民众所淡化。取而代之的是,既能消灾添福寿,又能满足人们世俗愿望祈求的观音,一下为所有民众所接受,逐渐成为泉州民众意识中的"佛祖"。

观音在泉州成为佛教的"集成者",反映出佛教世俗化过程的深刻社会性,体现"民有所呼,佛有所应";更扎根于泉州深厚的文化土壤,开放包容,兼收并蓄,于是乎,这一尊"大慈与人乐,大悲拔人苦"的观音,深入广袤城乡,里巷路桥,田间地头,家家户户,成为闽南民间第一信仰。

以安溪为例。据《安溪寺庙大观》②统计,目前分布于全县各乡镇的寺庙共937座:凤城镇31座,城厢镇106座,参内乡42座,魁斗镇46座,蓬莱镇93座,金谷镇20座,湖头镇55座,官桥镇62座,龙门镇92座,虎邱镇34座,西坪镇51座,大坪乡6座,龙涓乡37座,

---

① 陈国强、陈育伦主编:《闽台清水祖师文化研究文集》,香港闽南人出版有限公司,1999年。
② 凌文斌主编,海风出版社,2006年。

芦田镇14座，尚卿乡43座，湖上乡18座，白濑乡15座，剑斗镇31座，感德镇49座，长坑乡24座，蓝田乡12座，祥华乡40座，桃舟乡14座，福田乡2座。

这些"统计在册"的寺庙，仅占安溪寺庙总数的一小部分，尚不包括大量供奉民间俗神的庙宇。937座寺庙中，佛教寺院居多，但在崇奉仪式上则走向"佛道融合"的世俗化，许多民间信仰的神祇被纳入道教的范围，一些历史人物被民间尊奉为神。不少寺庙既奉祀佛教的释迦牟尼、观音菩萨，又奉祀道教的玄天上帝及民间崇奉的神祇。

2015年，我和同事刘伯怡就"统计在册"的937座寺庙，进行一项"安溪观音信俗的调查"。调查中，刘伯怡对主祀观音的98座庙宇（实际远远不止）一一进行拍照存档，同时整理出一份长达数万字的《安溪观音概况》。依据这份《安溪观音概况》，我们得以对安溪民间奉祀观音的文化略作梳理。

崇奉地点

这些供奉观音的寺庙，除建在村落、社区、田园、茶山中，还建在古道边、桥梁上，有的则建在墟市、渡口、山岭。依佛理解释，都是众生"苦厄困顿"处，而观音可以"行持大悲救世的大行"，只要颂念观世音菩萨的名字，就可得到解脱。

蓝田乡内春村白云亭，始建于宋，是一座供路人休息暂避风雨的亭子，亭子内设神龛，供奉"岭头观音"。亭子前的山路，是古代一条自尚卿直通内春村岭头，继而通往长坑、祥华等地的官道。进德村的天竺亭，建在瑞云古桥中，是座桥亭，明代书法家张瑞图手书"津梁大千"匾牌悬于亭中，供奉"南海观音"。

龙涓乡安美村举溪圩头有座普安宫，供奉五尊观音，乡人称为"观音妈"。因安美村移居台湾的乡亲很多，普安宫四妈、五妈经常轮流赴台巡香，现五妈分炉台湾，由安美村居台乡亲奉祀；王公宫，坐落于石塔村水尾，奉祀观音菩萨、保生大帝、协济圣侯、清水祖师、大德禅师等神祇。当地信众每年农历二月十九日奉祀观音佛祖，三月初六日膜拜协济圣侯，三月十四日庆祝保生大帝诞辰。

回澜桥，坐落于长坑乡福春村溪尾，桥上有廊，廊中有庙，庙内祀观音。每年农历二月十八、十九日，桥庙是信众朝拜的圣地，每月逢一、六日，桥庙又是邻近村民赶集的场所。

兴庙缘由

分炉。这些奉祀观音的寺庙，有直接从浙江舟山普陀山道场或本省较具影响的寺庙分炉的，如普陀寺、慈恩禅寺和上文说到的龙涓普安宫；有县境内分炉的，如官桥镇驷岭村新楼观音厅，即是蓝田乡内春村白云亭的分炉。传说明嘉靖年间，新楼角落"新楼公"勤劳俭朴，耕作良田，兼营小本生意。途经蓝田乡内春村"白云亭"，即引"岭头观音"香火回乡，供奉于本宅厅堂中，新楼观音厅因此得名。"新楼观音"世代相传，炉下弟子遍布驷岭、官湖、虎邱三宝庄及海内外，至今有五百多年历史。

托梦。清代雍正年间，观音托梦给西坪镇松岩村茶农魏荫，魏荫按照观音的指点，发现铁观音茶种，魏荫的后代魏月德筹资建茶禅寺供奉观音。

慈恩禅寺，始建于宋建隆四年（963），供奉千手观音。元代以后寺院荒废，无人修葺。晚清，山下一对林姓夫妇夜梦金人，一直把他们引至慈恩寺，这对夫妇觉得是观音的旨意，就移居慈恩禅寺旁，后多方争取复兴慈恩禅寺。

双安寺，坐落于城厢镇光德村"下土楼"，1986年复建，奉祀观音。相传，古时光德的观音佛像是由信众轮值供奉。民国时期，佛像被南安英都一位铁匠偷去奉祀。"文革"期间，转由该村一位善信崇祀，此后家运亨通，经商发迹。一日，观音托梦乩示："心定回祖。"1985

年，城厢镇光德村信众迎回观音佛像。翌年，立今寺祀之，因缘牵安溪、南安两县，取名"双安"。

长坑乡云集村芹菜坂角落的灵龟庙，内祀南海观音，亦是信众受南海观音托梦，于2013年建成此庙。

陪嫁。民间有"送子观音"一说，故安溪素有新婚妻子，从娘家随带平时供奉的观音到夫家奉祀的民俗，大意是祈愿早生贵子，家族人丁兴旺。西坪镇龙地村福山角落郑氏世代供奉的观音，即是康熙年间，郑初庆之媳康氏从永春娘家随带到龙地村奉祀，因是娘家珍贵的"嫁妆"，郑氏一直视为宗姓"私有"，不与外人"共有"。

虎峰岩，坐落于龙门镇龙门村虎峰山麓，供奉观音。当地族谱记载："林氏八世瑞平公（名甫）与大坪高氏担娘结为伉俪，高氏随带佛祖供奉。"高氏生于康熙三十七年（1698）四月十五日，约于康熙五十四年（1715）嫁到虎峰，如此，虎峰岩已历280余春秋。

阳星宫，坐落于龙涓乡赤片村大片角落，供奉观音。始建于150年前，1984年重建。大片角落由南星、七房、六脚三角落组成，该村落以李姓为主。传说，阳星宫敬奉的观音，系由该社南星第十世祖母陪嫁而来，并供奉在大片角落，香火旺盛，至今仙景李氏繁衍生息，达10万人以上。

寨升宫，坐落于白濑乡寨坂村寨兜坑仔尾，奉祀观音。相传这尊观音为明末时期，许氏祖先由漳州南靖迁入安溪，随祖母陪嫁而来。民国时期，与法主公、惠应祖师一起供奉在许氏祖宇。"文革"期间被毁，1978年观音显灵，另择在现址，集资修建。

官桥镇仁宅村龙显宫，主祀观音，并奉关圣夫子。据传，15世纪40年代，江仔头子梁氏出嫁时，将在家供奉的观音随轿带来，后托梦给江仔头人买"花货"赚钱，筹资来兴建龙显宫。每年农历二月十九日、六月十九日、九月十九日，由江仔头、双圳头、金厝垅、铁尖寨、后章丘、土楼埔、内寮以三股形式轮流供奉。

寺院类型

聘请专业设计师和有名的古建师傅，取材于闽南当地各种优质建材，精雕细琢，有单落式、双落式、三落式，三开间、五开间、六开间；重檐歇山顶、单檐歇山顶、硬山顶；有传统土楼、堡寨、四合院、普通民居乃至山头土龛；有土木结构、砖石结构；有庙祠合一、庙学合一，不一而足。朱墙绿瓦，飞檐翘角，富丽堂皇；浮雕石刻，栩栩如生，翔龙蟠柱，呼之欲出，彩绘斗拱，光彩夺目。

剑斗镇剑斗村海潮庵，是一处庙学合一的建筑，始建于宋，奉祀观音圣母，又曾为常乐里讲约所。民国九年（1920），清末秀才王祝三在庵前后环建乐育学校，现为剑斗镇中心学校所在地。民国中期，民团陈国辉统治安溪时，将庵内诸神祇像焚毁。1997年，乡里信众集资重建海潮庵。现建筑物为两层钢筋混凝土结构，上层崇奉观音圣母，下层为学校活动场所。

城区祥云路西关外凤池庵，始建于宋，背枕凤山，前临晋江西溪，下有常沿古渡，庵内奉祀观音大士，渡运一切安全。每年城隍伯主绕境均从此处出发。凤池庵为四合院式，曾为书院，庵内留有宋理学家朱熹的墨宝。明正德十六年(1521)，县令龚颖以朱子曾憩于此，有诗题壁，遂改庵为书院，嘉靖十六年(1537)，书院迁至县学后，凤池庵又恢复寺庙功能。

灵异感应

观音是中国妇孺皆知的菩萨，代表着佛教的慈悲精神，受到中国人乃至亚洲人的崇奉，号称"半个亚洲的信仰"。自古以来，观音信仰在与闽南文化的交流互动之中，呈现出多元化的发展趋向，极具区域特色。其在此方之感应大凡有五：一示现，二救苦，三与乐，四弘法，五摄生。而在安溪，观音的灵异感应又独具地域特色。

祈雨。官桥镇驷岭村的"正觉堂观音庵"，俗称"哞厝庵"，始建于明成化年间（1463年）。1937年，安溪连年久旱成灾，田地干裂，庄稼枯死，面临颗粒无收的绝境。乡贤林仲彦、林敬宏等率众设坛，诚请"哞厣庵"观音出坛往安溪参内乡龙潭"乞雨"。数百名善男信女，身披麻衣，头顶烈日从庵坛出发，三步一跪，高呼"皇天乞雨"，沿途加入队伍人数多达数千人。从龙潭归返途中，乌云密布，天降倾盆大雨，解除了旱灾。因"乞雨"成功，"哞厣庵"观音轰动安溪，名扬海内外，当年重修庵堂。时任县长也到坛顶膜拜，并亲题对联"正气回天时作霖雨，觉慈济世大费婆心"，一时传为佳话，流传至今。

施药。福海院坐落于龙门镇榜头村福海角落，是安溪境内兴建较早的寺院之一，迄今已有1100多年。明嘉靖与清乾隆编修的《安溪县志》均有载：福海院，在依仁里，唐光化三年（900）置。现寺中尚存唐宋时期的马槽两个、药研台一个、沐浴石槽一个及唐宋柱础等文物。寺中观音是施药观音，又是送子观音，传说药签甚为灵验，求医问卜、祈求生育者不在少数。

白濑乡寨坂村寨兜坑仔尾的寨升宫，奉祀观音，每年农历二月十九日，许、周、洪、董四姓信众同做"佛生日"，香火旺盛。信众兼及十里八乡，经常向观音寻医问药，传说无法找到药草时，常献出观音金身，挖下檀香木金身给寻医者熬汤治病，尤以妇女难产求拜最为有效。

生育。闽南人受"不孝有三，无后为大"观念影响尤深，都希望有儿子可以传宗接代。这种观念反映在婚俗中有"送灯"等许多象征性的表现，最典型的就是结婚时随带娘家供奉的观音，到夫家供奉。如果夫妻结婚多年而未育，或只生女孩不生男孩，家中老人就会心情焦急，去庙里为他们祈子，祈求神灵赐予，所求神灵观音、临水夫人、妈祖、七娘妈等。因观音又有"送子娘娘"之谓，故安溪供奉观音的庙宇均有此"职能"，也有些庙宇因为特别"灵验"而香火鼎盛。

如果如愿以偿，怀了孕，就需到该庙答谢，并祈求胎儿平安，顺利分娩。生了孩子，还必须备办鸡酒（产妇必吃的食品，以老姜、麻油、红糖、子鸡和酒焖成）到观音的庙中祭拜、还愿。如果生的是男孩，还愿答谢的仪式就比较隆重，供品也比较丰富，除了鸡酒外，还可能有茶叶、清酒、五牲（鸡、鸭、猪头、猪肉、鱼）、果品等。而有的孩子从小体弱多病，不好养育，这样就会被带到供奉观音的庙里，拜其为"契母"（干妈），意谓让观音帮助养育，借着观音的爱护，孩子必可健康长寿。这以后，在孩子的三朝、满月、周岁甚至十六岁也要到观音的庙里敬拜、答谢。

安居。虎邱镇双格村锦石亭供奉的观音，其来历还得从曾氏肇安始祖曾仲华说起。明正德元年（1506），漳平县和睦里新桥西埔的曾仲华与其弟曾仲睿，为生计所迫，南下寻找新的居住地。途中他们只带一些生活用品、一本族谱和一尊祖传观音。兄弟俩到达嘉美"下厝堀"时已是中午时分，便坐下来休息吃干粮。饭后，兄弟俩继续赶路，又走了五里路到达坂尾时，突然想起随身携带的那尊观音遗忘在吃饭的地方。兄弟俩立即往回赶，发现那尊观音还在原地的石头上，一颗悬着的心才稍稍落定。就在曾氏兄弟欲抱起观音时，却发现观音生根似的纹丝不动。这时，曾仲华心想，这里可能是观音指点我们在此安居。遂向旁边一户陈姓人家借来两块碗占卜，果得应允。自此，曾仲华在嘉美定居，后其弟仲睿迁至同安县垵柄。历代以来，曾氏子孙一直把这尊观音当作传家之宝，世代相传，精心保护。目前，这尊观音依然由曾氏后裔供奉在家里。

在中国，值得信众前往朝圣的观音道场的建立是一个长期的历史过程。12世纪初，因妙善公主传说的流行，河南香山成为观音信仰的中心。随着北宋的灭亡，南宋定都杭州，香山逐渐没落，观音信仰的朝圣中心转移至杭州天竺寺。直到几个世纪后普陀山才作为观音信仰的圣地，吸引东南区域万千民众前往朝拜。

闽南观音信俗虽然浓厚，但能以观音道场闻名者并不多，晋江安海龙山寺和厦门南普陀寺可算得上。安海龙山寺在台湾一带的繁衍发展，使其逐渐成为民间观音信仰的祖庭，吸引两岸各地的信众前来朝圣。而厦门南普陀寺的兴起、兴盛，使其著名者并不在观音信仰，乃是因其有闽南佛学院之设，尤其是作为太虚大师人间佛教改革的重要基地而被人所熟知。

安溪普陀寺作为舟山普陀山千年以来的首个分炉，其影响力正在进一步扩展。但当其仍处"星火燎原"之时，那遍布安溪城乡、已在这片土地上存在了成百上千年的一座座"慈悲的殿堂"，在漫漫的岁月风沙中，曾予我们多少慰藉与温暖？闽南人、安溪人，他们也许不谙深奥的佛理，但他们知道观音文化的核心，那就是慈悲为怀、济世利民，倘其成为中华民族家喻户晓、男女老幼敬仰的道德准则，则和谐社会可期。

四

安溪民间关于观音的崇奉活动，在有住持僧人的寺院，如清水岩、东岳寺及近年复建的安溪普陀寺、蓬莱九峰岩、官桥慈恩禅寺等，均会在每年农历二月十九日（观音菩萨圣诞日）、六月十九日（观音菩萨成道日）、九月十九日（观音菩萨出家日），举办如下崇奉活动。[①]崇奉活动又会根据集体和个人对象的不同，而有仪式上的区别。

由僧人领起、庙宇崇拜程序一般为：净坛，检查祀坛是否洁净、整齐、有条有序；诵经，诵《大圣经》《金刚经》《弥陀经》《观音经》；献敬，摆上香花水果，名曰"香水会海"；卸坛，烧金帛、放炮；演戏或举办禅茶会（蓬莱九峰禅茶会、龙涓凤山禅茶会）、南音、

---

① 此外，佛教燃香礼佛日、十斋期、六斋期及花斋期，有的观音庙宇也会举办崇奉活动。

鼓吹、奏乐表演等。

个人或集体到庙宇的膜拜仪式：属个人膜拜的，先净手，摆糖果品，说明来意，焚香，何地何人，祈求什么，后焚烧金帛，燃放鞭炮等。属集体膜拜的，先遴选代表一人，再集体净手，摆糖果品，焚香，讲明来意，默念求问，焚烧金帛，放鞭炮，最后抽签等。

崇奉者（包括个人和集体）又分食素者和不食素者两种。每年农历二月十九日、六月十九日、九月十九日，这三天食素者要食素斋戒，叫观音食素。各地信仰者会就在家、就近或赶到供奉观音的寺庙，按照崇奉程序与仪式，虔诚膜拜观音，彼时香火缭绕寺庙，鞭炮声此起彼伏。

而由村庄、社区，或同姓、异姓宗族共同奉祀的观音，如长坑乡珍田村尚图庵内的观音，每年农历二月十六日，信众分12股轮流奉祀；蓝田乡蓝二村延福桥亭供奉的观音，由蓝田乡蓝田村徐姓、章姓及蓝二村徐姓，轮流奉祀；蓬莱镇联中村宝光堂供奉的观音，由当地林、刘、陈、柯四姓乡贤合议翻建，建成后也由四姓乡民轮流奉祀；侯邦楼，坐落于祥华乡祥地村，楼中供奉观音正副身两尊塑像，其奉祀分属当地大宅、湖婆两个角落，每年农历二月十九日，在两个角落中抽签各决定一名佛头，分别在家中供奉两尊观音，轮流奉祀，为期一年。

观音圣诞、成道、出家日期间，闽南各地还会举办各种民俗文化活动，热烈隆重，蔚为一方盛景。

为什么观音信仰在中国民间有这么深厚的土壤，而唯识宗这个玄奘法师从印度传回来的教派，很快就失传了？首先，它不适合中国人的思考方式，或者说它不符合中国的哲学传统；其次，它的失传与后来天台、华严和禅宗的衰落是同样的道理，深奥的宗教教义、宗教道理，在中国社会事实上并不流行。大家读禅宗也是胡乱读，而读它的目的，都是希望对身心修养有一点帮助，这就是中国佛教世俗化的土壤和特色。

世俗佛教读经和念佛，不是要了解人生真正解脱生死苦海的义理，而是希望借着读经和念佛，能增进自己的修养，能消解一点自己在现实上的灾害、困苦。所以，闽南乡间，寺庙庵堂，经常可见每天早上起来念一卷经、诵些佛号，手上拿一串念珠，做些法事的老太太。她们做这些事就是希望自己将来能往西方极乐世界，而更多的是祈求现世和未来的福报，希望子孙将来有福荫。

在中国最流行的，其实是净土宗。净土宗的道理也很深奥，但后来之所以会流行，是因为它的方法最简单。它告诉你，只要念阿弥陀佛，念南无观世音菩萨，念佛的名，一心向佛就可以了。心中有佛，口诵佛号，人的杂念没有了，心禅定下来了，就会觉悟，这就是净土宗的道理。所以净土宗在中国最容易让人接受，变成最重要的一支。

而在净土宗信仰中，最为人广泛信仰的就是阿弥陀佛和观世音，二者之中，观世音比阿弥陀佛更让中国人觉得亲切，因为在民间，很多人都念过《大悲咒》，都念过《心经》，知道人在危难时，只要诵念观音大名，会得其前往解救。观音提倡"随类化渡"，救苦救难，不分贤愚贵贱，对一切需要救度的人都给予帮助。

于佛教教理，观音的信仰是复杂、系统的，于中国民间百姓，观音的信仰又是简单、纯粹的，其中的道理只有一个，那就是其可以"寻声救苦"，寻着声音来拯救我们的灾难，赐予我们悲悯、关怀与爱。

在中国的传统文化里，观音就是慈悲救世的体现。在我们的现实生活里，那种能够无私地充满爱心地对他人、对社会体现慈悲救世精神的人，也就自然地被视为"观世音菩萨"。希望人人能够慈悲喜舍地做人，人人能够安乐祥和地生活，希望生活中的"观世音菩萨"越来越多。

华南虎与铁观音

谢承劼

我出生于中国东南沿海的一个小县城，这个县因一条清澈的溪流穿城而过得名清溪县。在这个县，深山密林中，曾经生活着一群自然精灵——华南虎。当然，更令这个县的人们感恩的是，数百年来，这片土地上，生长着一种名为"铁观音"的植株，她哺育并滋养着世代清溪人。

大年三十在中国预示着旧一年的结束和新一年的开始。这一天里，人们合家团聚，辞旧迎新。正是在2010年这天夜晚的团圆饭桌上，我的祖母和祖父带我回到了1951年的那个夏天，去探寻一个奇妙而又令人敬畏的故事。

在中国，人生来各有属相，大家根据自己出生的年份对应十二生肖所属年份来确定自己的属相。我出生于1998年，那年是虎年，人们眼中的万兽之王。而新的一年正好是寅虎年，我的本命年。

"大家一起来吃饭咯。虎仔，你也快来！"姑母摆好碗筷，朝我摆手，脸上挂着笑。是啊，在这个举家欢腾的日子里，又有谁不会感到惬意和满足呢？爷爷放下了刚沏上的铁观音，奶奶也停下手中的针线，弟弟妹妹们收拾着地板上的玩具，父亲折叠好阅读过的报纸，母亲端出了一盘盘可口的菜肴，姑父们爽朗的笑声从远处传来……

觥筹交错间，气氛慢慢地热烈起来。这时父亲朝奶奶开口了："阿母，明年是虎年，您孙子的本命年，您有什么关于老虎的故事吗？讲出来给大伙听听！"一瞬间，所有人都安静了下来。弟弟妹妹们也十分好奇，张着小嘴，好像在等待着什么。奶奶咧着嘴笑了笑，她看了爷爷一眼，又摸摸我的头，对父亲说道："当初我嫁给你爸，你的奶奶就跟我讲过一个发生在我们村落，老虎和铁观音的故事，那年你爸爸8岁……"

1951年，我的老家村民们以茶为生，小村庄的四周围绕着一丘丘的茶田。人们世代采茶、制茶、喝茶、敬茶。那时候山林茂密，老虎和各类野兽经常会窜出山林，跑到村庄侵犯村民，小则伤及牲畜，大到伤人性命，但人们却依然靠着各自的相互信任，营造着美好的生活。

村里有个接生阿婆叫黄旦，她同样也是一名裁缝，这是个善良慈爱的老妇人，村里的大小事都由她张罗。哪家闺女出嫁了，嫁妆由她来安排；哪家夫妻间闹矛盾了，由她来调和；哪家没有米下锅了，也是她帮忙凑钱接济。或许是因为积下了许多的功德，传闻，在一个中秋的夜里，阿婆在村里的戏台下看到了满埕的神虎，蹲坐在地上在看戏，这让全村上下的人们颇为羡慕。因为相传，凡是见到神虎的人家，家业必定万世兴隆，阿婆也因此成为了人们所敬重的人。

这一天凌晨4点钟，屋外还是漆黑一片。为了赶早，也为了夏天阴凉，阿婆的老伴本山起早扛着农具，赶到村东的山上干农活。此时，阿婆还在床上熟睡，正做着一个关乎老伴性命的梦。

阿婆的梦境中，猛虎正张着血盆大口，一步一步地逼近本山。"别！别！别过来！"阿婆陷在梦中叫喊着，猛地一下坐了起来，脑门冒着冷汗。她四下找不到老伴，心怦怦直跳，生怕他会出什么意外。阿婆越想越慌，梦境里的老虎也愈加真实明朗起来，汗水浸透了她的衣裳。她慌张地穿着鞋，踉跄着跑出门，摸着黑，直奔村东笔架山。

到达山腰，阿婆弓下背，望着不远处劳作的老伴，长吁了一口气，脸色也缓和了许多。带着几分轻松，她慢慢地走向老伴。就在这时，她隐隐约约地看到了土地中冒出了一个小老人，着一身长袍，灰白胡子，右手拿着拐杖，左手擎着小旗，慢慢地将小旗插在本山的身后，又遁入地中。阿婆直勾勾地盯住小老人，却未曾发现不远处的老虎正在一步步逼近。

就在那一瞬间，阿婆慌了神，她曾听自己的长辈说过：凡是被土地公公插了小旗在身旁的人，都将被老虎咬走，因为那表明老虎得到了土地公公的允许，可以开杀戒。赶走老虎的唯一办法，简单而又粗暴，只需要拔起小旗，并扔向远处。但只有受神明眷顾的人，才能看到土地公公插旗的一幕，由于平日里乐善好施，阿婆被神明赋予了这样的能力，她看到了这一幕的发生。

说时迟，那时快。阿婆快速地冲向老伴，拔去插在地上的小旗，扔向远处的小水沟中。这时，躲在草垛里的老虎原本凶恶的眼光一下子就黯淡了下来，双掌好似失去了气力，锋利的爪牙也不再映出明晃晃的光，最终只好耷拉着身子，摇着长尾巴有气无力地往山林里去。留下阿婆和老伴在白茫茫的晨雾中相互告慰。

三个月后，恰是一年中采制秋茶的季节，这一季生产的铁观音又叫秋香，质量最好。乡亲们在这个季节里特别忙，需要采好茶叶，并且加工制作送往山外的小镇销售。铁观音的质量与天气、土壤、工艺息息相关，今年的天气不赖，村里来往的人都喜笑颜开，都盼望着今年的茶叶能卖个好价钱。

傍晚五点钟，太阳还高高挂着，阿婆顺着梯子爬上屋顶，用手掂量着正在晾青发酵的茶叶，这时茶已经溢出了浓郁的香气，这样的好茶，是土地予村民们辛劳的回馈，更是上天的恩赐。

危险在这令人欢欣的时刻再一次降临。大厝外的古井旁，一双眼睛正散发着光亮，老虎进村了。但不知什么原因，这次老虎眼里却少了几分凶恶，似乎还带着一丝的祈求。

老虎匍匐在井沿边，眼睛直勾勾望着屋顶上的阿婆，嘴巴呼哧呼哧地散着热气。在院里小憩的老伴猛地发现了井沿边的老虎，惊恐的脸拧做一团，慌忙之下，他扔掉了手中的烟斗，快步跑到屋底轻声地向阿婆示意。几乎在阿婆快速地推翻梯子的当儿，他赶紧关了大门。在老伴的帮助下，阿婆顺着房檐一步一步地踩回屋里。

老夫妻俩惊魂未定，急忙拿出锅盆猛烈地敲击。或许是阿婆的消失，扰乱了老虎的心绪，它像是有心事的样子，眼睛直直地望向前方，急匆匆地沿着村道，一路奔出村口，消失在傍晚的余晖中。

天色未晚，而老虎就出动，太可怕了。阿婆这么想着，门外突然响起了一阵急促的敲门声，阿婆心有余悸，生怕老虎再来骚扰，迟迟不敢开屋门。"阿嬷，阿嬷，我阿母要生娃啦，您快去给她接生啊！"门外拍门喊叫的孩童，正是我的爷爷，那年八岁。稚嫩的童声唤醒了恐慌中的阿婆，她连忙打开屋门，将接生工具准备停当后，手拉着年幼的爷爷，迈着急促的碎步，去帮助我曾祖母生下我的姑奶奶。

新生儿的哭声响彻了村落，又一件喜事降临了。阿婆完成了接生，望着平安的母子，宽慰地笑了。少不更事的爷爷这时拉着阿婆的手，说："阿嬷，今天不知道谁家的大牛跑出来咯，我去找您的路上，看到了一头好看的大牛跑出村外耶！"阿婆满带笑容的脸一下子没了颜色，若有所思地摸了爷爷的头："傻孩子，那是虎啊……"

就在当天夜里，老虎再一次出现在了阿婆的梦境中。与以往不同的是，梦中，一头母虎正在哺乳，身边围绕着三四只小虎，它们嬉戏着，沉浸在欢快的种群生活里……

又过了三日的傍晚，阿婆端坐在纺车前，认真地做着纺织的活儿。突然，门外传来了一阵阵的哀嚎声。阿婆径直地推开屋门，发现前日里径至村中的母虎，正蹲在屋前，始终痛苦地摇头、哀叫，眼睛中似乎还有恳求。见到老虎如此痛苦，阿婆心里一颤，她推测老虎必定碰到困难，而前日里井沿边的守望，也许是老虎请求阿婆的方式。于是，她不自觉地走向前。

刹那间，她想起了那天夜里做的梦，那一个老虎和小虎共享天伦之乐的梦。一切都变得合乎情理了，一切也都明朗起来了，她断定有一头母虎即将产子，因为不能顺产而痛苦异常，而公虎它两次前来是要自己前往帮忙接生。

"你这虎，原来通人性耶！"阿婆朝着虎嘀咕着，"你是想要老阿婆我去给你帮接生吗？"虎温顺地点点头，一改往日的凶残。"那我们之间必须有个约定，我帮你助产，你们从今以后不许再来侵犯我们村子！"虎哀号数声，点点头。

阿婆连忙踱回屋子，取下挂在纺车边的瓶子，那是阿婆平时润滑纺机的茶油，并用红布盖好。也可能正是这一幕被老虎所见，才有了闽南世代的习俗：倘若有人不幸被老虎咬死了，要在这人的墓边放上纺车头，这样老虎就不会再来袭击这个村庄。

阿婆又烧了一壶水，将罐子里的观音茶取出，用纱布包成一个大团。而后冲泡茶叶，顿时香气便溢满了整个小屋。屋外虎的哀号一阵高过一阵。情形危急，阿婆急忙提着刚泡好的一大罐茶水，手中抱着挂在纺车边的瓶子和冲泡过的大布团（茶渣），由虎驮着，向山林里去。

到了林内，阿婆用裹好的布团轻抚着母虎的后背，母虎停止了哀号，它的声音渐渐平缓了起来。阿婆又将泡好的茶水喂入母虎的口中……不一会儿，一只小老虎从母虎腹中产出，静静地依偎在母虎身旁。母虎的眼角噙出几滴泪水，是得子之后感动的泪水，亦是对人类感恩的泪水。它温顺地点点头，公虎则一圈圈打转。落日的余晖迅速向山尖驶来……

翌日清晨，阿婆像往日一样推开屋门，她发现门前多了几只山林中的野味。阿婆望着远山笑了，此刻，只有她知道，馈赠这些礼物的，是老虎，是铁观音，还有美妙的大自然。而令人怪异的是，从那以后，这群自然精灵突然之间消失得无影无踪，再也没有踏入村庄一步。

时间又跳转回 2010 年。饭桌上，十多双眼睛注视着祖母，在这个过程中，我们的心一直在一起，并且共同穿梭在那年的夏天。这一个真实而美丽的故事，它传达出了人虎之间的爱，传达出了铁观音这棵植株的伟大，亦传达出了人类美好的情感和希冀。

后　记

2014年秋天，我开始着手这本书的写作，撰写这本书的想法则始于更早的时候，对于闽南这片生养我的土地，我早已融入其中，感受与想法与日俱增，"郁结不化"，以致必须寻找一个"宣泄"的出口，像酒徒纵酒，一浇心中块垒。而文字于我，就是这样一壶"烈酒"，我以为我所能贡献于社会，贡献于家乡的，也只有这些最微不足道的文字。

其时，我的孩子正要上高中，不出意料的话，三年后他即将离开自己的家乡，开启人生新的旅程。我心里十分清楚，与祖辈、父辈不同，孩子一旦远走高飞，将不再是暂时的"离开"，可能是"永远"的离开。在他们这一代人心中，土地是模糊的，乡村是模糊的，所谓的家乡也只有和亲人"联结"时，才是具体的，可感的。这是后工业时代乡土的新的命运。

我和孩子约定：三年后他考上理想的大学，我则完成《香火》一书的写作。我们之间"约定"的初衷，无非是想彼此间有个"方向参照"，珍惜时光，勤奋向上，永不懈怠——正处人生之始的青年人本该如此，而我要走出所谓的"中年危机"更需超拔的意志。所以，"陪读"的实质是"同学"，约定之下，我不敢食言，未曾偷懒，于是就有了摆在你面前的这个集子。

文化是活的生命，持久的生命力有赖于其影响力，闽南文化更是如此。在本书我所撰写的篇目中，我将关注点放在那些已经"时光之手"检验，至今依然留存民间的文化现象。读者会说，书中我的记录多于整理，感受多于思考。的确如此。这只是我行走闽南大地一本粗糙的"文化笔记"，难免肤浅，缺乏系统。我无非是想说清一个事实：在闽南，文化不是一种藏品，而是一种人性，一种闽南人非常实在的需求，闽南人创造闽南文化传统，又在闽南文化传统中形成自身。

三年多的时间里，我从书斋回到大地的"课堂"，把我所了解的闽南大地样貌如实展现，把我尚不懂得却真实存在的某些文化"胚体"，哪怕是一则信息、一条线索，也呈送到你的面前——我希望有朝一日，像我的孩子一样，对乡土一无所知或知之不多的一代人，能够"幡然醒悟"，重返桑梓，并在乡土文化的感召下，参与乡土建设，使乡土中国薪火相传，枝繁叶茂。

写作固然是个人行为，却仰仗于诸多朋友同事和出版社的鼎力帮助，特别是调查中给予我无私帮助的人们，你们的真诚付出使我"有如神助"，心中充满着力量。应该感谢的，除了这片宽容敦厚的土地之外，还有土地之上世代劳作的人们，以及他们所创造的、始终给予我们养分的"文化"，没有"文化的滋养"，我们将"面目可憎"！

当消费主义已经成为生活所向无敌的主流，乡土中国的丰富性日益在现代化洪流裹挟下逐渐消失的时候，人们发现，闽南以及闽南人创造的生活、精神和文化世界依然保持着令人震撼的天真、丰富和朴素。对于历史上的每一次运动来说，闽南总是被"波及"得太晚甚至错过，但对于现代中国、对于人的终极价值来说，这个地区依然为我们保留着丰富的启迪。这，就是我想在《香火》中传递的信息。

作者于 2018 年 4 月 18 日

出版后记

闽南，是一片神秘的土地。闽南的青山绿水孕育着丰富多彩的闽南文化，这里的历史、地理、信仰、曲艺、语言、饮食、物产等，都吸引着世人的目光。

《香火：闽南文化札记》是一部文化随笔集，其内容涉及了闽南文化的方方面面，斑驳复杂，尤其突出了生活在这片土地上的人们，以及从这里出发外移至台湾、南洋及世界各地，虽尝尽颠沛流离，但也磨炼出坚忍不拔、敢拼爱赢之中华民族特性。因此研究台湾、南洋奋斗的过程，舍闽南人而有憾矣。

闽南靠山面海的生存环境造就闽南人进取冒险的个性，也滋生了闽南民间神灵众多的现象，村落、桥头、渡口、海边、水尾均有神灵在行使着管理职权。每个神灵的诞生、神通、分香，以及善男信女们的供奉、仪式、融合，都有着浓郁的地方特色，不但为生活在这片土地上的人民提供心灵依托，还在实际中规范着社会秩序、人际关系。——天地、神明、祖先和现实中的人，混居共存，安然和谐，充分体现我们民族调适自然环境和社会历史的过程。

书中多篇文章从不同角度解答了闽南何以成为了著名侨乡，介绍了生活在异国他乡的闽南人。背井离乡的原因主要有两个：一是追求美好生活的强烈愿望，让勤劳勇敢的闽南人以地缘、血缘和茶等物产为桥梁走向台湾、南洋甚或更远的地方；一是战乱和灾荒迫使闽南人离开家乡，去拓垦异乡的天地。但不管什么原因，也无论抵达何处，那些落地生根的闽南人在异国他乡都传承着家乡的风俗，信仰着家乡的神明。有信仰的人群，心是踏实的，步履是坚定的，他们的生活，也必定是美好的。

安溪人是闽南人的杰出代表。本书作者谢文哲先生是一位深爱乡土的文化布道者，他勤于调查研究，精于整合思考，秉承学术通俗化、历史生活化、立论客观化的理念，从自己的家乡——安溪出发，饱含深情向人们介绍闽南。这不是一本学院派的枯燥著作，更多的是一位新乡贤怀着一颗赤子之心在讲述自己的家乡。谢文哲先生在创作中坚持"在感情、心智和理性上都尽量回到历史现场去"，衷心希望读者打开这本书的时候能够由此展开了一幅关于闽南的立体画卷。

服务热线：133-6631-2326　188-1142-1266
读者信箱：reader@hinabook.com

后浪出版公司
2018 年 6 月

图书在版编目（CIP）数据

香火：闽南文化札记 / 谢文哲著 . -- 北京：北京联合出版公司，2018.6
ISBN 978-7-5596-1160-4

Ⅰ. ①香… Ⅱ. ①谢… Ⅲ. ①地方文化—研究—福建 Ⅳ. ① G127.57

中国版本图书馆 CIP 数据核字 (2017) 第 257969 号

香火：闽南文化札记

著　　者：谢文哲
选题策划：后浪出版公司
出版统筹：吴兴元
特约编辑：李　东
责任编辑：郑晓斌　徐　樟
封面设计：墨白空间·陈威伸
营销推广：ONEBOOK

北京联合出版公司出版
（北京市西城区德外大街 83 号楼 9 层　100088）
北京京都六环印刷厂印刷　新华书店经销
字数 250 千字　690 毫米 ×960 毫米　1/16　20.5 印张
2018 年 9 月第 1 版　2018 年 9 月第 1 次印刷
ISBN 978-7-5596-1160-4
定价：49.80 元

后浪出版咨询(北京)有限责任公司常年法律顾问：北京大成律师事务所
周天晖　copyright@hinabook.com
未经许可，不得以任何方式复制或抄袭本书部分或全部内容
版权所有，侵权必究
如有质量问题，请寄回印厂调换。联系电话：010-64010019